论语原解

王子居◎译注

民主与建设出版社
·北京·

图书在版编目(CIP)数据

论语原解 / 王子居译注. -- 北京：民主与建设出版社, 2018.1
 ISBN 978-7-5139-1889-3
 Ⅰ.①论… Ⅱ.①王… Ⅲ.①儒家②《论语》-注释③《论语》-译文 Ⅳ.①B222.2
 中国版本图书馆CIP数据核字（2017）第317252号

◎民主与建设出版社，2017

论语原解
LUNYU YUANJIE

出 版 人	许久文
译 注	王子居
责任编辑	郭长岭
封面设计	天行健
出版发行	民主与建设出版社有限责任公司
电 话	（010）59417747 59419778
社 址	北京市海淀区西三环中路10号望海楼E座7层
邮 编	100142
印 刷	北京爱丽精特彩印有限公司
版 次	2018年1月第1版 2018年1月第1次印刷
开 本	710×1000mm 1/16
印 张	22.75
字 数	320千字
书 号	ISBN 978-7-5139-1889-3
定 价	39.80元

注：如有印、装质量问题，请与出版社联系。

目 录

本书的读法：重新认知和学习古汉语　//1
学而篇第一　　　　//1
为政篇第二　　　　//31
八佾篇第三　　　　//52
里仁篇第四　　　　//82
公冶长篇第五　　　//102
雍也篇第六　　　　//120
述而篇第七　　　　//138
泰伯篇第八　　　　//157
子罕篇第九　　　　//168
乡党篇第十　　　　//183
先进篇第十一　　　//196

目录

颜渊篇第十二　　//211

子路篇第十三　　//226

宪问篇第十四　　//242

卫灵公篇第十五　//266

季氏篇第十六　　//282

阳货篇第十七　　//291

微子篇第十八　　//307

子张篇第十九　　//315

尧曰篇第二十　　//327

本书的读法
重新认知和学习古汉语

　　如果想要真正掌握一门学问，最好的办法就是写一本关于这门学问的书。同理，如果想要真正读懂一本古典著作，最好的办法就是为这本著作做注。

　　在写书和作注的过程中，才能深入地、更多地发现自己在理解上的错误，同样，也才能发现其他作注者的错误。而对于博大精深的中国文化而言，发现错误的过程往往亦是发现更博大精深的义理和境界的过程。这是一个自我纠正、自我批判、自我升华的过程。

　　注经不易，注对更不易，南怀瑾有诗云："古道微茫致曲全,由来学术诬先贤。"确实道出了注经界存在的一大问题和困境。而中国的古代经典中，尤以儒家的《尚书》《易经》《论语》等更为难注，王国维谓自己对《尚书》有一半以上的不能确定，而对于当代影响最大的儒家经典《论语》，则亦是众说纷纭，莫衷一是，自郑玄到朱熹乃至近当代，诸注家虽时出新意，互相攻讦，但《论语》中有许多地方依然扑朔迷离，注解《论语》是需要勇气的，以当代而言，凡有注解《论语》的，基本状况就是书刚出版，不出几月，就会有专门批判这本书的著作紧随出现，越是影响大的注本就越如此，当然这是好事，证明我们的学术界和出版界是非常活跃的。

　　我对诸家在注译《论语》的诸注本中，颇发现一些难以理解的事例。如：

　　1·13　有子曰："信近于义，言可复也。恭近于礼，远耻辱也。因不失其亲，亦可宗也。"

　　宋代以前的注家可能对复是未注的，所以后世注家注复字，多引朱熹的注，朱熹的《四书集注》注复义为："复，践言也。"近现代注家基本都沿用朱熹的注，但朱注在古代尤其清朝时广被质疑，因为朱注没有其他例证，是孤注。

直到近代，童第德找到了《左传》的例子，以证朱注的正确性，刚开始的时候我没有注意，以为有例证就没有问题了，所以直接引用了。回头一读却发现恰恰相反，童第德找到的例证不但不能起到例证的作用，相反，起到的是反证的作用。童第德援引的例证是《左传》中记载僖公九年荀息说："吾与先君言矣，不可以贰，能欲复言而爱身乎？"又哀公十六年叶公说："吾闻胜也好复言……复言非信也。"杨伯峻也循此说，并断定"这'复言'都是实践诺言之义。"并以为"童第德先生举出《左传》为证，足补古今字书之所未及。"

然而非常明确的是，《左传》中的论断是"复言非信也"。也就是说，左传是很明确讲复言是不信的。我们再来考前一句，"不可以贰"很明显是断定不可说二话，其义为说话要如一而行，那么后面的能欲一句，显然是个反问，是反着不可以贰这一句说的，意思就是"怎么能够为了爱惜我身（我自己、一般指性命）而去复言（食言、收回承诺）呢？"

如果我们按照朱注、童注、杨注的思路来译这两句话，那么"复言非信"就要译成"践行诺言是信"，也就是说非字要当是字讲，而古代语言是不可能出现非字作是字讲的，这是逻辑上讲不通的。同样，"能欲复言而爱身乎"就要讲成"我能够为了我的性命去实践诺言吗"。为了自己去实践诺言，这不是两全其美的事吗？有什么矛盾需要反问呢？这一句在逻辑上也是讲不通的，而相反，复言是食言、收回承诺的意思，这样一讲，就完全讲得通了。如"复言非信"讲成"食言是不信的"，逻辑上没有任何问题，而"能欲复言而爱身乎"讲成"我能够为了我自己（我身，此应是指性命）而背弃我对先君的承诺吗"在逻辑上也就没有任何问题了。

我们再考此复字，实为回还之义，如《说文》："复，往来也。从彳，复声"；《易·复》："反复其道。"反和复都是回的意思。都是表由此到了彼，然后再由彼到此的一个过程，考《左传》两句，复言非信，显然复不是践的意思，而是回反（收回）的意思。又考司马光《资治通鉴》："夫其膝行、蒲伏，非恭也；复言、重诺，非信也；糜金、散玉，非惠也；刎首、决腹，非勇也。"很明显，司马光是懂得复言不是践言之义的。朱熹以复言为践言，显然是没有依据的臆断，而童第德明明举出古例，却偏偏解错字义。而杨注及近当代注家，则基本沿用了这一注法。钱穆在注解时当是认真查了字典的，如他注为："复，反复，即践守所言义。"他注意到了复的本义是反复，但却没有深究，结果还是走上了朱熹的老路。

最后，我们来考察有子的原义，"守信要本着接近于义的原则，当发现以前的承诺现在不合于义的原则时，就可以收回承诺。"这句话的意义何在呢？就在于及时纠正错误，如果已做出的决定、已答应的事后来发现是坏的、是不合礼不合法的，那么就要纠正，而不应该去践言。所以有子对信、义的辩证关系是认识正确的，而朱、钱、童、杨等注，则是不考虑现实情况的盲目践言，是不合于辩证法的。

古人谓"失之毫厘，谬以千里。"这个道理用在注释古代典籍上再适用不过，有时一字之差，可能关乎整个句意的正误，亦可能关乎整个句子的精神。

如《论语》开篇第一句"学而时习之"，学而，有的注者解释为学了后，这就关系到而字的字性，它是一个什么样的关联词，而既可以做了解，亦可以做且解，我仔细思考后觉得应该是与且的用法相近，是一种递进或增强的关系，既突出习对于学的作用，而两者又是同时强调的。刚开始我解释为：勤于学习，并且在学完后练习。除了将学习也强调外，基本同于他译，但还是觉得这样译不够"达"的标准，我们的练习并不仅仅是在学完后的，学的同时也可以进行练习。所以"勤于学习，并且不断练习"是比较严谨周密的解释，而文中还有一个时字，可以当副词用，但如果解释为"勤于学习，并且在适当的时间进行练习"，解释就更完美了。

但后来我还是又加了一段新译。因为上译更多是站在我们的角度来译的，《论语》虽然是一些简短的语言拼凑而成，但我们不能因此而轻视它认为它就没有内在的严密体系。像《论语》这样一部影响中国几千年的书，它的开篇总应有些深意才是。于是我做了再译，我相信再译更能体现《论语》编撰者的构思，也更能体现孔子在世时的本意。

之所以注释古籍会出现多译的现象，是因为古语简略，比如"学而时习之"，这一句，学习的对象是什么呢？找不准这个对象，就不可能解释出孔子的意思，这个对象诸多译家都简单地认为是知识，而孔子是具有理想的人物，他非常重要的一句话不可能是针对普通知识的，而一定是他一生努力去推行的圣王之道。

要注译古籍，就要克服一个矛盾，就是我们基本上会站在自己的角度，运用自己的思维模式来解读古人，这就会出现误读，错解古人的意思，这样的注译就失了"信"这一标准。而古人的学问如果不为今人服务，那它延续下来的价值又在哪里呢？所以重古人还是重今人也是注书者要考虑的问题。比如"有朋自远方来"的朋字，我以前一直当朋友来解读的，因为对于我们大多数人来说，"有朋自远方来，不亦说乎？"令我们充满一种温暖的感觉，我们今人对朋友的定义和界定是远没有古人那么严格的。古语以今义用之，这一点我并不反对，只要它不是注释古语。

孔子说："后生可畏。"于我心有戚戚焉，我一向是敢于挑古人错的，在第二段便对有子有所质疑，这并不是说有子不正确，而是因为学问要分层次，一种是追求实用性，甚至为了强调其重要而夸大其地位，这样就会在学术层面失真和夸大；另一种是真义，就是在学问系统中极其严密合逻辑而定义又极其准确无误差。我只是将后一种对现今的学人讲出来，并不是对有子的否定，也就是说有子当时的说法有其用意和需要，他讲的是第一层学问，但对今天的学人来说，我还是把第二层也讲出来，否则有很多人永远也读不懂《论语》。

　　《论语》开篇第一句，就需要反复推敲才能定译，没有完全采用其他诸家的注释，这使得注译这本书的工作量超出了我的想象，当然这也是一个锤炼自己的过程，思维不断深化，不断严谨，等于认真地重读了几遍《论语》，对于好读书而不求甚解的我来说，可以算是补了补课。

　　注释古籍是一件很快乐的事情，第一，你等于认真学了一遍《论语》，我以前对《论语》的理解是充满错误的，这一次纠正了不少。第二，你可以与那么多古人（包括历代的注者）进行思想上的交流，所谓"有贤者与我言于古，不亦快哉！"第三，如果你在学习古人的思想时，激发出了自己的思想，那就更加快乐了。

　　不过，古人终生奉经，尚不敢轻注，何况是现代人呢？尤其后人理解《论语》，多有想当然之病。现代人注经讲经，态度多不够严正，太过于随便了些，所谓戏说、新说、心得、今说、今解，不一而足。要知道，即便是古代的大儒，尚有曲解经典的时候，即便是一向谨慎无比，回避了一些难解问题的朱熹，也依然会犯臆解的错误，又何况现代人态度不严肃呢。

　　近当代解释《论语》的，除了沿袭古说外，都力图创新，但每一创新，必伴着错误，尤其以白话文翻译时，不只错误存在，更大的问题是词汇不准确、不贴近。而综观近当代人的错误，有如下一些原因：

　　1. 以今人的思想去意会古人的思想，以今人的生活经验去理解古人的经验。

　　2. 以今人的字义和词义去解释古人的字义和词义。

　　3. 当确定一个字或词的意思时，其它的字词的意思就都跟着这个字或词的意思走，而不是相互对比、相互验证、相互剔除。

　　4. 比较马虎，对每一个字或词的意思了解片面，却不肯反复推究更多的意思。有的字本来有更多意思，但却没有仔细查字典，结果片面地采用一个错误的或不准确的意思。

5. 妄图给本是多义的字或词以一个字义固定，于是否定其它的解释，甚至否定正确的解释。

6. 不能意识到现代词汇解释古代的字词是有局限性的，不懂得以多个词汇解释一个意思。如厚字的解释（具体见下文），厚字的本义是物体上下两端的距离，以厚的意思作喻如：厚礼，如果要解释这个厚字，那么礼物多是一方面，礼物稀有还是普遍是又一方面，而礼物的质量和价值又是另一方面，而且厚是一个相对的词汇，厚礼也是相对薄礼来说的。那么厚礼这个厚字又岂能用一个词来解释通透呢？一个字只要是从源义（内文注释中作本义，循古例）向外拓展（近现语言学用拓展）作喻，那么它必然是要具备多种特质的，否则就不需要用喻了，这是喻文字的根本特性。源义第一种拓展是用来形容实物，这是形而下的，再进一步拓展，就要形容抽象的事物，这是形而上的。形容实物尚且有多个层面的认知，又何况形容抽象的概念呢？所以对如厚德这样的词，用一个或几个词汇来确定厚的词义显然是片面的。

又如唐朝玄奘大师的弟子恳请他开始《大宝积经》的翻译时，他神色黯然地对大家说："此经部轴与《大般若》同，玄奘自量气力不复办此，死期已至，势非赊远。"此处部轴的词义，就不是一个词汇能概括的。如果能用一个词语表达出来，就不需要用喻了，因为人们之所以用喻，正是因为不能运用一个词语直接而完整地表达。

7. 对现代词汇和古代词汇的意义都了解不透彻，对现代词汇的运用不能得心应手，找不到最恰当的词汇，表义不当、不达之处通篇皆是。

又注者若不善著文，则遣词造句必不工，字之真义不能深悟，于诸字性不能分别，遂不能得最贴近之字词，于是所注远失真味，如蜜兑水，水愈多则味愈失，又如山多径，唯一径最近，或有远者竟离其山矣。故唯善著文又深通典籍者，始能善注。其不善著文而善注者鲜矣。

虽然近现代有很多注家都力求出新，但实际上，如同古人对古代经典中一些难解之处避而不谈，今人也有同样的问题，如4·13：子曰："能以礼让为国乎？何有？不能以礼让为国，如礼何？"很明显的，这一句是强调"让"在礼制中的重要作用的，本句的核心就是这个"让"字。但近现代的注家，纷纷注释解读"何有""如礼何"这两个语气词，而不注释"让"的字义，这也是避重就轻的做法（就我所见诸注中，钱穆对"礼让"的解释还是比较到位的）。

总之，现当代的《论语》注本，完全错误之处多有（不信），而意义偏离、不准确不贴切的更多（不达），词句塞涩不通的也多（不雅）。若以达这个标准来衡量，有些流行的注本其不达可达数千处近万处之多，以治学而言，可谓惨不忍睹。但对读者来说，如果不是自己去思考字义，不自己去尝试注释一下，这样的错误是无法发现的。

在这个注本中，注者注意了以下问题：

1.以其近者相验证，不以后世所流迁变化者为准。用古人的思想去推理古人的思想，用古人的情境去印证古人的情境，用古代典籍的字义去验证古代典籍的字义。也就是说用古代（一般都选战国之前）其它经典中的字或词来印证《论语》中的字或词，以其它经典中所提到的古代思想来印证《论语》中的古代思想（孔子述而不作，所以论语的思想有很多是其他诸家也提及的），以此得出正确的结论。而不用后世才出现的字义去解释春秋时代的字义。

2.利用《词源》等字典工具，全盘思考一个字或词的全部意义，通过不断地否定得出讲得通的一个或数个意义。如《学而》篇之1中"学而"的而字、之5中节用和之6中的则字，都通过这种方法，得出了前人所未曾得出的新的结论。

3.通过一句或一段中不同字词的各几种不同字义，按其排列组合来确定每一个字或词的意义。从而得出一个或多个合乎文法的解释。如《学而》之5中节用和6中则字的解释。这是我在教学中运用的由喻而得出的阿法狗学习法（即对数学方法中的排列+组合与计算机方法中的选择一起合并运用）在注释古代典籍中的运用。

4.对每种于语法文法上合理的解释，与古代政治社会生活常识相印证，与我们的现实生活经验相印证，以否定掉在社会实践中不合理的解释。

5.通过对古代经典中不同语境下同一个字的字义，来找出更适当的现代词汇进行解释。字义丰富，指向不同层面的，通过不同语境下的字义来进行汇解（汇集、组合解释）。

6.翻译中尽量指出古人的语法方式，如对亲仁的解释中，提出了"以仁为亲"的解释。古人的语法方式虽与现代式的解释其义相通，但古人的语法方式下义理更浓重，如亲仁的现代解释为：亲近有仁德的人，而古语法的解释则为：将那些有仁德的人视如亲（父母等至亲）来对待。古语法式的解释或许不如现代式的解释更通顺，但其义理则更厚重。

7.量其所欲，度其主宾。译古文，最重要的是找到主语和宾语，这两个如果弄不清楚，那么整句话的翻译就可能与原义背道而驰。而恰恰，《论语》中简略主宾的论述非常多。我们可能以为，古人省略主宾是偷懒、是疏忽大意、是后世错简，若如此想，那是小看古人了，因为在华夏时代，喻的运用还是较为普遍的，而喻的运用，是不能固定的，表现在文法和语法上，一是比喻中的指喻（请参看本文后面部分），也就是说我只讲了喻（如没门），而没有讲所喻（如这件事，如这个要求，如这个想法，如这个期望、意图……）。为什么指喻会出现呢？这是因为喻文明和喻文字都是要以一当百的，都是要以一个简单事物运用到更多事物中去的，这是在修辞上，用指喻。其实指喻本身也是省略了主谓宾的，那么在语法上，我们会发现一个特点，越是古人就越喜欢省略主谓宾，为什么会这样呢？还是因为喻的贯通性，比如学而实习之，就省略了主语，那学而且习的是什么呢？当然可以讲作知识，还可以讲作六艺等社会技能，还可以讲做道，还可以讲作圣王之道，还可以讲作先王流传下来的合乎仁义的正确之道，很明显的，运用喻的贯通思维，我们才能更理解为什么古人不讲主宾，因为一个不讲主宾的句子是具有多指向性的，是可以更广泛更普遍的运用的，是可以贯通到更多领域更多方面的。我们认识到这一点，就会明白历代注家将古代经典中的一个字用一个词义来注释，是多么地不智和愚陋了。

实际上，不只是在语法上古文中常隐含着不同的主谓宾，在意义上，古文中也通常包含着隐藏的逻辑。

比如下文将讲到的慎终追远，从例证上和逻辑上，都说明远是远人的意思，但以这个意思来讲慎终追远，其内在的逻辑就有隐藏的部分，不细细地把这隐藏的逻辑讲出来，一般的读者是很难真正理解的。

8. 古人一字多义，若问者以一义问之，而答者以二义答之，后人亦无法证实一义，唯有随二义解之。如为政篇第二十一。

9. 本注所用之法，有如：根本词义先排法、根本词义拓展法、同代词义组合法，组合结果众排法，众（合）境优选原则、义理殊胜优取原则。

10. 古人语法修辞是否严谨，以严谨先论之；是否义胜，以义胜先论之。

11. 《论语》中的上下句，究竟是断的，还是联系的；究竟是并列的，还是承续的；究竟是一句，还是三句；究竟是说于一时，还是三时；对这些有时我无法断定。如学而篇的第一句。

这本书因诸多原因，没有在2016年完成，其实是它的幸运，因为那个时候我还没有创作出喻演论，没有意识到汉语言的本质是喻文字，所以有些注释并没有做得更好，比如"慎终追远"的解释（曾子曰："慎终，追远，民德归厚矣。"），对终字和远字，我在2016年的时候也是采用了前人的解释，释终为君子的死亡，并未产生疑问。但当在2017年8月份我发现了喻文字的特点后，对这个概念的考究就变得更深入了。因为按照喻文字的特点，中国古代汉语最重要的特点之一是阴阳哲学对，也即是说，终是与始相对的一个哲学概念，而远是与近相对的一个哲学概念。

那么，用对喻文字的认知习惯来审视这句话，终即是事物的结局和结果，远则是与近相对的事物，这一下子就使得我们对"慎终追远"有了另一种认知。所以我才回过头来认真审视古人对终和远的释义是否正确。

终，在春秋时代即有终老、死亡的字义，如《礼记》所载：

子张病，召申祥而语之曰："君子曰终，小人曰死；吾今日其庶几乎！"曾子曰："始死之奠，其余阁也与？"曾子曰："小功不为位也者，是委巷之礼也。子思之哭嫂也为位，妇人倡踊；申祥之哭言思也亦然。"

文王九十七乃终，武王九十三而终。

曾子曰：小功不税，则是远兄弟终无服也，而可乎？

选贤与能，讲信修睦，故人不独亲其亲，不独子其子，使老有所终，壮有所用，幼有所长，矜寡孤独废疾者，皆有所养。

所以，历代的注家将终解释为父母的死亡在道理上也能自圆其说，但讲得通不代表讲得正确，因为终字前面还有个慎字，那么，古人对祭礼的态度有没有一个慎字呢？其实是没有的，孔子讲祭礼，主要是两个字，一个敬字，一个是不违，也就是合礼。慎重或谨慎地对待父母的死亡，在现代人来讲是讲得通的，但在古人，并没有这个讲法。所以单讲这个慎终，无论是朱熹所讲的"慎终者，丧尽其礼"还是近现代注家所讲的谨慎对待父母的死亡，都是讲不通的。

将终解作死亡，对于朱熹以来的诸注家而言，还存在着逻辑上的重大问题，首先，终是对君子而言的，慎终只能是慎君子之终，而诸注家都是讲老百姓们能够慎终追远，民德就归厚了，而忘了一个前提，终是特指君子之死，而跟小人（百姓）无关的。自郑玄注"老死曰终"，将死与终混淆了，死是不能称为终的，子张先说到在他那个时代小人与君子之死亡的不同名称，但他却说自己"吾今日其庶几乎！"其实就是说自己应该称终还是称死呢？即子张在死前对自己身份是很纠结的。如果将终讲成君子之终，它的效果能让整个社会风气归厚吗？所以，诸注家讲慎终追远，看似能自圆其说，其实在逻辑上是彻底矛盾的，是过不了关的。

慎终的运用，在春秋时期是有例证的，如《礼记》所载：

是故圣人之记事也，虑之以大，爱之以敬，行之以礼，修之以孝养，纪之以义，终之以仁。是故古之人一举事而众皆知其德之备也。古之君子，举大事，必慎其终始，而众安得不喻焉？《兑命》曰："念终始典于学。"

这是慎字与终字合用的一个例证，在这里终字是什么意思呢？终之以仁，其实这个终字有核心、最重要、压舱石、终极的意味，其他的都不能作为古代圣人记事的最终标准，只有仁义可以作为这个终极标准，所以古代君子举大事，必慎其终始，终字是放在前面的，这里的终始，不仅仅是事物的开始和结局，更是言语行为、策略法度的终极标准和启动方式的意思。那么这个慎终始，有时候还说成是念终始，不但是圣人记事所必须思考的，学子学习也必须念终始，也就是念念不忘地考虑终和始的问题。

春秋时期还有另一个重要的例证是《老子》第六十四章："慎终如始，则无败事。"

那么，终和始为一个阴阳哲学对，古人讲慎终始、慎终，至少是有四个例证的，而以慎终为慎亡，则只有一个并不能确认的例子。

以此而言，朱熹讲慎终为丧尽其礼，及近现代注家所讲的慎终为谨慎对待父母的死亡，是立不住脚的。

另外，终与远显然是联系起来讲的，但实际上，联系起来讲就更讲不通。

因为终字为死亡之义，在《周礼》中是没有例证的，也即是说，可能在春秋之前，并没有终字为君子之死亡之一说，而仅有终字为终结之

11

说。以终字为死亡，是《礼记》中才有的。

那么远字呢？远字为死亡之祖先，这一意义在春秋时代都是没有的，《周礼》《礼记》都没有，所以近现代的注家以远字为死亡已久的祖先，是没有任何依据的。而朱熹所讲的"追远者，祭尽其诚"也一样，无论是《周礼》还是《礼记》中，都不曾用远与祭联系。所以朱熹之以终配丧礼，以远配祭礼，也是不符合春秋时代的现实情况的。

远字在《周礼》中，主要的意思是表距离，如：

以和邦国，以谐万民，以安宾客，以说远人，以作动物。
作六辞以通上下亲疏远近，
怀方氏掌来远方之民，致方贡，
凡远近茕独、老幼之欲有复于上，
张五采之侯，则远国属；
弓人为弓，取六材必以其时，六材既聚，巧者和之。干也者，以为远也；角也者，以为疾也；筋也者，以为深也；胶也者，以为和也；丝也者，以为固也；漆也者，以为受霜露也。
以廛里任国中之地，以场圃任园地，以宅田、士田、贾田任近郊之地，以官田、牛田、赏田、牧田任远郊之地。

除了表距离的意思外，远字在《周礼》中并无其他意义的运用。而在《礼记》中，远字的字义也基本如此，如：

诘诛暴慢，以明好恶，顺彼远方。
四方来集，远乡皆至，则财不匮，上无乏用，百事乃遂。
其余无常货，各以其国之所有，则致远物也。
而节远迩之期也。

就贤体远，足以动众，

夫然后足以化民易俗，近者说服，而远者怀之，此大学之道也。

已祭，子赣问曰："子之言祭，济济漆漆然；今子之祭，无济济漆漆，何也？"子曰："济济者，容也远也；漆漆者，容也自反也。容以远，若容以自反也，夫何神明之及交，夫何济济漆漆之有乎？"

子曰："射有似乎君子，失诸正鹄，反求诸其身。"君子之道，辟如行远必自迩，辟如登高必自卑。

子庶民也，来百工也，柔远人也，怀诸侯也。

君毋以小谋大，毋以远言近，毋以内图外，则大臣不怨，迩臣不疾，而远臣不蔽矣。

久相待也，远相致也。

凡卜筮日：旬之外曰远某日，旬之内曰近某日。丧事先远日，吉事先近日。

量地远近，兴事任力。

以上《周礼》《礼记》对远字的运用，其实是政治意义，远的政治概念主要是"乐远人""怀远人""柔远人"，这些是方法和手段，目的则是"来远民""属远国"。在《周礼》《礼记》中这一点有近二十次的反复强调，这是很少见的，足证怀远人致远人是古代政治中的一件极受重视的事情。所以追远的远，有更大的概率是远人之远。

为什么古人讲究终，讲究远，而忽略近和始呢？正是因为远和终是易被忽略的、工作容易做不到的、更难做好的。所以，古人才讲"慎终如始"。

以上这么多的例证，足以证明古人讲终和远，是政治治理层面的哲学概念，是阴阳哲学对的运用，这应是毫无疑问的，不但例证足够多，而且是更能讲得通的，是没有逻辑矛盾的。关于此点，还有一个更有力的例证，《史记·孟子荀卿列传》记载，百家中阴阳学家的代表邹衍曾著"《终始》《大圣》之篇十余万言",一部数万乃至十余万的著作,以终始为名,可见终始作为一门哲学,是相当博大的,而且是一门显学,不只邹衍著《终始》,古书《兑命》中所讲的"念终始典于学",也说明终始哲学是相当受重视的。而以远与祭为匹配,是没有任何例证的。所以,朱熹的以终配丧礼,以远配祭礼,是没有依据的,是站不住脚的。至于近现代注家更进一步的发展,以终为父母的死亡,以远为久逝的祖先,更是站不住脚的。

无论是终始,还是远近,作为一个喻文字本质的哲学对,其意义都不仅仅是单一的,如终不仅仅是表终极,还表结果、结局、终结(死亡)等意义,而远与近也不单单表距离,如《礼记》中:

故至诚无息,不息则久,久则征;征则悠远,悠远则博厚,博厚则高明。博厚所以载物也;高明所以覆物也;悠久所以成物也。

君子之道:淡而不厌,简而文,温而理,知远之近,知风之自,知微之显,可与入德矣。

子曰:"仁之为器重,其为道远,举者莫能胜也,行者莫能致也,取数多者仁也;夫勉于仁者不亦难乎?是故君子以义度人,则难为人;以人望人,则贤者可知已矣。"

孔子曰:"入其国,其教可知也。其为人也:温柔敦厚,《诗》教也;疏通知远,《书》教也。"

穷极高远而测深厚。

此处的远字,即有高远、远大、深远、深奥等意义。以这个意义的远字,配终始哲学的终字,在义理上就更深厚了。

而追字,其实《论语》中就有现成的例证,如《论语·微子》之五:"往者不可谏,来者犹可追。"这里的"可追"就具有能及、可补救义，又如《书·五子之歌》："弗慎厥德，虽悔可追？"《素问·调经论》："是谓追之。"再拓展则可为把握、掌控义。这个字义对追远的解释是很完美的。

另外，对于厚字，近现代的注家往往解释为："忠厚老实"或"笃厚"。他们都是用一个词来解释一个字。而喻文字却不是这样的：

喻首先是观察客观现象，总结其抽象之特征，并得出结论。如祖先观察大地，注意到大地厚的特征，于是总结出一个厚字，当祖先观察到更多的事物时，以厚为喻，便极大地丰富了中国的语言。

厚土，垂直往下，给我们以深的感觉，但平行往外，则给我们以宽的感觉，而如果论到质感，我们就要说浑厚。所以厚德载物的这个厚，同时具有深厚、宽厚、浑厚的意义，怎么可以用一个词来解释呢？所以古人总言厚，而不单言深厚、宽厚、浑厚，是对汉语言的本质和特点有着更深刻的理解的，近现代注家用单词来释单字，是因为不懂得古代汉字的本质。我们在此以厚为例：

厚这一个喻义，向于德行，便有：地势坤，君子以厚德载物。

厚的喻义指向于政治形势，指向于军事、博弈之术，便有厚势之说，是指一方形势厚重，难以撼动，相对于另一方占据优势。

厚的喻义指向于人的性格品质，便有厚道、忠厚、宽厚之说。

厚的喻义指向资本实力，便有雄厚之说。

厚的喻义指向滋味，便有浑厚一说。

厚的喻义指向文学风格，亦有浑厚一说，更有醇厚、浓厚一说，醇厚者，如言诗味如酒酿中之至味者，故谓醇厚。

厚的喻义指向情义，便有深情厚意一说。

厚的喻义指向礼物，便有丰厚一说。

厚的喻义指向学术素养，便有深厚一说。

厚有相对的喻义，如厚积薄发。

厚的喻义指向人际关系，便有厚薄之别，如厚待、厚遇、厚爱。

那么，要正确而完整的解释民德归厚、厚德载物的厚字，用一个词显然是不行的，你说忠厚，那么要不要仁厚、宽厚呢？所以在对汉语言的运用上，我们是要虚心地向古人学习的，他们喜用单字，并非是古代语言不发达，恰恰相反，而是因为他们掌握着汉语言的本质，根本就不会用词，或者说不屑于用词，凡能用字表达的，绝不会用词表达。

古人著书，多用单字，不用词组，以单字之意则可广指，词组之意则单一，这是由喻文字的本质所决定的。又古人学中深妙之意，往往非一性一象，于是以单字而概括之，而彼单字若不足明义，则附之以喻，令彼单字之义更多延展，如老子俨兮其若客，以俨字非一义，非一相，故以若客喻之（若客者，则客之种种皆可具也，然必知客相之妙义，始知若客之所指，又，俨字或具少义少用，然老子义甚广多，而非俨字不能表，意欲延展其义，遂以若客为喻，令俨字具多义多用，此非会心者不能解也），而不具明其意。古今注者，乃求以一词组解一字义，是不知古学之妙旨也。而诸解不同，遂诤讼纷纷，久已失真义矣。此是后世儒家之学者不如佛家之学者智慧通达处。

以上俨与客的运喻之法，我在2003年创作的《比喻学》中，将之称为指喻。指喻是与指月喻相对的，这两个概念本身就是比喻，讲的是一个人用手指向月亮，令另一个去看月亮，可这个人没有领会意思，却看向了手指。

指喻是指只出现喻体而不出现喻义的比喻，指月喻则是喻（喻体）与所喻（本体）俱全。指月喻是专喻，指喻则是任意喻。

如"流水不腐，户枢不蠹"大家都知道是比喻，由于它只有喻体，所以可以用来比喻多种事物，如身体、行为、组织，以及个人或组织所采取的方法态度等。所以说它是指喻，它只是伸出了手指，并没有专门去指月亮，它既可以指月亮，也可以指星星，还可以指花草、树木、河流、高山……

再举一个例子"云开见日"，这个比喻只有喻体，云开见日可以用来比喻政治局面从浑浊变得清明，也可以比喻心情从坏变好，还可以用来比喻两个人因互相误会而闹了矛盾，后来和解了，和好如初，可见指喻好比手指，可以指向很多的东西，而不必专指月亮。

又好比"如月清凉"既可以比喻关怀慈爱，又可以比喻法义真理消除迷惑的热恼。

指喻必须具备两个条件，那就是有物有性，物喻不能成为指喻，如"流水不腐，户枢不蠹"流水是物，因流动而不腐是其性，物性兼备而无具体所指始成其为指喻。如大海、水流、花是物而无性，所以不能成为指喻。

而在喻的词语结构上，指喻就是一个单独的运动的整体，主谓俱全，如流水不腐，是一个完整的现象，而非单一的事物。

指月喻很容易理解，就是喻加所喻等于指月喻，也就是手指指向了月亮。

比如我们说"貌美如花""心大如海"海与花是喻体，是手指，心与貌是所喻，是月亮。手指指向了月亮，确定了喻体的指向，就称为指月喻。指月喻的喻体，并不要求有物有性，物亦可，性亦可。

所有的指喻都可以成为指月喻，只要将所喻明确指出来就是。如下面这个例子：

飘风不终朝，骤雨不终日，他老是这样子大张旗鼓，大行动、大投入、高费用，只怕支撑不了多久。

在应用上指喻通常作为暗喻、隐喻来用。如要对以上的情况加以评论，而这说话人不好明说，那么便语重心长的这么说："飘风不终朝，骤雨不终日啊！老兄。"这便是指喻了，但这虽然是指喻，却暗中指向了投入大费用高这一"月亮"，当事人自应听得明白。

指喻会成为日常用语，如"不入门""摸不着门路"，被广泛运用，大家几乎忘记它是个比喻了，因为大家太熟悉它。

指喻的好处是可以广泛应用，如不入门既可以应用于学习和智慧

本书的读法：重新认知和学习古汉语

上，也可以应用于人事上，非常形象直接。

子在川上曰："逝者如斯夫，不舍昼夜。"过去历代的文人们都认为这句话很伤感，它描写岁月的流逝，认为孔子是个多情的人，可我却认为这句话很壮观，多么豪迈的语言啊，那滔滔河水奔流而去，一刻不停。难道说到流逝就是伤感吗？孔子从大水中感悟到的，是世界的变化流迁，一刻不停，这是《易》的核心精神，逝去即是变化，你可以对不舍昼夜的流逝伤感，你也可以因之豪迈，不舍昼夜、冲击不休，难道不是一种坚忍的豪迈么？我认为孔子绝不是个伤感的文人，他是个有理想有抱负的豪迈之士。孔子的这句话说得是非常有文采的，体现了一个编辑高手的基本功力，一般来说，原创作者的创造性强，如老子和孙子，而大编辑对语句的锤炼功夫，往往要比原创作家强。孔子这句话是真正的"诗无达诂"，至少可以有四五种理解，逝者代表的是什么呢？岁月？失去的事物？变化？这句话可以是孔子对岁月的感叹，也可以是孔子对世事必然变化的总结，还可以是孔子对学生弟子们的勉励："你看这流失的岁月，就像这水一样昼夜不停，你们要珍惜时间啊。"这是一个多么热心而诚恳地教授学生的老师。所以孔子这句话的含义是丰富的，不能单一地来了解，就如同水对你的启迪一样，是丰富的，多层次的，多指向的，绝不可以片面的感悟，孔子的这个逝者，可代表的东西是很多的。

我们再回过头来看老子为什么要用喻，俨，有人注家解释为矜持的意思，其实这句话的重点在若客这两个字上，做客的特点是什么呢？既是要尊重主人，更是要约束自己、注意自己的言行仪态，较之主人，客人是有更多对自己的约束的。所以老子用一个比喻若客，令这句话具备了更多的含义，也使得我们可以更深入地思考。用若客的广泛而深厚的涵义，来倒推俨的字义，这才是注释古代经典的正确方法。

以上所举的厚字，不是《论语》中的个案，相反，《论语》中这样的案例非常多，比如欲字。

12·18 季康子患盗，问于孔子。孔子对曰："苟子之不欲，虽赏之不窃。"

近代的注本都将欲注释为财物或财利，不欲就是不贪图财物和财利。

但事实上，古代的欲字与德字、道字等字都不是单一意思，而是蕴含众多层面之义的一个哲学概念，季康子为鲁国三桓之一，并且他活着时是鲁国权力的实际掌控者，所以他的欲望，虽然不完全等同于君主之欲，但却也接近之了，显然不能用贪图财物来简单解释，诸如声色犬马、宫室楼阁、名位、征伐掠夺、赋敛、宴聚等，都属于古代欲的范畴，而季康子与孔子的这段对话，是论政的，怎么可以解释成个人的贪财利呢？而且古代盗的形成，最主要的因素是战争，其次才是赋敛，至于季康子的个人贪财利，显然是与百姓无关的。只有这种贪财利与赋敛联系起来，才跟百姓为盗有关。如果我们不是以喻文字的视角来理解如欲、道、德等古代哲学概念，我们就会以偏概全，无法真正认知、掌握华夏文明中最精华的那一部分。

古人论著若欲求形而上，则一句中不显主宾（如有指，未必指月），由一显主宾，则义便为一，不显主宾，则义可广运。而历代的注者则务求主宾，是不知古学之妙也。

又古人论中虽不显主宾，但本有主宾（如指月），后人不解而另以他主宾解之，则句意之高下有如云泥，由注者不达古人之境界，胸襟眼界皆困于自身耳。

以上两例，是想告诉读者，古代汉字的本质是象文字，更是喻文字，所以在古代，凡是重大之概念，皆用一字，不用两字三字四字，这是由喻文字这一本质决定的，古代若用两字表重大之概念，则必用阴阳相对之两字，从而形成阴阳哲学对，如终必对始、远必对近、亲必对疏，仁必对义，如果学者不能了解这一点，那就不可能了解古汉语，也

本书的读法：重新认知和学习古汉语

不可能正确地注释古代经典。

所以，从古代有注家以来，尤其是近现代注家的以一词释一字，在本质上是对中国文化的简单化、肤浅化、片面化、碎片化，其对中国文化的伤害是非常深的。本书以汉语言的喻文字之本质，来重新解释古代经典，是历史上的第一次尝试，望有方家多多指教。

另外，对于古代大家的一些做法，我觉得委实不能理解，有些问题明明是很容易解决的，却无人解决。比如"祭如在"：

3·12 祭如在，祭神如神在。子曰："吾不与祭，如不祭。"

这是一个历史上很多人都知道有问题的语句，如北魏的永安王八岁时，问博士庐景裕："《论语》中的'祭神如神在'这一句，到底说的是有神，还是无神呢？"庐景裕回答说有。永安王反问道："有神应当说'祭神神在'，为什么要说'如'字？"让这位博士无言以对。于此可见永安王勤于思考，善于读书。

但问题在于，八岁的孩子都能想到的问题，古代大师和近代大师们为什么还不断地犯相同的错误呢？

其实如在这个问题只要翻一下词典，就非常容易地解决了，因为在字典中很明白地解释了在字的意思。

在：本义为存在，一，存在于某地点，二，表动作在进行。如《淮南子·原道》："则无所不在。"在还有一个重要的意思为：省视、观察，如《大戴礼记》：存往者，在来者。又《康熙字典》："又察也。《书·舜典》：在璿玑玉衡，以齐七政。"此处可解为：观察、审视、检查。

我们以第二个意思来解释"祭如在"，就没有一点逻辑上的不通顺了，这句话就可以解释成：

祭祀祖先一定要怀着敬畏爱慕之心，要怀着接受祖先的审视、检查一样的心情来操办。祭祀神灵也是一样的道理，就像准备接受神灵的审视和检查一样，可以粗疏大意吗？（这样就能在所有的程序和细节上做到位，合乎敬，合乎礼了。）夫子说：如果自己不能亲身参与祭祀，不能全部身心投入祭祀，那还不如不祭祀。

　　神明的审视其实不必用一个如字，因为神明本就高高在上，自然完全可以审视、观察人类的祭祀是否令他满意，而祖先的审视或许有点不讲感情，所以孔子才是用了个如字。只有怀着一颗接受祖先审视、观察的心思，才能真正办好一场祭礼吧。这就好像我们小时候，让父母检查作业习题一样的心态。

　　以上几个例子，讲的是古来注家通常所犯的错误，最主要的是战国以降，由于秦收天下之书，而后项羽焚秦，导致华夏文明出现断代，自汉代始，学者儒生已经不知汉语言中喻文字的本质，于是注者注经，已经开始以词释字，于是开启了两千多年来经典注释的错误方式。这是一个最常见的、最根本的错误。这一错误在近现代用白话注释翻译经典时犯得最多。

　　第二个错误是不能互为印证，即学者不能从同代典籍中寻找相同的用法，而自行武断释义。如上面讲的慎终，其实在古代典籍中有很多例证可循。

　　第三个错误是不能左右上下对证，如上面讲的追字、慎字、远字、终字四个字中每个字的不同字义的相互之间的组合、协调。

　　第四个错误是不能认真地查词典，查字典，如上面所讲的在字，查一下词典字典，就可以知道它还有一个审视的意思。对于近现代学者来说，这一个错误是尤其不应该犯的。

　　历代注家还有一个常犯的错误，就是为自己错误的注释寻找理论根据，或创造出一个新的理论根据。如朱熹在解释慎终追远时，便为自己的注释"慎终者，丧尽其礼。追远者，祭尽其诚。民德归厚，谓下民化之，其德亦归于厚"创造理论依据："盖终者，人之所易忽也，而能谨之；远者，人之所易忘也，而能追之：厚之道也。故以此自为，则己之德厚，下民化之，则其德亦归于厚也。"

近代也有这样为自己的注释创造理论依据的，如钱穆所讲"终，指丧礼言。死者去不复返，抑且益去益远。若送死之礼有所不尽，将无可追悔，故当慎。远，指祭礼言。死者去我日远，能时时追思之不忘，而后始有祭礼。生人相处，易杂功利计较心，而人与人间所应有之深情厚意，常掩抑不易见。惟对死者，始是仅有情意，更无报酬，乃益见其情意之深厚。故丧祭之礼能尽其哀与诚，可以激发人心，使人道民德日趋于敦厚。"

很明显地，近代学者钱穆承袭了朱熹的讲法，并讲出了自己的理解。并且钱穆讲追远的意思为："对死亡已久者能不断追思。"

他们的讲述都是合情合理的，但却是建立在本义不正确上的合情合理。因为我们前面讲的例子中，慎终用于死亡是没有其它例证的，而远字更没有例证，至于追字，周礼中有"追享"这一种祭祀，再无其他例证。除非再有出土的古代文物能证实古代有以追远两字表示对作古已久的先人的祭祀的实例，否则这种注释就是站不住脚的。

我们现代人是可以用追远这个词来表示对祖先的追念的，但我们不能用现代人的理解来注释古代经典，因为注释经典要讲究信雅达，信是雅和达的前提条件，失去了信，雅和达也就失真了。

以上一例，为了自己创新注释而创造新的理论来支撑，这个新创造的理论本身是讲得通的，但还有一种情况是这种新创造的理论讲不通，如上面的祭如在。

钱穆沿袭了古来的说法，他的翻译是："先生在祭祖先时，好像真有祖先们在受祭。他祭神时，也好像真有神在他面前般。"

但他意识到这样的译是讲不通的，于是他想办法让它讲得通："祭礼本对鬼神而设，古人必先认有鬼神，乃始有祭礼。但孔子平常并不认真讨论鬼神之有无，只临祭时必诚必敬，若真有鬼神在其前。此两句，乃孔子弟子平时默观孔子临祭时情态而记之如此。""儒家不提倡宗教信仰，亦不主张死后有灵魂之存在，然极重葬祭之礼，因此乃生死之间一种纯真情之表现，即孔子所谓之仁心与仁道。"

钱穆这段话也是讲得通的，看起来也是合乎情理的，但如果我们深究起来则不然，因为夏商周的礼法，其中主要的祭礼都必须建立在有鬼神的基础上，乃至以后的两千年，统治阶级的统治伦理也是建立在有神论的基础上的。所以，事实上并不存在孔子认为鬼神有没有的问题，相反，有神论是孔子所极为倡导的祭礼的基础，孔子是不可能怀疑这一点的。《中庸》里讲得非常明确，"子曰：'鬼神之为德，其盛矣乎？视之而弗见，听之而弗闻，体物而不可遗，使天下之人齐明盛服，以承祭祀。洋洋乎如在其上，如在其左右。《诗》曰：'神之格思，不可度思！矧可射思！'夫微之显，诚之不可掩如此夫。'"如果孔子是无神论者，怎么会赞叹鬼神有盛德呢？可以说，孔子是明确自己的有神论的。而从逻辑上来讲，如果孔子否认鬼神，那么他的政治信仰就是不存在的，他所极力推行的就是他根本不相信的政治制度，这显然是不成立的。虽然孔子的态度是"敬鬼神而远之"，与老子一样主张不要迷信鬼神，但这并不代表他对自己的政治理念的基础是否定的。

可以说，这种为了证明一个注释而创造出的新的见解和理论，除了在根本上是不成立的之外，还有可能连新的见解也是不合于逻辑的。

其实这一传统在朱熹时就已存在，朱熹独自发明理学，那么，他不免经常用孔子的话来阐发他的理学，于是在他的注释中，就会有一些地方为了解释他的理学而扭曲了孔子原意，或者取其片面，如不知为不知一章，他的解释就有些单薄和片面了。

那么，以自己的主观思想来解释古代经典，就是历代注家易犯的第六种错误。

其实上面对慎终追远的解释，古人还有一点是没有意识到的，那就是《论语》分章，其实是有其理论体系的，如学而一章，说的是儒家思想中的一些根本之事，这一章是不应论祭祀之礼的，虽然这不是一条铁律，但对于注

本书的读法：重新认知和学习古汉语

家和读者而言，如果有歧义产生时，这也是最终选择时要参考的标准之一。

相比古人，今人注释经典所犯之不能容忍之错误尤多，如：

3·17子贡欲去告朔之饩羊。子曰："赐也！尔爱其羊，我爱其礼。"

有的注家遵照古来的注释注饩字为："杀而不烹曰饩。"但在译时却将饩羊说成是活羊，这显然是前后矛盾的。已经杀死的羊，怎么说是活羊呢？在我所见的注本中都说是活羊，只有钱穆的译是将饩羊译为腥羊的，但这腥字是死是活我们无从判断，何况用腥字代替饩字，是更好地译出了文意呢还是偏离了文意呢？这是近现代的译本所常犯的第七种错误，就是明明从古人的注释中知道真正的答案了，却在译时不严谨，造成注释与译的自相矛盾，这种不严谨、不认真，是殊为不该的。

诸多注家还经常犯的第八个错误是，对于同一个字不曾认真地考量其语境，所以不能区分其细微的差别，如上文所讲的爱字，近现代的注家全都同译为爱惜，但很明显的，爱惜礼制显然是不合于语法的，因为爱惜一般是对物质来讲的，即便它可以用于抽象事物，也只能是对较弱小事物而言，而礼制则是孔子所尊崇的事物，在那个时代属于崇高伟大的事物之列，用爱惜来讲是不合适的，只能够讲爱重，亦即前一个爱字在语境中用现代词汇来讲可以是爱惜，但后一个爱字在此特定语境中如果用现代词汇来讲就只能是爱重。

当代的注者远比古代那些注者幸运，条件完全是天上地下向的差别，古注者如郑玄、朱熹等所处的时代，《辞源》尚未出世，古人要想知道一个字或词在诸多经典中的不同用例，不但要遍读诸经，而且得记忆清楚，这几乎是不可能的事情。而当代人则随手可查，所以，今天的我们若是不能在注释中超过古人，只能说是懒惰和不认真所致，若还出现众多错误，那就是不可原谅的了。

本书所引用的古代注释亦多有不准确处，更多的情况则是其注释可能也不是最符合语境，这些问题，如《康熙字典》《辞源》《辞海》等也不能免，如对"祭如在"的在字，《康熙字典》的注为："又察也。《书·舜典》在璿玑玉衡，以齐七政。"璿玑玉衡一作璇玑玉衡，有两说，一是指北斗七星，一是指观测天象之仪器，那么此在字单解察义是讲得通的，但如果解为宰义也讲得通。而以宰义讲，由舜帝主掌、主持观测天象，以齐七星之政，比察字更合理。而同解的一个例子是《大戴礼·曾子立事》："存往者，在来者。"这个在讲察字亦讲得通，但讲宰字则更好。以此而言，就如同历代对《论语》的注释存在问题一样，历代对其他经典的注释也一样存在问题，此处的在，究竟做察讲合适还是做宰讲正确，是很难下定论的，但在作宰讲，却更合理、更合适，即便是在"祭如在"中，在作宰讲也合适。以此而言，我在百度百科上引用的解释和例证，除了百科本身的白话注释可能存在各种错误之外，其所引用的古代其他语例也一样会存在错误。由于注释的时间很短暂，我对引用的这些例证也未能一一深入考究，无法一一查阅原著，只能凭语境判断其准确与否，对发现错误的予以改正，如果我没有发现其不准，就会导致我注释的不准，这一点，只能留到以后有充裕时间时再说了。

对于古代经典的注释，对于我个人的进步来说，意义其实已经不太大，尤其《论语》的哲学内涵未足深厚，而我更喜欢创造性的工作，注释古籍未免枯燥、机械了一些，加之我的时间也很不足，对喻和演的研究尚未更广地展开，内心实不愿他顾，又加上这三年身体一直疲病，又时常通宵写作，白日又多烦心忧虑之事，所以虽说《论语原解》断断续续进行了有三年，但实际的时间加起来也仅有十几个工作日而已，只能做到将历代注家的错误、不妥之处进行一定的纠正，至于像前文提到的爱羊爱礼的爱字的字义的推敲，确实是无暇顾及的，同样的，像对慎终追远的例证那样多的举例，在内文中也就不再举那么多了，而有些我直接确定其字义的，并且这个字没有太深厚内涵的，也就不再举例。

对译文中，如果采用了他家的注和译，仅做了译文字词的修改，而没有做根本性的另解的，都以常译名之，而在主要句子和关键字上与他家有根本差别的，则以新译名之。凡常译之后又再译的，一般有几种情况，一是还有另外的能讲的通的解释，二是常译不完美，三是常译并不正确，四是常译义理不是最好的。具体如何，还请读者自己体会。有些只有几句有不同译的，有的都合为一译，仅以括号标示。两者之优劣，若无特别说明的，读者自己选择。

相对其他注本而言，由于本书做出了诸多全新译解，所以本书在注释中引用了较他更多的古文（相对近当代的白话注译而言），其实本来还有更多，因为怕把部分读者吓跑，所以尽量少的引用。同时本书对字词的注释比较详细，几乎处处作注，这样就使初高中的学生亦能籍此注本读懂并领会，注者本意是希望这个注本能成为对学生学习古文有所帮助的一个读本。

总之，从小学、初中生开始，这个注本就可以读了，诚愿，它可以伴着我们一直读到老年，成为我们终生的良师益友。

《论语原解》的注释，其实是喻文字的一个注脚，如果我不是领悟到喻文字的奥妙，那我对注释一部古代典籍可能更是兴趣缺缺。中国文化博大精深，这句话不是随便说的，所谓"仰之弥高，钻之弥深"，不是随便就能理解的，更不是随便就能透彻地理解的，但如果我们连古代文化都不能正确地理解，我们谈何更上层楼呢？谈何继承和超越呢？谈何文化复兴和创造更高的文化高度呢？为广大读者正本清源，提供一个更正确、更合理的古代国学的注释版本，应该是有其意义的吧。而于我来说，目前也仅仅能分配给这部书短暂的时间，确实仓促了些，如历代注家一般，错误、不妥、不达、不雅之处，料亦不能免，还望方家多多指正。这部注译是站在前人的肩膀上的，我希望它会比其他读本更准确更贴近本义一些。我算不上勤于治学，此书写作时间也很仓促，这部注译主要是从文义方面着手，对于人名、地名、时间、器物、事件，这些常识性的知识我并未去深究细核，一般都遵从前人的注译，错误恐难免除，所谓高手在民间，我来自民间却非高手，在此恳请高手和读者的批评指正。

学而篇第一

1·1 子[1]曰[2]:"学[3]而[4]时[5]习[6]之,不亦[7]说[8]乎?有朋[9]自远方来,不亦乐乎?人不知[10],而不愠[11],不亦君子[12]乎?[13]"

【注释】

[1]子:古代对地位尊崇者(诸侯之上大夫卿、下大夫、上士、中士、下士凡五等。亦称"子",如赵彦卫《云麓漫钞》:若宣子、武子之类是也)、德行及学问彰著者(如先秦诸子)的敬称。后人也引此尊称自己的老师,再延展一些,就成为男子的通称,如晋·干宝《搜神记》所载:"子年少";清·袁枚《黄生借书说》:"子不闻藏书者乎"。子已是一种普通的用法,或许也表尊敬,但已经如我们现在所讲的您一样,是一种平常称呼了。《论语》中"子曰"的"子"都是指孔子。[2]曰:说、说道。[3]学:学的本义为效仿、效法,拓展为钻研知识。一

二译是此用法。学转义时则成为所学的对象，即知识和学问，第三译是这个用法，但古人所谓的学往往偏重于理论和策略，目的是经世致用，这一点应该突出出来，否则就无法理解古人的"学"，尤其是孔子的学说更是如此，老庄立说，称为道，而不称为学（称为学说只是周后的事情），就是因为他们的学问其目的不是用来经世致用的，所以孔子的学，就是经世致用的理论、方策和知识，内容上则是诗、书、礼、乐、易等传统的文化典籍。[4]而：而是一个用法非常多的字，可以说是文言文中最重要的字之一，可作名词、代词、连词、助词、语气词、动词用，此处是作连词用，但作连词用时也有八九种用法，表因果关系，以如果讲，则适用于第三译，表递进关系，以且讲，则适用于第二译，表承接关系，以然后讲，则是注者所译：学了，然后……又如《史记·陈涉世家》：攻大泽乡，收而攻蕲。[5]时："时"字在周秦时若作副词用，近似于《孟子·梁惠王上》"斧斤以时入山林"的"以时"，但它也有"在一定的时候"或者"在适当的时候"的意思，即当今按时的意思，但在适当的时候这一词义要比按时丰富并且富含哲学意蕴。朱熹的《论语集注》把它解为"时常"，是用后代的词义解释古书，时常、时时这两种用法适用于第二译。现代也有人解为时代、社会的意思，稍觉有些牵强。时有现下、当前的意思，拓展则为时下、当世，再拓展则可为某世、某时，这一点可以参考古代佛经中"一时"的字义，时的这一用法适用于第三译。[6]习：重习，本意为鸟数飞，以喻学之不已，如鸟数飞。也有人把习解为"温习"，但在古书中，它还有实习、演练、练习、践行的意义，如《礼记·射义》的"习礼乐""习射"；《史记·孔子世家》："孔子去曹适宋，与弟子习礼大树下。"这一"习"字，是演练的意思。孔子的学问，一般都与社会生活和政治生活密切结合，像礼（包括各种仪节）、乐（音乐）、射（射箭）、御（驾车）这些学科，更需要演习、实习。习也有训练的意思，如《大戴礼记》："不习，则民不可使。"《史记·五帝本纪第一》："于是轩辕乃习用干戈，以征不享，诸侯咸来宾从。"习的这种字义就适用于第三种译法。时习之，就是时（社会）以之训练百姓的意思，拓展为采用虽然有些远离字义，但还是能说得通。而此处的习字亦可讲作使民习之，如《国语·周语》："是皆习民数者也。"这里有令百姓学习、演练、实践的意思。而习亦可拓展为运用的意思，则第三译若译为"被时代所运用"，运用较采用为佳。[7]不亦，副词，表示委婉的反问（常用于表肯定意思），用在谓语的前面，句末有语气词同它配合，多有乎。如《礼记·檀弓下》："武子曰：'不亦善乎？'"宋·欧阳修《归田录》："吾射不亦精乎？"[8]说：音读和意义跟"悦"字相同，高兴、愉快的意思。如《诗·召南·草虫》："我心则说。"[9]有朋：古本有作"友朋"的。但古著中以友置朋前的少，如《易·兑》所记："君子以朋友讲习。"友朋之说不可取。孔颖达疏："同门曰朋，同志曰友。"依宋翔凤《朴学斋札记》所说，这里的"朋"字即指"弟子"，也就是如同《史记·孔子世家》所载的"故孔子不仕，退而修《诗》《书》《礼》《乐》，弟子弥众，至自远方"。朋在远古的会意为人体互相紧挨，此是一种距离关系，相交密切、频繁的称为朋。《广雅》的解释是"朋，比也，朋，类也。"则是同类为朋，有相同特质或性质的人称为朋，范围比同门又宽了许多。《诗·小雅·常棣》：每有良朋。以良字为朋定义，或古人所谓之朋未有好坏善恶之区别。这一点与友不同。又朋者比附、相交、合作。若贬意可至勾结、结党之流。如《楚辞·离骚》："世并举而好朋兮。夫何茕独而不予听？"可见在屈原时代朋字即已用为贬意。东汉许慎《说文解字》以为：朋，假借也，表示群鸟聚在一起的情形，如群居朋飞。那么相聚集者为朋。同门相聚亦为朋。故此处说有朋自远方来。但此处孔子用朋，不会取朋的普通意义，必是附有一定德性的。如果取朋的同门弟子之意，那么这句与前后卫灵公篇》的"君子病无能焉，不病人之不己知也"的意思相同。[11]愠：愠的本义是心躁、不冷静的意思，拓展为怒、怨恨义。如《说文》："愠，怒也。"《苍颉篇》："愠，恨。"[12]君子：诸说皆以君子原指有位者，是古代对统治者和贵族男子的通称，先秦典籍中多指"君王之子"，着重强调政治地位的崇高，自孔子开始，君子也被用来称呼有德者。但从《尚书•虞书•大禹谟》"君子在野，小人在位"来看，在很久前（至少是在大禹时代），君子本来就是有德者的称呼，而后来才衍变为有位者的专有称呼，而孔子只是将其本义还原了，复归了更古的传统。《礼记•曲礼》：博闻强识而让，敦善行而不怠，谓之君子。这是儒家对君子的一个定义，看得出君子一词的本质在于德行，但也要求学识和能力。而《论语》中君子一词或指有位者，或指有德者，读者要仔细分辨。后世君子的演变不多，如称先人为先君，这就只是一种名称而已，不具君子的内涵，君子亦可成为喻词，以喻德性，如称梅兰竹菊为花中四君子。国际君友会中文典藏认为君子亦称好学者，应属谬误，君子之德性中有好学之品，然非好学者即可称君子。总之，君子是孔子心中理想人格的代称，重在德性，而此德性包含甚多，凡真善美者莫不具备，非绅士、知识分子、学者、好人、善人等所能相匹对。而《论语》中对于君子之德性的表述很多，此处不一一列举。[13]乎：文言叹词。

【新译】

孔子说："勤于学习，并且按一定的、适当的时间去练习、实践它，不是一件愉悦的事情吗？有志趣相投的人从远处来，不是一件乐事吗？人家不了解我，我却不恼怒，这不是君子应有的风范吗？"

【再译】

学习（我的）（圣王之）道，就要经常地、不断地去实践，学以致用，将道推行开来，真正利于天下，成为一门真学问，而不是仅停留在口头的学问上，这才是最快乐的事啊。从远方来了向我求学的人，可以令这道向更远的地方传布，这真是一件值得快乐的事啊。如果别人（或为求学者，也可泛指）不能理解这道，我并不因此心烦意躁，更不会恼怒甚至怨恨，这才是君子应有的风范啊。

【三译】

自己的学说和理论，如果被实行用来治理（本意训练，可拓展为治理）百姓（原作被社会采用）（时若作时代讲，未必定指孔子的时代），那就太高兴了；有朋友赞同我的学说，到我这里来讨论，那就很快乐了；即使社会不采用，人们不理解，我不烦恼，也不生气，更不怨恨，能够这样，不就是君子了吗？（见《齐鲁学刊》1986年第6期文，这里对其词句做了修改。以此译，则三句似为递进，二三种情况都不如上一种情况，针对三种情况孔子有三种态度。但这种递进并无逻辑上的必然，所以原作中非常明显的递进的解释在此作了修改。）

【论析】

愠，究竟是作怨恨讲呢还是作生气（怒）讲呢？如果别人不理解自己就怨恨他人，那也太小人了吧，而如果别人不理解自己却不怨恨，仅是生气，那么离君子的德行就近一些了。如果连生气都没有，那才是真正的君子风范。所以将愠解释为怨恨，在一定程度上就是降低了君子的标准，连气都不生，甚至都不会因之而心不平静，何况是怨恨呢？做到这样的心胸通达，心平气和，才称得上君子吧。

如果我们相信再译表达了孔子的本意，那么，这段话多么像是对我们说的，有朋自远方来不也可以指我们吗？何必一定要把远方定义为孔子活着的那个时空呢？

《论语》的开篇，就给读者以喜悦的感觉，鼓励读者认真学习，亲身实践，实现梦想。是孔子的鼓励亦是他的希冀。

古人有对《论语》严守本义的，也有对其意义进行发挥的，如朱熹《四书集注》所载：谢氏曰："时习者，无时而不习。坐如尸，坐时习也；立如齐，立时习也。"这是将生活中的每时每事都当作学习来处理，算是学习的高境界了。

1·2 有子[1]曰："其为人[2]也孝弟[3]，而好[4]犯[5]上[6]

者，鲜[7]矣[8]；不好犯上，而好作[9]乱[10]者，未之有也[11]。君子务[12]本[13]，本立[14]而道[15]生。孝弟也者[16]，其为[17]仁[18]之本与[19]！"

【注释】

[1]有子：孔子学生，姓有，名若，比孔子小四十三岁，一说小三十三岁。[2]为人：做人及与人交往的态度，亦指人的品性如何。如《史记·项羽本纪》："为人不忍"；《左传·僖公三十三年》："其为人也。"[3]孝弟：孝，古代社会以来承袭的子女对待父母的正确态度和思想行为。弟，音读和意义跟"悌"相同，音替，是指弟弟对待兄长的正确态度和思想行为。朱熹解为：善事父母为孝，善事兄长为弟。"孝弟"是维持社会制度、社会秩序的一种基本道德力量。[4]好：读四声，乐于，表倾向性。如：好高骛远、好大喜功。[5]犯：抵触、违反、冒犯，更进一步的是侵害、进攻。[6]上：指上位者。[7]鲜：音显，少。[8]矣：文言助词，用于句末，与了相同，是语气词。矣表感叹如晋·陶渊明《归去来兮辞》："已矣乎。"表肯定如《易·系辞下》："德薄而位尊，知小而谋大，力小而任重，鲜不及矣！"此处可视为表感叹，亦可视为表肯定。[9]作：举行、进行的意思，然此处解为干出、做出也讲得通。[10]乱：没有秩序、乱套，具体些则指社会的战争、叛乱、动乱，作乱则是指破坏正常秩序的行为，有的注本解释为造反，范围就太狭窄了，作乱不一定就是造反。违背正常的伦礼道德也称为乱。此处乱如何解读，应视君子如何解读而定，若君子为有德者，则乱应广解，所谓不守正道、败坏秩序等都是乱的范畴，若君子是指有位者，则乱可解为动乱叛乱。[11]未之有也："未有之也"的倒装形式。古代句法有一条这样的规律：否定句的宾语若为代词，一般置于动词之前。[12]务：从事、致力。亦作追求、谋求。[13]本：本是中国古代哲学中的一个非常重要的概念，本意指草木的根，此喻指事物的根本、本源、根源。《礼

记•学记》："三王之祭川也，皆先河而后海，或源也，或委也，此之谓务本。"可见本有根源的意思。抽象一点的话即指"事物所由生者""事物所由来者"，又如祖本、所本，本者所依而立者，是依据的意思。根本也可拓展为主要、重要的意思。[14]立：原指站立，此指建立、树立、设立的意思，立也含有已经成就的意思。本立，则是根本已经树立的意思，未成则不称立。所以立可以解为树成、建成、设成。[15]道：道是中国哲学中含义最丰富也最抽象且深刻难解的一个概念。道可指规律，也可指方法，此处偏重于方法、原则、规矩等，所以有人解道为做人治国的原则是解得通的，本书不译，是因为道所指向太丰富，不应局限了它的意思。[16]也者：语气助词。表提示。[17]其为：其，代词，代指前面说的孝弟，为，是。[18]仁："仁"是孔子所提倡的一种最高道德的名称，也是孔子治国平天下之学的目的和纲领。仁既是道德概念，也是政治概念，随着儒家的不断阐发，仁也成为一个含义极广的道德范畴，伦理道德也要以它为准则。考察它最原始的意思，是两个人在一起需要相互亲爱、扶持的意思，这个意思也就是仁的核心。宋人陈善的《扪虱新语》开始认为"仁"字就是"人"字，所以有些人解释这句的意思为"孝悌是做人的根本"。但在上一段"人不知而不愠"中，显然没有将人写成仁，哪有一句话里面将一个字写成两种字的呢？作这种注释的人显然没有逻辑性，又如3•3子曰："人而不仁，如礼何？人而不仁，如乐何？"人与仁同时运用，可见人和仁是完全不同的两个字，后人学而不精，将它们写混，不代表它们就是一个字。陈善等人的解释完全不符合有子的原意，更不符合孔子对仁的定义。《管子•戒篇》说，"孝弟者，仁之祖也"，与这一句是同样的意思。[19]与：音读和意义跟"欤"字一样，《论语》的"欤"字都写作"与"。是语气助词，表示轻微的疑问，如《论语•学而》："求之与？抑与之与？"《论语•先进》："然则师愈与？"这两处是表疑问的，而本段这里是表反问，意在肯定，但加以疑词，是一种表谦虚而不敢断言的语法。

【新译】

有子说：如果一个人的为人中，有孝和弟两种美德，这种人是很少会犯上的。一个人坚持礼法原则而不犯上，那就肯定不会作乱。君子都致力于事务的根本，只有根本树立了，道（如芽）（有说做人治国的原则，亦通）才能萌生。孝和弟这两种美德和原则，大概就是仁道的根本了吧。

【再译】

有子说，一个人如果具有孝弟的品质，这种人是很少会犯上的，一个人坚持礼法原则而不犯上，那就肯定不会作乱。君子治理政务，要善于抓住根本，根本树立了，治理之道也就有了。孝和悌这两者，就是君子实施仁治的根本了吧。

【论析】

有子在这里论仁：一不犯上，二不作乱，是不是以偏概全了呢？他以孝弟为仁之本，未必不正确，但他的论证，却不够严谨，不够全面，也不够有力。孝悌是仁的重要的表现，也是仁的要求，而非仁的本身，是仁道的一部分。本段中的君子，可能指的是有位者，而非有德者，所以第二译可能更贴近有子本意。

在有的注者的版本里，解释务本为：致力于基础工作，虽然通俗易懂，更适用于现代，但却悖离了儒家的本义。本是一个喻词，当然可以指向基础工作，但却不等于是基础工作。而且，基础在古文里有它的本字，如朱熹"累德之基"，基础是从建筑来的，如人建楼，先打好基础，那么基础与上层是同样的物质在叠加，只不过顺序不同，而人类是从孝悌开始生出仁的，它是一种内在德性的渐渐生长而不是从外进行的建筑式的工作，只有根本才会萌芽、抽枝、开花、结果，只有用根本解释本才合理，用基础只能解释基，又如：高以下为基。所以有的注者所持的这种解释属根本性的错误。

《为政篇》第2·21：或谓孔子曰："子奚不为政？"子曰："《书》

云：'孝乎惟孝，友于兄弟，施于有政。'是亦为政，奚其为为政？"可见孔子早已有通过社会风气影响政治风气的思想存在。当然，这也许是他的无奈之语。

孔子的仁道是一个政治概念，他一生都致力于其政治主张的推行，结果是失败的。有子在这里高明的地方在于，他领悟到了孔子思想的精髓，明了"仁"的理念在政治层面的失败，所以转而向社会和教育两个方向寻求突破，他的进步在于将社会风气的树立视为政治的根本。他认为只要在社会上推行了孝和弟的思想观念，那么"仁"的观念就自然而然地树立了。《论语》将有子的这段话列为本书中的第二段，是有深意的。可以说，孝的观念影响深远，在中国社会中，孝是比仁更普遍，更深入人心的道德标准。也是孔子的儒学思想中取得最大成功的一个社会理念。

在孔子在世时其学问不得行之于列国的情况下，有子给孔门学术指出了另一条出路，那就是不从政治上入手，而从社会和教育上入手，使仁的政治理想最终得以推行，从历史的发展过程来看，有子是对的，他能从实际出发看问题，并且是具有远见的。

1·3 子曰："巧[1]言令色[2]，鲜矣仁！"

【注释】

[1]巧：本指技能好、敏捷灵巧，此处应是作动词用，为巧其言的意思，指虚伪欺诈、花哨不实、机巧。如《离骚》："余犹恶其佻巧（谓轻佻取巧）。"《礼记·月令》："毋或作为淫巧（谓奢伪怪好也）。"又如《老子》："绝巧弃利。"用诈伪混乱真实即是巧，老子提倡去巧，并提出大巧若拙的理念。[2]令：美善之意，如令名。此处也是作动词用，很多注家解为使其色美善的意思，朱熹《四书集注》释云："好其言，善其色，致饰于外，务以说人。"好和善也作动词用。

【常译】

孔子说:"那些惯用巧语取悦于人或掩盖真实意图而行欺诈,用伪善来粉饰形象博人好感的人,是不可能具有仁德的。"

【论析】

朱熹用"取悦于人"来概括巧言令色的本质。推究语意,孔子应当是告诫我们,要远离那些说好话装好人的人,让我们看清这种人的欺骗性和煽动性,不为表象所迷惑。巧者,离朴,令者,离真,这两种习性都会败坏德行,不可相信这样的人。而一个人不从心令自己美善,却装出美善的外表,不从心令自己有巧妙的智慧,却只管说打动别人的巧妙话,这样表里不一的人,实在应该远远避开。

1·4 曾子[1]曰:"吾[2]日[3]三省[4]吾身[5]:为人谋[6]而不忠[7]乎[8]?与朋友[9]交[10]而不信[11]乎?传[12]不习[13]乎?"

【注释】

[1]曾子:孔子学生.名参(音身,shen),字子舆,南武城(故城在今天的山东平邑县附近)人,比孔子小四十六岁(公元前505—公元前435)。[2]吾:我、我的。如《说文》:"吾,我自称也";《尔雅·释诂》:"吾,我也。"但是在上古时代,"吾"和"我"在语法上用法有别,吾不用于动词后作宾语。如《庄子·齐物论》:"今者吾丧我。"在文法方面,用吾要比用我更有气势些,在场合方面,用吾要比用我更正式些。[3]日:每日。[4]三省:"三"字有读去声的,其实不破读也可以。"省"音醒,xǐng,自我检查,反省,内省。"三省"的"三"不是实指,是表示多次的意思。古代在有动作性的动词上加数字,这数字一般表示动作频率。而"三""九"等字,又一般表示次数的多,不要着实地去看待。这里所反省的是三件事,和"三省"的"三"只是巧合。如果这"三"字是指以下三件事而言,依《论语》的句法便应该这样说:"吾日

省者三。"和《究问篇》的"君子道者三"一样。[5]吾身：我自己、本人、本身的意思，又如《韩非子•五蠹》："兔不可复得，而身为宋国笑。"此处译为自我较合句意。[6]谋：谋划、商议，如《广雅》："谋，议也"；《左传•庄公十年》："未能远谋"。拓展为替人出主意、为人办事的意思。又《说文》如："虑难曰谋。"可见谋是有程度的，解决难题的思考才称得上是谋。[7]忠：忠下是个心字，谓言出于心，不诈不伪不欺（欺骗）是为忠。忠也是含义丰富的概念，本意为对人诚心尽力，《传》："事上竭诚也（事奉上级，竭尽诚心），又不贰也（没有二心、二行，心行如一、不会背叛。如《忠经•天地神明章第一》："忠也者，一其心之谓也"）"；《左传•成公九年》："无私，忠也。"认为没有私心地对他才是忠；《荀子•君子》篇里："忠者，敦慎此者也。"认为专心刻苦（敦的字义）而谨慎地办事才算忠；朱熹谓："尽己之谓忠（竭尽自己的心力才算忠）"，综合来看，尽己心力以奉公、任事、对人的美德就是忠。忠是一个以对方为特定对象的词，并不仅仅是臣子对君主的效忠，也不仅仅是下属对上级的效忠，如宋•司马光《四言铭系述》："尽心于人曰忠，不欺于己曰信"；《楚辞•九歌•湘君》："交不忠兮怨长。"这两句都显示忠的对象是他人，屈原的诗则显示在古代朋友之间也讲忠诚。而忠的对象既可以是具体的人，也可以是抽象的国家、事业、道统等。忠不是一个定量，而是一个变量，亦有层次上的深浅，如《战国策•赵策》："交浅而言深，是忠也。"[8]乎：吗，文言助词，表疑问。此段的乎都是这种用法。[9]朋友：朋和友的合称，朋字见1•1注，友：《易•兑》。疏："同门曰朋，同志曰友。"古人谓同志为友。友之会意为相助、协同之意，拓展为相交而亲近和睦（名词），作动词则为亲近善待之意。《礼记•儒行》对此有更丰富的论述："儒有合志同方，营道同术：并立则乐，相下不厌；久不相见，闻流言不信；其行本方立义，同而进，不同而退。其交友有如此者。"对友的定义更细节化也更严格。可见古人的朋是一种交往关系的定义，相交相聚者即为朋，而友是对关系之性质的定义，相亲相善是为友，友高于朋，这与我们今天所谓的朋友还是有本质区别的。[10]交：交往，本义为双腿交叉，拓展为互相来往联系。[11]信：诚实，无欺（古代的欺有现在欺骗的意思，但含义更丰富）。[12]传：平声，chuān，老师的传授。[13]习：这"习"字和"学而时习之"的"习"一样，包括温习、实习、演练、实践等意思。

【新译】

曾子说："我每天多次反省自我：替别人办事是否恪守了忠的原则了呢？同朋友往来是否恪守了信的原则了呢？老师传授我的道是否练习、实践了呢？"

【论析】

曾子在这里论述了三件重要的事情，并总结出了最重要的原则。一是工作方面，属于臣道，二是人际交往方面，属于友道，三是学习方面，属于师道。忠是为下属的本分，信是为朋友的本分，习是为学生的本分。

古人都讲求信，但很多古人都没有把信的意义真正讲出来。如《说文》："信，诚也。"将诚心诚意当成信；又如《孟子》："可欲之谓善，有诸己之谓信。"将善当作信；又如《墨子》："信,言合于意也。"将言行如一当作信；又如《白虎通·情性》："信者，诚也。专一不移也。"将诚当作信，但又将专一不移当作诚；又如《国语·晋语》："定身以行事谓之信。"将讲原则守原则视为信；又如《贾子·道术》："期果言当谓之信。"才终于把说到做到视为信了；又如《礼记·经解》："民不求其所欲而得之谓之信。"这里的信与我们平常讲的信就完全不搭边了；又如《诗·卫风·氓》："信誓旦旦。"这里的信最接近我们当代的信，是诺言、誓言的意思；又如《三国演义》："反贼无信！吾不幸误中汝奸计也！"也是诺言誓言的意思；又如《左传·庄公十年》："牺牲玉帛，弗敢加也，必以信。"这里的信是如实、不虚假的意思；又如《史记·屈原贾生列传》："信而见疑。"这里的信则是忠诚可信的意思；又如《老子》："信言不美，美言不信。"这里的信是可信、可靠的意思。

总的说来，对于个人层面来说，诚实不欺，专心不二，言行如一，践诺履誓，说到做到，就是信的基本的意思。对于国家层面来说，令行禁止，依法按律，不悔不违就是信。

1·5　子曰："道[1]千乘之国[2]，敬事[3]而信，节[4]用[5]而爱[6]人[7]，使[8]民以时[9]。"

【注释】

[1]道：动词，以道临之、使合于道的意思。[2]千乘之国：乘音剩，shèng，古代用四匹马拉着的兵车。春秋时代，打仗用车子，所以国家的实力都用车辆的数目来衡量。在春秋初期，大国都没有千辆兵车。像《左传》所记载的僖公二十八年城濮之战，晋文公也只有七百乘兵车。而晋国到平丘之会，据叔向的话，已有四千乘了（见《左传》昭公十三年）。千乘之国，在孔子之时不是大国，如子路说"千乘之国摄乎大国之间"（1·26）。[3]敬事："敬"字一般用于表示工作态度，因之常和"事"字连用，如《卫灵公篇》的"事君敬其事而后其食"。此表态度之郑重。[4]节：减省，今作节约。又如《荀子·天论》："强本而节用，则天不能贫"；宋·司马光《训俭示康》："谨身节用。"此处的节指向的是诸侯或大夫自身的花费，而不是国家的正常开销。在这里节有第二义也可以讲得通：节制、管束。如《论语·学而》："不以礼节之，亦不可行也。"此处的节亦有调度、指挥的意思，如唐以节度使为官职。[5]用：用度、所用、花费。这里的用还有第二义可以讲通：运用、使用、任用。如《孙子·用间》："用间有五：有因间、有内间、有反间、有死间、有生间"；《三国志·诸葛亮传》："贤能为

之用。"[6]爱：爱：爱护、亲爱。[7]人：古代"人"字有广狭两义。广义的"人"指一切人群；狭义的人只指士大夫以上各阶层的人。这里和"民"（使"民"以时）相对而言，用的是狭义。[8]使：驱使、使用。[9]时：不违农时，古代以农业为主，"使民以时"多指《孟子·梁惠王上》中说的"不违农时"。

【新译】

孔子说："治理具有一千辆兵车规模的国家，使之合于治道，就要敬重工作，诚实无欺，恪守信用，节约费用，（有更多的钱财）爱护官吏，役使老百姓要合乎时宜（不误农时）。"

【再译】

治理千乘之国，就要形成这样的风气：君臣百姓都敬重工作、严谨认真诚实无欺，言出必践，上位者对官吏的任用要有节制、善管束，并且善于爱护他们，使用老百姓要合乎时令。

【论析】

道，也有人以为是导的意思。若仅为领导，则孔子的思想即沦为下乘，所以评者以为，此道不可以导解之。

1·6 子曰："弟子[1]，入[2]则[3]孝，出则悌，谨[4]而信，泛[5]爱众[6]，而亲[7]仁[8]。行[9]有余力[10]，则以[11]学文[12]。"

【注释】

[1]弟子：一般有两种意义：一指年纪较人为小故为人子为人弟的人，这个小是相对的。二指学生。这里当指前者。[2]入、出：如《礼记·内则》："由命士以上，父子皆异宫。"则知这里的"弟子"是指"命士"以上的人物而言。命士：古代称受有爵命的士。然有的注者解弟子为年纪幼小者，而幼小者能为士乎？恐谬。杨又解："入"是"入父

宫"，"出"是"出己宫"，亦恐其谬。[3]则：就要，连词，表顺承关系。今之注者多以此解则。然考则之古意如《尔雅》："则，法也；则，常也。"此以则具法则、纲常、准则之义。则亦指规律，如《管子·形势》："天不变其常，地不易其则。"则作动词用则为效法之意，如则天（以天为法，治理天下）；则度（以法度为准绳）；则象（效法事象、物象）。此处最好的解释应是以之为则。入则孝可解为：在家则以孝为行为的准则（准绳）。[4]谨：《易》云：燥人之辞多。故寡言为谨，谨者，不轻出也。谨字本义为慎，以言为组字偏旁，是因为"言易伤人贾祸"（《说文解字》）。谨则言思缜密。[5]泛：水向四处流溢为泛。如《汉书·武帝纪》："河水决濮阳，泛郡十六。"拓展为广泛、普遍的意思，在这里与西方的博爱同意。[6]众：本意多。又许多人为众，如《国语·周语》："人三为众。"意思是超过三个人就可以称众了。又如《左传·襄公十年》："众怒难犯。"此处解为众人。[7]亲：以之为亲（父母等亲人）。亦可解作亲近，如《广雅》："亲，近也。"亲本为血统最接近的人，又感情好、关系密切为亲。故此句最好的解释为：以仁为亲。[8]仁："仁"即"仁人"，和《雍也篇第六》讲的"井有仁焉"的"仁"一样，可指具有仁德的人。古代的词汇经常运用这样一种规律：用某一具体人和事物的性质、特征甚至部分原料来代表那一具体的人和事物。[9]行：践行。此指践行以上诸事。[10]余力：剩余的力量，指精力和时间、现实条件。[11]则以：则：就要，连词，表承接关系。以：以之（余力）。[12]文：文献知识，当时指《诗》《书》《礼》《乐》《易》等。

【新译】

孔子说："后生小子，与父母相处，就恪守孝的原则（以孝为准则）；离开家和父母，就恪守悌的原则（以悌为准则，此待师长之道）；谨言少语，慎重小心，说了就要恪守信的原则（以信为准则），广泛地爱护大众（博爱），但所亲近的一定是有仁德的人（以仁者为亲：像对待亲人那样接近、对待仁者）。这样躬行实践之后，若是还有剩余力量，就要去学习文献。"

【论析】

在这里孔子给年轻人指出了处理人际关系的原则。针对不同的人，有不同的需要遵循的重点原则。最后一句话常常被人们忽视，它透露出了孔子的知行观：行要重于知。它同时也是孔子的教育观：德行优于学业。这一点跟我们现在的教育是恰恰相反的，值得我们认真反思。

1·7 子夏[1]曰："贤贤[2]易[3]色[4]；事[5]父母，能竭[6]其力[7]；事君[8]，能致[9]其身[10]；与朋友交，言而有信。虽曰未学[11]，吾必谓[12]之学矣[13]。"

【注释】

[1]子夏：孔子学生，姓卜，名商，字子夏，比孔子小四十四岁。[2]贤贤：贤其贤、以之为贤。以女子的贤德为贤，即重视贤德的意思。如朱熹注谓：贤人之贤，而易其好色之心，即是这般解释。第一个贤是动词，多数注家一般解为尊重、崇尚的意思，但这种注释实在是很勉强，即便是作为一种拓展义，也不见得严谨，而如果以语法来说，则根本上是错误的，用作翻译则可，用为注释则太粗疏了。贤字的这种用法较为罕见，仅见于这一例。而郑玄将贤贤与亲亲、长长一样去解释，这样才是真正正确的解释。第二个贤是名词，意味具德行、多才能的人，此词义多指男子。贤可另释为良、美善的意思，多指向女性。但贤作为名词时，其本义则是指：量入为出的人、会精打细算过日子的人、善于理财的人、理财家。其拓展义则是：①会精打细算、会量入为出、会过日子。②有理财能力。③有才能。④有才能的人。[3]易："易"有交换、改变的意义，也有轻视（如言"轻易"）、简慢的意义。易也作和悦、平易讲。易又解为轻视。含有"不以为意"的意思。如《礼记·乐记》："易慢之心入之矣。"注："易，

轻易也";《庄子·应帝王》："是于圣人也,胥易技藝。"释文引崔注:"易,相轻易也";《易·系辞下》："易者使倾。"注:"易,慢易也";又如《汉书·王嘉传》："吏民慢易之。"易亦解为替代,如《易·系辞下》："上古穴居而野处,后世圣人易之以宫室";章炳麟《致段祺瑞书》"北都政变,以暴易暴者数矣";又如:易代(更换朝代)。易亦解为改变,更改。如明·冯梦龙《东周列国志》："许庄公易服杂于军民中,逃奔卫国去了";清·方苞《狱中杂记》："狱词无易";《洗髓经》："无不可易";明·宋濂《看松庵记》："其能凌岁寒,而不易行改操者,非松也耶?"易亦解为换,交换。如《列子·汤问》："寒暑易节";《战国策·魏策》："寡人欲以百里之地易安陵";李斯《谏逐客书》："以大易小。移风易俗。"易也作治,整治讲。如《孟子》："易其田畴,薄其税敛,民可使富也。"[4]色:美色、姿容、相貌。三译中则解作姿态、态度。[5]事:侍奉。[6]竭:穷尽、用尽、无所保留。[7]力:本指体力,拓展指能力、力量。[8]事:以事侍之,事奉、服侍。一说职位,如《说文》："事,职也";《韩非子·五蠹》："无功而受事,无爵而显荣。"此作以职事侍奉君上。[9]致:有"委弃""献纳"等意义,此句的语式为:致其身于君,就是说把身家性命都交给君主。[10]身:本指身体,拓展为身命、性命。[11]学:已学、学过、学成。[12]谓:说,说是、谓为、称为。此处不同于一般的说,表肯定,也有判定、断定的意思。如《墨子·公输》："不可谓智。"[13]矣:了。语气助词,表肯定或完成时态。

【常译】

子夏说:"对妻子,要看重其品德,不要在意容貌;侍奉父母,要做到尽心竭力;职事君上,要做到可以付出生命;同朋友交往,说话诚实守信。这样的人,虽说没学习过,我一定肯定他已经学有所成了。"

【再译】

对妻子,要重视她理财持家的能力,将之视为贤德,而不要太看重她的姿色。侍奉父母，要做到尽心竭力；职事君上，要做到可以付出生命；同朋友交往，说话诚实守信。这样的人，虽说没学习过，我也一定要肯定他已经学有所成了。"

【三译】

尊重那些具备仁德和才能的人，对他们要心怀和悦，态度谦和，放低自己的姿态（整肃自己的仪态）。侍奉父母，要做到尽心竭力；职事君上，要做到可以付出生命；同朋友交往，说话诚实守信。这样的人，虽说没学习过，我一定肯定他已经学有所成了。"

【论析】

子夏在这里给出了处理四大人际关系的四个要点。也就是对妻子——贤人，对父母，对君主（上级），对朋友。

从子夏的句式来看，贤应该是实指，也即有贤德的人，这样与后面的父母、君、友就同为实指人物，而不是虚拟的德行了。如果解为妻子之德行的话，在句式就上稍有不协调。

有的注者将第二个贤字解为妻子，因为他们认为夫妻为人伦之始，所以要放在第一位，殊不知古人谓天地君亲师中，自以贤者为师。那么师、亲、君、友的顺序，较之妻子更为合理。师、亲、君、友四者，都是需要尊重的上级或平级关系，属于外，而妻子则是属于内，是自己的下一级关系，所以如果从逻辑和伦理上来讲的话，贤指贤者，似是更准确一些。

有的注家对贤贤易色的解释为：尊重贤德的人，以此改变好色之心。这些注家将易解释为代替，也有注家解为：尊重贤德的人，而轻视美色。则将易解释轻视。从子夏这句话的其他三句的句式来看，这两种解释都与后面三句的句式不协调。而本注给出的三译，则使得四句的句式完全协调了。程氏说："贤贤易色者，谓面对贤人而肃然起敬之意。"则将后一个贤解释为肃然、庄重的意思。而本注中考察贤的常用词义，那么贤在表达态度、容貌时常用的意思则是和悦，如易中一词是讲和悦其心，易恬一词则是指和悦恬淡。相较而言，程氏的解释未察词之本义，有些随意发挥了。这其实也关系春秋时期和宋代儒家对人生态度的不同看法，如春秋儒家尚且有着活泼、灵活的一面，而至宋儒，则过于拘谨严肃了，以两个时代的不同态度和风格而言，子夏讲对待贤者要态度和悦，就比肃然要平易得多。本注在讲这个态度时，还考虑了易有整治的意思，即整治、整肃自己的仪态。

1·8　子曰："君子，不重[1]则不威[2]；学[3]则不固[4]。主[5]忠信。无[6]友[7]不如己者[8]。过[9]，则勿惮[10]改[11]。"

【注释】

[1]重：本义指重量，与轻义相对，如《孟子》："权然后知轻重"；《史记·平原君虞卿列传》："重于九鼎。"其义拓展，以言行不轻率为重，认为某事重要而认真对待是为重。重本义为厚，如《说文》："重，厚也。从王，东声。王者安土不迁之意。"又如《易·系辞》："引重致远。"虞注："坤为重。"此处义有：庄重而不轻浮、慎重而不轻率、认真对待事物、严肃严明、尊贵（如重器，如汉·贾谊《过秦论》："珍器重宝。"）自持的意思。[2]则：本段的则是就的意思。威：威严、使人尊敬畏惧，如东汉·许慎《说文》："威，畏也"；战国·吕不韦《吕氏春秋·荡兵》："威也者，力也"；西汉·司马迁《史记·平原君虞卿列传》："有而可畏谓之威。"作名词用则具尊严、声誉、名望的意思。如西汉·贾谊《过秦论》："威振四海。"[3]学：一义指所学、学业。二义指学习。[4]固：一义为坚固、稳固。如《荀子·王霸》："如是则兵劲城固，敌国畏之"；《国语·晋语二》："国可以固。"亦可作持久，如《小尔雅·广诂》："固，久也"；如《国语·晋语六》："臣固闻之。"若以此汇义，则为学习之持久、坚持。二

义为本、原来，如《史记·项羽本纪》："沛公默然，曰：'固不如也。且为之奈何？'"作动词则义为不变动。如：固步自封。又指鄙陋（见识浅少）如《论语·述而》："奢则不逊，俭则固，与其不逊也宁固。"又古文中闭塞为固，如《说文》："固，四塞也。"[5]主：以为主，本指位，臣子称君王，下级称上级，仆人称家主都以主称之，又主与客为对，主有主宰、决定之权。主与次为对，指最重要最基本的。《康熙字典》："又宰也，守也，宗也。《易·系辞》枢机之发，荣辱之主也。"主也有主持、掌管、主张、提倡的意思。如《文心雕龙·史传》："轩辕之时，史有仓颉，主文之职"；又《颜渊篇》（12·10）也说，"主忠信，徙义，崇德也"，"忠信"可以增加自己的德，是重要的原则。此处的主从主仆拓展则有掌有、拥有的意思，而作动词讲则文理更通畅，主即为主持实行、掌握运用（亦有主张提倡之义）的意思。[6]无、通毋，禁止之辞，莫要、不可的意思。[7]友；以为友，与交为友。[8]如己，与己无所异也。所谓"同声相应，同气相求。"君子要与志同道合的人交朋友。另一说如为比得上的意思，不如即比不上。[9]过：错误、过失。如：《殽之战》："孤之过也，大夫何罪"；《吕氏春秋·审应览·具备》："微二人，寡人几过"；《孟子·告子下》："人恒过，然后能改。"[10]：惮：怕、畏惧，朱注谓："惮，畏难也"，恐不够精确，于君主大夫而言，惧义更佳。[11]改：《说文》："改，更也。"如《国语·鲁语下》："执政未改"；《楚辞·九章·怀沙》："前图未改。"此处作改正、纠正义。如《论语·述而》："三人行必有我师焉，择其善者而从之，其不善者而改之。"

【新译】

孔子说："君子，如果不保持庄重，就没有威严；对学习不郑重，学业就不会巩固和持久，要以忠和信两种道德主宰自己的行为，以忠和信为最重要最基本的原则。不要跟那些与自己的信念、操守不同的人交朋友。有过错，就不怕（后果、罪责）改正和纠正。"

【再译】

君子，不厚重庄严，就没有威势。学习不能止于已掌握的，要学习新知而不为旧知所闭塞。要以忠和信为宗并坚守之。不和不与自己相类的人交友，犯了错，就要改正和纠正。

【论析】

自重，所以人不能轻也，故有威。无友不如己者，所以能不为所惑也，亦不为彼耗损时间精力，可以不断进步。朱注谓：友所以辅仁，不如己，则无益而有损。

学则不固，也有人解释为：学习了，就不会闭塞。道理上也是讲得通的，但义理上就显得单薄了。

1•9 曾子曰："慎终[1]，追远[2]，民德[3]归[4]厚[5]矣。"

【注释】

[1]终：郑玄注："老死曰终。"《礼记》中载：子张病，召申祥而语之曰："君子曰终，小人曰死；吾今日其庶几乎！"可见终是指君子之亡，而郑注将小人之死与君子之终混为一谈，开启了后世死与终不分的错误。慎终的内容，刘宝楠《论语正义》引《檀弓》曾子的话是指附身（装殓）、附棺（埋葬）的事必诚必信，丧尽其礼，不要有轻慢和后悔。然春秋时代其他的用法如慎终始、慎终如始，则终都是与始相对的一种事物状态，有终点、终结、结果、结局、后果等意。但终亦有事物之终始的意思，如《老子》：慎终如始，事不败也。[2]追远：追指追赶、追求，远指距离远、人际关系疏远，远与近相对，与亲相对，在人际关系上，此处的远指边远穷苦之人。在这里，追字最适合的意思其实是补救。如《书•五子之歌》："弗慎厥德，虽悔可追？"《素问•调经论》："是谓追之。"注："犹补也"；《论语•微子篇》第五："楚

狂接舆歌而过孔子曰：'凤兮凤兮！何德之衰？往者不可谏，来者犹可追'";晋·陶渊明《归去来兮辞》："悟以往之不谏,知来者之可追。"[3]民德：百姓的品德、风气。德在中国古代文化中，是一个非常广泛也非常重要的概念，既是哲学的概念，也是政治的概念，更是道德的概念，德与道一起组成一个阴阳哲学对，这个哲学对是中国文明的根本，古代德的概念，与我们现在通常所说的道德品质，是有着很大差距的，它既包含当今所说的道德品质，但又绝不仅仅是道德品质。[4]归：返回、回到本处、重新归于，如《广雅》："归，返也。"亦可解为趋向、去往。[5]厚：与薄相对，如《易经》以厚为坤之德性，以为地貌："地势坤，君子以厚德载物"。其他用法如《礼记·乐记》："穷高极远而测深厚。"注："深厚，山川也。"其相与如深、重、多等字相联，其意与浮薄无恩信对，如《史记·高祖本纪》："周勃重厚少文，然安刘氏者必勃也。"喻行则有浓厚、淳厚之意。称人品则如厚道、诚恳宽容、不刻薄、善待人，如汉·贾谊《过秦论》："宽厚而爱人。"唐·柳宗元《柳河东集》："行厚而辞深。"此解为厚道、淳厚、忠厚、不浮薄。

【常译】

曾子说："慎重地对待父母的死亡，追念远代祖先的恩德，自然就会使老百姓归于忠厚老实了。"

【再译】

对待即将终结的生命，要更加慎重，对待远逝的生命，不要忘失。这样的风俗会使百姓的德重归淳厚。

【三译】

慎重地考虑国事、政令等的后果，考虑事物发展的终极，就不会做出有害于国本（百姓）的草率、轻忽的举措（不草率轻忽则厚重）；怀柔那些远郊（边远穷苦）的百姓，怀柔那些与我关系疏远的、不被重视的、曾被忽略的、与我已近离心离德的臣民，追补与他们的关系，使得国家的恩惠和教化同样施之于这些人的身上(不轻远人则厚重)。这样,君主的思虑和举措就会合于大地的厚重之德,从而也就能使得百姓的品德和风气重新归于厚重了。

【再注】

[1]终:事物的终极、结果、后果。[2]追:追求、探求、探索。远:表距离,与近为阴阳哲学对,喻为高远、悠远、深远、深奥、久远(具体例证见前言)。

【再译】

君子对待事物,要慎重地预见到它的终极,考虑到它的后果,这样就会谨慎行事,同时还要努力探索事物的边远之处,领悟它深不可见、远不可测的奥妙,这样行事就会抓住根本,君子能够准确把握事物的终极,穷其深远,这样才会真正认识到事物的规律,以此来治理国家,推行政事,就会回归到大地厚德的根本准则上,这就使百姓的德行,也重新归于厚重了。

1·10 子禽[1]问于[2]子贡[3]曰:"夫子[4]至于是[5]邦[6]也,必闻[7]其政[8],求[9]之与[10]?抑[11]与[12]之与?"子贡曰:"夫子温、良、恭、俭、让[13]以得之。夫子之求之也,其诸[14]异乎[15]人之求之与?"

【注释】

[1]子禽:陈亢(gāng),字子禽。郑玄注《论语》和《檀弓》都说他是孔子学生。(臧庸的《拜经日记》说子禽就是《仲尼弟子列传》的原亢籍,简朝亮的《论语集注补疏》曾加以辩驳。)亦有说是子贡的学生。[2]于:介词,向。于与名词、代词或名词性词组结合起来组成介宾结构,在句中充当状语或补语。[3]子贡:孔子学生,姓端木,名赐,字子贡,卫人,比孔子小三十一岁。生于公元前520年。子贡善辩,孔子

认为他可以做大国宰相。《史记》记载,子贡在卫国做商人,家有财产千金。[4]夫子:子是古代敬称,做过大夫的人,可以取得这一敬称。孔子曾为鲁国司寇,所以学生称他为子,其他人也称孔子为子,夫本为语气词,与子合为一词则有那一个的意思,用于你我对话而言他时,有"他老人家"的意思,后世因此沿袭以夫子称呼老师。而在一定的场合下,也用以特指孔子。《阳货篇第十七》中有两处例外,言偃对孔子说,"昔者偃也闻诸夫子";子路对孔子也说,"昔者由也闻诸于夫子",都是当面称"夫子",可能那个时候已开始用夫子称孔子,则夫解为你,但更大的可能是这两句是言偃和子路的弟子所记,记者为第三者,故未虑及当时情状,误记言偃子路所称。[5]于;到、至,是:代词,每一个。[6]邦:邦国、国家(诸侯国)。[7]闻:与闻,预闻,此处是闻政的意思。有的注者解释为听到,不妥。这一点从后面的求之与之的语境中即可推断。与摄政、干政一样,闻政应是一种政治权力或礼遇,但它与听政不同,它的具体权力范围比较模糊,可能仅限于对某些政事知情的待遇,也许还有议政的待遇。[8]政:政事。[9]求:恳请、乞助如《战国策·齐策》:"有求于我也。"义又有追求、谋求。如《孟子·告子上》:"求则得之,舍则失之。"[10]与:呢,语气助词。[11]抑:连词,表选择,还是,抑或。[12]与:给予。[13]温:和厚,如《说文》:"色和曰温";《论语》:"色思温。"又性纯粹曰温。如《诗·秦风》:"温其如玉。"《疏》:宽缓和柔也。良:善良、好的,如《说文》:"良,善也。"又义为良心,如《诗·鄘风·鹑之奔奔》:"人之无良。"又可解为和善、和悦,以之形容面容。如《荀子·非十二子》:"其容良。"朱熹解为易直,总上诸解,良为和善(心行和容貌俱包括)的意思。恭:朱熹解为庄敬。恭敬严肃,俭:节制,让:谦让。[14]其诸:语气词,应该、大概、或者。[15]异乎:异于,不同于。

【新译】

子禽向子贡问道:"他老人家不管到哪个国家,必然得以与闻那个国家的政事，是夫子自己求来的呢?还是诸侯主动给他的的权力呢?"子贡道："他老人家是靠温、良、恭、俭、让的德行来取得的。他老人家获得的方法，和别人获得的方法，不相同吧?"

【论析】

从这一段里面我们看出子贡善答，他没有顺着子禽的思路回答问题，而是指出孔子是以德行和学问闻名于诸侯，所以每到一个国家，诸侯都会给他与闻政事的礼遇。

1•11 子曰："父在，观其[1]志；父没，观其行[2]；三年[3]无改于父之道[4]，可谓孝矣。"

【注释】

[1]其：指儿子，不是指父亲。[2]行：去声，xìng。[3]三年：约数，表示时间长。[4]道：是一般意义的名词，无论好坏、善恶都可以叫作道。但更多时候是积极意义的名词，表示善的好的东西，此处为泛指。

【新译】

孔子说："一个人，当他父亲在世时，要观察他的志趣；他父亲不在世，就要考察他的行为；若是他对他父亲的道（做事原则和意愿），长久地保持不变，就可以说做到孝了。"

【论析】

父亲所提倡的事情，父亲曾保持的事情，父亲所希望的事情，都包括在他的道里面。做子女的不仅要尽物质层面的孝，更要行道也就是心理精神活动层面的孝，这是孔子这段话的本质所在。

这句话应该是对有职事的君子说的，尤其适应士大夫和君主，也就是君主不应很快就毁坏先王的政治遗产和遗弃先王的治国之道。可能他们才是当年孔子这句话的听者。

1·12　有子曰："礼之用，和[1]为贵。先王之道，斯为美；小大由之。有所不行[2]，知和而和，不以礼节之，亦不可行也。"

【注释】

[1]和：朱熹解和为"从容不迫之意。"《礼记·中庸》："喜怒哀乐之未发谓之中，发而皆中节谓之和。"杨遇夫《论语疏证》说："事之中节者皆谓之和，不独喜怒哀乐之发一事也：《说文》云：'龢，调也。''盉，调味也。'乐调谓之龢，味调谓之盉，事之调适者谓之和，其义一也。和今言适合，言恰当，言恰到好处。"[2]有所不行：皇侃《义疏》把"和"解为音乐，说："此以下明人君行化必礼乐相须……变乐言和，见乐功也……小大由之有所不行者，言每事小大皆用礼，而不以乐和之，则其政有所不行也。"他把"和"解释为音乐，而且认为"小大由之"的"之"是指"礼"而言，实有本末倒置之嫌。

【新译】

有子说："礼的运用，以遇事都做得恰当彼此满意为可贵。过去圣明君王治国之道，最美的地方就在这里；他们小事大事都做得恰当而令彼此满意。但是，凡事总难免有行不通的地方，如果仅为了让对方满意，而违背了规矩制度，失去了礼的原则，那也是不可行的。"

【论析】

和，本是音乐术语，两音相协而不差异谓之和。如笙、箫、琴、鼓等共演一乐，无有不协谓为和声。故知和为喻词，喻诸事物相协无异。礼之用，在于彼此之相协，若不和，则礼虽行而亦失之。故知和为喻词，以音乐中之事而喻他也。若以和喻事功，则具彼此满意认同之意。

1·13　有子曰："信近于义，言可复[1]也。恭近于礼，远[2]耻辱也。因[3]不失其亲，亦可宗[4]也。"

【注释】

[1]复：有注家引《左传》僖公九年荀息说："吾与先君言矣，不可以贰，能欲复言而爱身乎？"又哀公十六年叶公说："吾闻胜也好复言……复言非信也。"这"复言"都是实践诺言之义。《论语》此义当同于此。朱熹《集注》云："复，践言也。"但未举论证，因之后代训诂家多疑之。童第德先生举出《左传》为证，足补古今字书之所未及。但考此复字，实为回还之义，如《说文》："复，往来也。从彳，复声。"《易·复》："反复其道。"反和复都是回的意思。考左传两句，复言非信，显然复不是践的意思。又考司马光《资治通鉴》："复言，重诺，非信也。"很明显，司马光是懂得复言不是践言之义的。朱熹以复言为践言，显然是没有依据的，而童第德明明举出古例，却偏偏解错字义。[2]远：去声，音院，yuàn，动词，使动用法，使之远离的意思。此处亦可以译为避免。[3]因：依靠，凭借。有人读为"姻"字，那"因不失其亲"便当译为"所与婚姻的人都是可亲的"，恐未必如此。[4]宗：有的注者解释为主，可靠。一般解释为"尊敬"，似皆不妥。此宗是动词用，以之为宗，也就是以他为归附、为归依的意思。古人著述，有以某经为宗的说法，所以宗具有根本、源流、依据的意思。也有学习的榜样的意思存在。宗的这一用法，可由"祖宗"一词的词义佐证。

【新译】

有子说："守信要符合于义，如果以前的承诺现在不符合于义了，就可以收回。恭敬庄重的容貌符合于礼，就不会遭受侮辱。对依靠自己的人保持爱护，这样的人也就值得别人依靠了（所依靠的人能保持对自己的爱护，这样就可以依靠他）。"

1·14　子曰："君子[1]食无求饱，居无求安，敏于事而慎于言，就有道而正[2]焉，可谓好学也已。"

【注释】

[1]君子：《论语》的"君子"有时指"有位之人"，有时指"有德之人"，此处大概是指有德者，然亦可指有学者，善其事者。[2]正：古人用字，常随事相不同而有所偏重，此则具匡正，端正、改正、纠正等意。

【常译】

孔子说："君子，饮食不要求过饱，居住不要求舒适，对工作勤劳敏捷，说话却谨慎小心，到有道的人那里去匡正自己，这样，就称得上是好学了。"

【论析】

古人论述，为什么常常不具主语和宾语呢？这是因为古人的理论是形而上的，他们想讲述的是普遍的真理，如和字，是一个喻词，可以比喻多个方面，于是它的道理就可以运用到各个层面，如果限定了主语和宾语，那就只讲一件事情了，就是"一叶障目，不见泰山"。孔子强调的"举一反三"，也就不能实现了。所以在对《论语》的注释中，如果强行追求主语和宾语的确定，就等于泯灭了《论语》的精神。对其他古籍的注释也是这样的。而当今很多著者津津乐道于此，难道不是没有掌握喻的用法吗？

1·15　子贡曰："贫而无谄，富而无骄，何如[1]?"子曰："可也；未若贫而乐[2]，富而好礼者也。"

子贡曰："《诗》云：'如切如磋，如琢如磨[3]'，其斯之谓与?"子曰："赐[4]也，始可与言《诗》已矣，告诸往而知来者[5]。"

【注释】

[1]如:怎么样。[2]贫而乐:皇侃本"乐"下有"道"字。郑玄注云:"乐谓志于道,不以贫为忧苦。"[3]如切如磋,如琢如磨:两语见于《诗经·卫风·淇奥篇》。[4]赐:子贡名。孔子对学生都称名。[5]告诸往而知来者:"诸",在这里用法同"之"一样。"往",过去的事,这里比喻已知的事;"来者",未来的事,这里比喻未知的事。

【新译】

子贡说:"贫穷却不谄于他人,富贵却不骄傲自大,这样的人品怎么样?"孔子说:"还可以;但是还不如那些身处贫穷而乐于道,身家富有而谦虚好礼的人。"

子贡说:"《诗经》上说:'要像对待骨、角、象牙、玉石一样,先开料,再糙锉,细刻,然后磨光。'就是这个道理吧?"孔子说:"赐呀,现在可以同你讨论《诗经》了,告诉你一件事,你能以他事相验证了。"

【论析】

切之有棱,故磋也,琢之不平,故磨也。磋为切之进,磨为琢之进。而乐为无谄之进,好礼为无骄之进。所以这段话的宗旨在于讲君子应不断提升自己的修养。

告诸往而知来,举一反三,活学活用,彼此印证,以一理而用于众事。

1·16 子曰:"不患人之不己知,患不知人也。"

【常译】

孔子说:"别人不了解我,我不以为患;我以之为患的是自己不了解别人。"

【论析】

患：以之为患。有的注者释为急,不妥,急的意思不如患迫切和严重。担忧的意思也不如患急切。

为政篇第二

2·1 子曰:"为政以德,譬如北辰[1]居其所而众星共[2]之。"

【注释】

[1]北辰:北极星。[2]共:同拱,《左传》僖公三十二年"尔墓之木拱矣",两字本意相近,为环抱、环绕之意。

【新译】

孔子说:"用德来治理国政,自己便会像北极星一般,在一定的位置上,别的星辰都环绕着它那样,具有强大的吸引力,使臣民百官拥戴自己。"

【再译】

孔子说:"用德来作为施政的核心,其它的一切施政理念和决策都像群星围绕北极星那样围绕着它。"

【论析】这句话的主语究竟是德还是人呢?后面的比喻究竟是喻政

还是喻人呢？喻德政则上，喻人则下，所以我再译了它。

2·2 子曰："《诗》三百[1]，一言以蔽之，曰：'思无邪[2]'。"

【注释】

[1]《诗》三百：《诗经》实有三百零五篇，"三百"举其整数，是古来的用法。[2]思无邪："思无邪"一语本是《诗经·鲁颂·駉篇》之文，孔子信手拈来，作为对《诗经》整体精神的评价。《诗经》是孔子编的，他自然最为了解。

【常译】

孔子说："《诗经》三百篇，用一句话来概括它，就是'思想感情纯正，没有邪意'。"

【论析】

若思无邪，则一切皆得纯正，发而皆中节，皆合于礼。所以能用三个字概括三百篇中所有的美德。

2·3 子曰："道[1]之以政，齐之以刑，民免[2]而无耻；道之以德，齐之以礼，有耻且格[3]。"

【注释】

[1]道：有人把它看成"道千乘之国"的"道"一样，治理的意思，也有人把它看成"导"字，引导的意思，此取后一说。[2]免：先秦古书若单用一个"免"字，一般都是"免罪""免刑""免祸"的意思。[3]格：明末刘宗周说："格物之说，古今聚讼有七十二家！"可见对格字的解释，从古以来就无法定论。有的注者谓《礼记·缁衣篇》："夫民，教之以德．齐之以礼，则民有格心；教之以政，齐之以刑，则民有遁心。"

可以看作孔子此言的最早注释，他以为此处"格心"和"遁心"相对成文，"遁"是逃避的意思。逃避的反面应该是亲近、归服、向往，所以他认为格的意思是人心归服。

但《礼记·缁衣》中还有一句话是这样的：言有物而行有格也。这个格就不能用亲近来解释了，何况，将格心和遁心看成相反，确实是有点臆测和勉强了，那个时代那种文学化的修辞习惯并未盛行。行有格的格字，有规矩、条理、标准、原则的意思。明王艮说"格如格式之格，即后絜矩之谓。吾身是个矩，天下国家是个方，絜矩，则知方之不正，由矩之不正也。是以只去正矩，却不在方上求，矩正则方正矣，方正则成格矣。故曰物格。"

王阳明谓："格者，正也，正其不正以归于正之谓也。正其不正者，去恶之谓也。归于正者，为善之谓也。夫是之谓格。"何谓正？当然只有合乎规矩秩序的才能算是正了。我们再看以下一例：

《旧唐书·刑法志》：武德二年，颁新格（特指法律条文）五十三条。

法律条文不正是规矩的另一形式吗？我们再看格字的用法：

格范（典范；标准）；格尺（标准）；格令（法令）；格法（成法，法度）；格条（法令条文）；格样（标准式样；模样）。

义为条例、制度如：格目（表册）；格制（格局体制）；格例（规则条例）。

以上种种，皆能论证格的意思在于规矩和秩序条理。而我们再考察礼的作用，礼不就是要让人们按一定的规矩和秩序来行事的吗？所以这个格，如此解释较为合理。

如果我们不以喻文字的思路来理解格的话，格字是很难被解释清楚的。喻的思维是由此到彼，那么格的古义是什么呢？格的古义是树木的长枝条，枝条交叉，成为格框。如《一切经音义》："格，樴架也。"《周礼·地官·牛人》："共其牛牲之互。"注："互，若今屠家县肉格。"《礼记·大学》："致知在格物，物格而后知至。"格由本义拓展，最后就成为正方形的意思。那么古代的条律的条，是格本义的长枝条所拓展而生的义，规矩则是与木条交互成格而生的义相联系的，故格字就这拓展出了规矩、规格、法式、秩序等义，这是名词，那么用作动词时，就是以格理之的意思，如"格物致知"，就是以格（法式标准等义）析物的意思。

【新译】

孔子说："用政令来引导他们，用刑罚来整顿他们，民众只是暂时免于罪过，却没有廉耻之心。如果用道德来引导他们，用礼教来整顿他们，人民不但有廉耻之心，而且言行合乎规矩秩序。"

【论析】

孔子认为德治和礼治是更高的政治层次，可以取得更好的政治效果。只有礼通行了，社会秩序才能得以稳定，人民才会变成有人格的人。

2·4 子曰："吾十有[1]五而志于学，三十而立[2]，四十而不惑[3]，五十而知天命[4]，六十而耳顺[5]，七十而从心所欲，不逾矩[6]。"

【注释】

[1]有：同又。古人在整数和小一位的数字之间多用"有"字。[2]立："立"是得以立、能立的意思，在这里立也有牢固、站稳的意思。《泰伯篇》说："立于礼"；《季氏篇》又说："不学礼，无以立。"则孔子所讲的立与礼关系密切。[3]不惑：有的注者举《子罕篇》和《宪问篇》都有"知者不惑"的话，所以常译用"掌握了知识"来说明"不惑"。而考察这两处，知的意思并非知识，而智慧。人的知识再多，也不能临物临事不惑，只有智慧才能做到。故此处的知等于

智。所谓惑，由几处来：一物理，二人事，三自心。唯有智慧，乃能不为三者所惑。[4]天命：古人讲的天命范围很广。有指国运，有指天道。此处或应指个人的命运及天所赋予自己的使命。[5]耳顺：或解为善于听取意见，听顺于人，不诤论。[6]从心所欲不逾矩："从"字有作"纵"字的，皇侃《义疏》也读为"纵"，解其意为放纵。柳宗元《与杨晦之书》说"孔子七十而纵心"，这个纵字，颇有解放之后的畅快之意。细较之，则从为佳，纵者非圣人之本色。

【常译】

孔子说："我十五岁，有志于学；三十岁，能够立身于社会；四十岁，不被外界所迷惑；五十岁，明晓天命；六十岁，一听别人言语，便可以分别真假，判明是非；到了七十岁，便随顺心之所欲，不再加以抑止，因为所有的念头都合于规矩，不再有不适当的念头生起了。"

【论析】

从心所欲，不逾矩。是所有的念头都合乎规矩，不用再刻意控制自己的欲望和心念了，是一种修养达到彻底自由的境界。所以，从和纵都解释得过去。

有的注者解有志于学的学为学问，或为不妥，今天我们常讲的学问就是知识的意思，不能等同于古人的学，古人的学具意义深广的哲学性，而不仅指知识。

2.5　孟懿子[1]问孝。子曰："无违[2]。"

樊迟[8]御，子告之曰："孟孙问孝于我，我对曰，无违。"樊迟曰："何谓也？"子曰："生，事之以礼[4]；死，葬之以礼，祭之以礼。"

【注释】

[1]孟懿子：鲁国的大夫，三家之一，姓仲孙，名何忌，"懿"是

谥号。他父亲是孟僖子仲孙貜。《左传》昭公七年说，孟僖子将死，遗嘱要他向孔子学礼。[2]无违：有的注者谓：黄式三《论语后案》说："《左传》桓公二年云，'昭德塞违'，'灭德立违'，'君违，不忘谏之以德'；六年《传》云，'有嘉德而无违心'，襄公二十六年《传》云，'正其违而治其烦'……古人凡背礼者谓之违。"又举王充《论衡·问孔篇》质疑孔子，为什么不讲明是"无违于礼"，而故意省略讲为"无违"，难道不怕人误会为"毋违志"吗？由此可见"违"字的这一含义在后汉时已经不被人所了解了。然而仔细推究左传中诸违字，皆与德为对，非但与礼为对，若说违字在当时专指违礼，则殊难苟同。而就在本篇第九，"子曰：'吾与回言终日，不违，如愚。'"此违更是十分明显不是违礼之意。而有的注者亦未以违礼解之。[3]樊迟：孔子学生，名须，字子迟，比孔子小四十六岁：《史记·仲尼弟子列传》作小三十六岁，《孔子家语》作小四十六岁。[4]生，事之以礼：古代的礼仪有一定的等级差别，天子、诸侯、大夫、士、庶人各不相同。鲁国三家是大夫，不但有时用鲁公（诸侯）之礼，甚至有时用天子之礼。这种行为当时叫作"僭"，是孔子所最痛心的。所以孔子借题发挥，对孟懿子强调孝要合乎礼，越礼则不能称为孝。

【常译】

孟懿子向孔子问孝。孔子说："无违。"

樊迟为孔子驾车，孔子便告诉他说："孟孙向我问孝，我答复说无违。"樊迟问："这是什么意思？"孔子说说："父母活着，依规定的礼节侍奉他们；死了，依规定的礼节埋葬他们，祭祀他们。"

【论析】

孔子对孟懿子进行了启发式教育，无违，无违于何：或无违德，或无违礼，或无违法，皆可，可以说是一种顾全脸面的暗示性的教育。所以孔子才会对攀迟再次讨论这个话题。

2·6　孟武伯[1]问孝。子曰："父母唯其[2]疾之忧。"

【注释】

[1]孟武伯：仲孙彘，孟懿子的儿子，"武"是谥号。[2]其："他的""他们的"。王充《论衡·问孔篇》说："武伯善忧父母，故曰，唯其疾之忧"；《淮南子·说林训》说："忧父之疾者子，治之者医。"高诱《注》云："父母唯其疾之忧，故曰忧之者子。"王充、高诱都以为"其"字是指代父母而言。马融则认为："言孝子不妄为非，唯疾病然后使父母忧。"把"其"字指代孝子。今观孔子句式，以融说为当。

【常译】

孟武伯向孔子请教孝。孔子说："做父母的只是为子女的疾病发愁，而没有另外需要担忧的。"

2·7　子游[1]问孝。子曰："今之孝者，是谓能养[2]。至于[3]犬马，皆能有养；不敬，何以别乎？"

【注释】

[1]游：孔子学生，姓言，名偃，字子游，吴人，小于孔子四十五岁。[2]养："养父母"的"养"从前人都读去声，音漾。[3]至于：张相《诗词曲语词汇释》把"至于"解作"即使""就是"。《孟子·告子上》的"惟耳亦然。至于声，天下期于师旷，是天下之耳相似也。惟目亦然。至于子都，天下莫不知其姣也"的"至于"相近，可以译为讲到、说到。

【常译】

子游问孝。孔子说："现在的人所说的孝，以为能够养活父母便行了。而狗马都能够得到饲养；若不能带着敬重之心来孝顺父母，那养活父母和饲养狗马又有什么区别呢?"

【论析】

孔子在这段话中举的例子于逻辑上似是不太严谨的。

2·8 子夏问孝。子曰:"色难[1]。有事,弟子[2]服其劳;有酒食[3],先生馔[4],曾[5]是以为孝乎?"

【注释】

[1]难:这句话有两说,一说是儿子侍奉父母时的容色。《礼记·祭义篇》说:"孝子之有深爱者必有和气,有和气者必有愉色,有愉色者必有婉容。"又有一说,子女承顺父母之色为难。[2]弟子、先生:刘台拱《论语骈枝》云:"《论语》言'弟子'者七,其二皆年幼者,其五谓门人。言'先生'者二,皆谓年长者。"马融则说:"先生谓父兄也。"。[3]食:旧读去声,音嗣,sì,食物。[4]馔:音撰,zhuàn,吃喝,《鲁论》作"馂","馂,食余也。"那么这句便当如此读:"有酒,食先生馂。"就应如此翻译:"有酒,幼辈吃其剩余。"[5]曾:音层,céng,副词,竟也。

【新译】

子夏问孝。孔子说:"儿子在父母前要有愉悦的容色尤其是父母对自己没有好脸色的时候更要保持心境的平和。有事情,年轻人效劳;有酒有肴,年长的人先享用,这样可以认为是孝么?"

【论析】

色难,确实难以解释,注者能做的,大约也就是不违义理吧。

2·9 子曰:"吾与回[1]言终日,不违,如愚。退而省其私[2],亦足以发[3],回也不愚。"

【注释】

[1]回：颜回，孔子最中意的学生，鲁人，字子渊，小孔子三十岁（见《史记仲尼弟子列传》）。据毛奇龄《论语稽求篇》和崔适《论语足征记》的考证，《史记》的"三十"应为"四十"之误，颜渊实比孔子小四十岁，约公元前511—前480。[2]退而省其私：朱熹《四书集注》解为"私，谓燕居独处，非进见请问之时。"以为孔子退而省颜回的私，"则见其日用动静语默之间皆足以发明夫子之道"。[3]发：发挥，发明所言之理。此指悟透并能掌握运用的意思

【新译】

孔子说："我整天给颜回讲学，他从不提反对意见和疑问，像个蠢人。等他退回去后我仔细思考他私下的言语行为，认为他完全是学而有所发，完全领会掌握了我所说的道理。所以回一点也不愚。"

2·10 子曰："视其所以[1]，观其所由[2]，察其所安[3]。人焉廋哉[4]?人焉廋哉?"

【注释】

[1]以：为，为善为恶的为，此处既重善恶，也重动机和目的。[2]所由："由""由此行"的意思。《学而篇第一》的"小大由之"、《雍也篇第六》的"行不由径"、《泰伯篇第八》的"民可使由之"的"由"都如此解。"所由"是指所从由的道路。[3]所安：如《阳货篇第十七》孔子对宰予说"女安，则为之"安者，行于彼而不悔是谓安。[4]人焉廋哉：焉，何处；廋，音搜，sōu，隐藏，藏匿。《史记·魏世家》述说李克的观人方法是"居视其所亲，富视其所与，达视其所举，穷视其所不为，贫视其所不取"。虽较具体，却无此深刻。

【新译】

孔子说："看一个人的所作所为；观察他怎样去做事情（动机和目

的、方式和方法）；审察他乐于做什么，什么事能无悔地去做。观察这三件事，这个人也就没有什么可以瞒过自己的了。"

2·11　子曰："温故而知新[1]，可以为师矣。"

【注释】

[1]温故而知新：皇侃《义疏》说，"温故"就是"月无忘其所能"，"知新"就是"日知其所亡"（《子张篇》19·5）。

【常译】

孔子说："在温习旧知识时，能有新体会、新发现，这样就可以做老师了。"

【再译】

孔子说："经常温习旧知识，不忘失已掌握的，不断求取新知识，学到自己曾不知道的，这样的人就可以作为自己的老师。"

2·12　子曰："君子不器[1]。"

【注释】

[1]器：5·4子贡问曰："赐也何如？"子曰："女，器也。"曰："何器也？"曰："瑚琏也。"在这里孔子应当是对子贡表示肯定和赞赏的。但在这里孔子又认为君子应当超出器的境界，不为器所局限。《论语集注》中说："器者，各适其用而不能相通。"只从广度而言，却没能从高度言。

【新译】

孔子说："君子不应像一个器皿一般只知为人所用，而应有自己的理想和操守。"

【论析】

孔子为什么说君子不器呢？是因为他的弟子如宰予等在诸侯国得到重任的，后来都不能坚持孔子的治国理念，违背了孔子的教导，在孔子看来，他们都沦为诸侯的器物，失去自己的原则和操守了，所以孔子说"君子不器"。

2·13　子贡问君子。子曰："先行其言而后从之。"

【常译】

子贡问怎样才能做一个君子。孔子说："对于自己要说的话，先身体力行了，再说出来，这样才算得上是一个君子。"

【再译】

子贡问关于君子的问题，孔子说："要先实践他的理念，并且真正认可，然后才选择跟从他。这样的人才称得上是君子。"

【论析】

多数的注释都以为"其"和"之"指的是自己，在逻辑上，这样解释颇为牵强，这里给出再译，在逻辑上是完美的，在事证方面，也符合后期有些弟子违背孔子教导的事实。

2·14　子曰："君子周而不比[1]，小人比而不周。"

【注释】

[1]周、比："周"，以道义来团结人，合乎礼，"比"，以暂时利害互相勾结。"比"旧读去声。

【常译】

孔子说："君子团结他人，而不会勾结；小人勾结他人，从而破坏团结。"

2·15　子曰："学而不思则罔[1]，思而不学则殆[2]。"

【注释】

[1]罔：本为迷惑、困惑、模糊、茫然不解的意思，如《楚辞·宋玉·九辩》："罔流涕以聊虑兮，惟著意而得之"；《文选·张衡·东京赋》："罔然若醒，朝罢夕倦"；《列子·周穆王》："秦人逄氏有子，少而惠，及壮而有迷惘之疾。"在本句里解为迷失则合句意。[2]殆：本意危困、危险，如《荀子·议兵》："兵殆于垂沙。"也做困乏、疲倦讲，如《庄子·养生主》："以有涯随无涯，殆已。"

【常译】

孔子说："只是读书学习，接受知识却不思考，就会迷失真义，从而被误导；只知自己思虑，却不通过学习来解答，就会陷入困惑之境，没有出路。"

2·16　子曰："攻[1]乎异端[2]，斯[3]害也已[4]。"

【注释】

[1]攻：批判。[2]异端：《中庸》子曰："舜其大知也与！舜好问而好察迩言。隐恶而扬善。执其两端，用其中于民。其斯以为舜乎！"由此处知端为极端之意。端与中相反，表不公允、不中道的意思。端亦即是过和不及的意思，而异则指不同平常的事物和言论，能混淆真道的思想学说。异端抑或可解为一端，执理之一端而不见其全，不执其中，是失之于偏颇的意思。[3]斯：代词，"这、这个"的意思。[4]已：止。

【新译】

孔子说："只有批判那些不正确、不公允、不中道的过头的言论，它们的祸害才可以消除。"

【再译】

攻读那些专以奇怪哗众、不合中道的极端的学问，可真是祸害呀！

【三译】

攻读那些异端的学说并对他们进行批判和修正，这样异端学说的危害就能被制止了。

【论析】

再译只有当已作矣讲的时候，才能说得通。同时，攻是治、攻读的意思时，再译才讲得通。而攻的本义则是：击打以进行修正。由此本义，推出三译，就比再译要完美多了。如"他山之石，可以攻玉。"这个攻字的用法就与本句的用法一样。又如《广雅·释诂三》："攻，治也"；《国语·楚语上》："庶民攻之。"国语中的攻字其用法接近于治，只不过是学习操炼的意思更多一些。很多评家没有注意攻有修正的意思，所以解读本句可能就会有些偏颇。

2·17 子曰："由[1]！诲女知之乎！知之为知之，不知为不知，是知也[2]。"

【注释】

[1]由（公元前542-公元前480）：孔子学生，仲由，字子路，卞（故城在今山东平邑县东北仲村）人，小于孔子九岁。[2]是知也：《荀子·子道篇》也载了这一段话，但比这详细。其中有两句道："言要则知，行至则仁。"此处知为智。然而孔子这里还是知的本意。知：听闻过（知的本义为用口相传的知识）、知道、明白、了解。

【常译】

孔子说："由！我来教给你知之之道吧！你所知道的就是知道，你所不知道的就是不知道，知道自己所知的和自己不知的就是真正的知。"

【论析】

为什么要强调不知为不知呢？因为若实不知而以为知，就会自蔽其心，失去前进的方向，断了前进的道路，从而永远不能得到真知。而知道自己的不知，就会心怀希冀，发奋求知。故知不知之义大矣。

很多注家将这个知之理解为学习，就连朱子也不例外。但实际上，这一句是归在为政篇里的，所以，这一句应该更多地指向为政。

那么知之为知之的意思是否就像字面上看起来那么简单呢，也不是的。孔子在这里强调的是一种老实的人生态度，而不仅仅是学习态度，知道了，就不能假装不知道，不知道的，也不能假装知道，而更重要的一层是，不知道的，不要硬装知道，那样是会坏事的。如实而行，谦虚而行，这是孔子强调的信这一品格能够保持的根本，所以是很重要的一种人生态度。而同样的，不知为不知，就可以避免在为政中犯下主观臆断的错误，从而造成重大的损失。

2·18 子张[1]学干禄[2]。子曰："多闻阙[3]疑，慎言其余[4]，则寡尤[5]；多见阙殆[6]，慎行其余，则寡悔[7]。言寡尤，行[8]寡悔，禄在其中矣。"

【注释】

[1]子张（公元前503-?）：孔子学生颛孙师，字子张，陈人，小于孔子四十八岁。[2]干禄：干，求也；禄，旧时官吏的俸给。[3]阙：或有注者以阙疑为保留疑问的，然实不见阙有保留这一词义运用于它处，唯阙疑一词以阙为保留之义则不足采信。阙有挖掘的意思，如《左传·隐公元年》："若阙地及泉"；《国语·吴语》："阙为深沟。"这两处的用法为挖掘，阙也有去除毁掉的意思，如《左传·成公十三年》："又欲阙翦我公室，倾覆我社稷"；《汉书》："阙更减赋，尽休力役"；《周礼》："以待会而考之，亡者阙之。"唯有多闻才可以发现问题并去除

疑虑，也唯有多见才能发现危机并去除危机。此处阙的词义，难道不是这两种用法吗？用保留又怎么能解释得通顺呢？就连朱熹都没有注释阙的意思，又怎么可以轻易解释为保留呢？诸多注者皆如此注："多听，有怀疑的地方，加以保留；其余足以自信的部分，谨慎地说出，就能减少错误。"恐为谬注。若阙为保留，阙疑尚可解得通，阙殆又怎么解得通呢？难道解作保留危机吗？而有人竟认为疑和殆是一个意思，不也太过于想当然了吗？[4]余：指那些未曾阙疑的部分，也就是尚怀疑问的部分。[5]寡：少，此处可延伸为减少的意思。尤，过失、罪过的意思，如《诗·小雅·四月》："废为残贼，莫知其尤。"有的注者以为尤同忧，是忧患的意思。虽然也能解释得通，但却不是妥帖严谨的解释。[6]殆：危殆、危机。[7]悔：本义为懊恼过去的事做得不对，悔与恨往往相连，如《说文》："悔，恨也。"但悔若为名词则还有过失、灾祸、厄运的意思，如《公羊传·襄公二十九年》："尚速有悔于予身。"[8]行：有注者以行为名词，去声，xìng。

【新译】

子张向孔子学求官职之道。孔子说："通过多闻去除自己的疑虑，确定真实可行的策略；对于其他没有把握的，就要慎言，这样就能减少错误，（罪过和忧惧就很少从外而来了）。通过多看多观察去除危机和险难，对于其他自己没有把握的，就要慎行，这样就会减少懊悔（灾祸）。言语不给自己带来可忧之事，行为不给自己带来可悔之事，官职俸禄就存在这里面了。"

2·19 哀公[1]问曰："何为则民服？"孔子对曰[2]："举直错[3]诸[4]枉[5]，则民服；举枉错诸直，则民不服。"

【注释】

[1]哀公：鲁君，姓姬，名蒋，定公之子，继定公而即位，在位二十七年（公元前494-公元前468），"哀"是谥号。[2]对曰：《论语》的行文体例，臣下对答君上的询问一定用"对曰"。[3]错：朱熹解为舍置，然舍置一义未见其它出处，恐为孤例。考孔传："治玉石曰错。"则错可拓展为治理的意思。如《广雅》："又错，磨也。"则错亦是一动词，可拓展其义为治理。如攻字可拓展为治学一样。[4]诸：众。[5]枉：本意指树木弯曲。由此拓展指人的品行、作风等不正、不公道，可意译为邪曲。如《说文》："枉，邪曲也。"

【新译】

鲁哀公问道："做什么能使百姓服从呢？"孔子答道："把正直的人提拔起来，来治理邪曲的人，百姓就服从了；若是把邪曲的人提拔起来，来管理正直的人，百姓就会不服从。"

【论析】

以往注家都解错了"错"字，认为是措的假借，于是整段话的义理就失去了味道。

2·20 季康子[1]问："使民敬[2]、忠以[3]劝[4]，如之何？"子曰："临[5]之以庄[6]，则敬；孝慈[7]，则忠；举善而教不能，则劝。"

【注释】

[1]季康子：季孙肥，鲁哀公时正卿，当时鲁国最有权力的人，"康"是谥号。[2]敬：谨慎，不怠慢；如慎始如终，亦解为尊重，有礼貌地对待，古人讲敬主要在自心，如许慎《说文解字》认为，"敬"字为"自我告诫、自我反省"之义；又如《礼记·曲礼》："毋不敬何允。"注："在貌为恭，在心为敬"；这里的敬都含有自我谨慎修持的含义，由心而发一种

恭敬、端肃、认真的态度。在临事时则表慎重地对待，不怠慢不苟且的意思。敬还有另一种重要的意思，如《释名·释言语》："敬，警也，恒自肃警也。"[3]以：连词，且。[4]劝：有的注者注为互相劝勉，失其本义。劝的义很多，其中有勤勉、努力的意思。如西汉·司马迁《史记·货殖列传》："各劝其业。"此处的劝即是勤勉用功于自己职业的意思；又如《战国策·宋策》："荆王大说，许救甚劝。"这里的劝是努力、用力的意思。劝的这个意思组词如：劝赞（努力引见）；劝心（努力进取之心）；劝功（谓努力建功立业）；劝务（勤勉努力）；劝耕（努力耕种）；劝业（努力从事其事业）。所以勤勉努力是最稳妥的解释，但反复体会段落的意思，恐如劝才是最好的解释，百姓如劝，像政府号召的那样去做，窃以为这才是最佳的解释。朱熹"善者举之而不能者教之，则民有所劝而乐于为善。"有所劝即有如劝的意思。[5]临：本义为俯视，可拓展为监视，由上而下谓之临，由高而低谓之临。[6]庄：朱熹解为容貌端严，端严是从佛经中来的词语，朱熹注《四书》多有佛家语言。也有注者解为严肃认真，比朱熹的解释稍好些。此以端正、严肃、庄重、庄严解之可，然以谨严持重解之为尤佳。

【新译】

季康子问道："要使人民心怀谨慎戒惧，端肃认真，不苟不怠，忠诚无二，行为如政府之劝，怎么样才能做到？"孔子回答说："面对百姓保持谨严庄重，他们就会敬重而不怠慢；对亲长孝敬，对民众慈爱，他们就会对你忠诚无二了；提拔有善行的人，教育指导贫弱的人，他们也就会如劝勉而行了。"

2·21　或谓孔子曰："子奚[1]不为政[2]？"子曰："《书》[3]云：'孝乎惟[4]孝，友于兄弟，施[5]于有政[6]。'是亦为政，奚其[7]为为政？"

【注释】

[1]奚：同于何，为何、为什么的意思。朱熹《论语集注》认为"定公初年，孔子不仕，故或人疑其不为政也。"[2]为政：行政、参政的意思。为政有两要，一官位，二执事。杨遇夫说："政谓卿相大臣，以职言，不以事言。"（说详《增订积微居小学金石论丛·论语子奚不为政解》），但考孔子所对，此政不应为官职之意。[3]此处《书》指《尚书·周书》的君陈篇。周公既没，命君陈分正东郊成周，作《君陈》："王若曰：'君陈，惟尔令德孝恭。惟孝友于兄弟，克施有政。'"[4]惟：唯有、只有。[5]施：有的注者以为应该作"延及"讲，从前人解为"施行"，不妥。但《尚书》的本义恰恰是讲作施行的。尚书的原义应是："以身作则，身体力行于孝的德行，亲爱于兄弟，并且将这种风气带入到政治中，施行于整个国家。"《尚书》里面是对国王或官员说的，但孔子引用的时候主语变成了非官方，于是引用的意思就有了变化，施就有了潜移默化、影响的意思，与《尚书》里施的主体还有施的方式都有了不同。[6]有政：此处"有"字无义，加于名词之前，这是古代构词法的一种形式。[7]奚其：什么、如何。

【常译】

有人对孔子说："你为什么不参与政治？"孔子说："《尚书》上说：'孝呀，只有孝，并且友爱兄弟，用这种风气影响政治，潜移默化。'这也是参与政治，其他还有什么可说是参与政治呢？（为什么一定要做官执事才算参与政治呢？）（为什么要拘泥于一种形式呢？）"

【论析】

如果为政是当官的意思，那么这个问话的人胸襟也太小了吧？而孔子若按此而答，那孔子的思想境界也太窄了吧？如果问话的人是当官的意思，孔子也理解成了参政行政的意思了吧？古人的话语中，一个字有多种义，问的人是一义，而听的人以为是二义，这种事也会常有吧。这让后来的译者如何处之？读者如何择之？杨遇夫的注释也不能就算错，不同的注释只是仁者见仁，智者见智罢了，然境界有高下、义理有通塞，逻辑有顺违，语法有达涩，词句有雅俗，而读之者亦知所择乎？

2·22　子曰："人而[1]无信，不知其可[2]也。大车无輗[3]，小车无軏[4]，其何以[5]行之哉？"

【注释】

[1]而：语气助词，无实义。但讲作如果也讲得通。[2]可：能够，可以。在这里更偏近于能够的意思。可也解为合适、相称的意思，亦可用作适当的意思。如柳宗元《黔之驴》："（驴）至则无可用。"合适、相称的意思延伸后则作善、好解。如《左传·僖公二十二年》："阻而鼓之，不亦可乎？"；又如《世说新语·自新》："况君前途尚可。"在这句话中，可字的字义显然是比较广泛，比较抽象的，其意是说，人如果没有信用，那他还能够做成什么呢？还有什么是与他相称的呢？他还有什么值得称道的呢（善、好）？可的这些词意都解释得通。但义理最明确的解释是能够，而义理最丰富的则是相称。[3]輗：音ní，古代大车车辕前面横木上的木销子。大车指的是牛车。[4]軏：音yuè，古代小车车辕前面横木上的木销子。没有輗和軏，车就不能走。[5]何以：以何，以什么、凭什么。

【常译】

孔子说："一个人没有信，那他还能够做到什么呢？就好像大车没有輗、小车没有軏一样，它靠什么行走呢？"

【论析】

孔子在这里连举大车、小车为喻，看似重复，实则是有形容信之影响广泛的意思。无论大事小情，皆是无信不立。

2·23　子张问："十世[1]可知也？"子曰：殷因[2]

于夏礼，所损益[3]可知也；周因于殷礼，所损益可知也。其或继[4]周者，虽[5]百世，可知也。"

【注释】

[1]世：古时称30年为一世。也有的注者把"世"解释为朝代，这样的注释就稍觉偏离了。　[2]因：因袭、沿用、继承。[3]损益：减少和增加，即优化、变动之义。[4]或：或者、或有，表示不肯定的假设，虽然孔子在这里用了猜测语气，但他实际上则是肯定的。继；继承、延续。[5]虽：纵使、纵然。

【常译】

子张问孔子："今后十世（的礼仪制度）可以知道吗？"孔子回答说："商朝继承了夏朝的礼仪制度，所减少和所增加的内容是可以知道的；周朝又继承商朝的礼仪制度，所废除的和所增加的内容也是可以知道的。将来如果有继承周朝的，那么纵使是一百世以后的情况，也是可以预先知道的。"

【论析】

本章中孔子提出一个重要概念：损益。它的含义是增减、变革。即对前代典章制度、礼仪规范等有继承、沿袭，也有改革、变通和创新。这表明，孔子本人虽然以为周公时代的礼是最完美的，但他也知道变革是无法阻挡的。当然，他能接受的损益程度是受限制的，是以不改变周礼的基本面为前提的。

虽百世可知，这一句显示了孔子对于周礼的信心，他相信无论后人怎么变化，但大体上还是要保留周礼的。这一点在两千多年的封建社会中，已经被证实。而所谓百世（3000年）这个期限，孔子的预测也算是基本准确。

但是孔子在这里并没有为子张讲解他是如何知道的，也就是说，孔子没有把礼的本质讲出来。

2·24 子曰："非[1]其鬼[2]而祭[3]之；谄[4]也。见义[5]不为[6]，无勇[7]也。"

【注释】

[1]非：相背离的。如《说文》："非，违也。从飞，下翅取其相背也。"非又可指不合于、不恰当、不应当，非分的。如非礼、非行、非法。这些解释都适应于这里的语境。[2]：有两种解释：一是指鬼神，二是指死去的祖先。这里泛指鬼神。[3]祭：供奉鬼神或祖先、举行祭祀仪式。如《礼记·祭统》："祭者，所以追养继孝也。"[4]谄：音chǎn，谄媚、阿谀。[5]义：可通宜，义谓天下合宜之理，人应该做的事就是义。本义：正义；我的威仪；合宜的道德、行为或道理；义亦指善。综合起来说就是公正合宜的道理或举动，合乎正义和公义的事情，当为、宜为是为义。[6]为：作为、做。[7]勇：果断、果敢，能为。

【新译】

孔子说："不是你应该祭的鬼神，你却去祭它，这就是谄媚（暗喻不该求取的富贵，强去求取。不该为之效力的人，却成为他的臣属）。见到应该挺身而出去做的合乎正义公德的事情，却袖手旁观，这就是不具备勇的人格。"

【论析】

在本章中，孔子又提出"义"和"勇"的概念，这都是儒家有关塑造高尚人格的规范。《论语集解》注：义，所宜为。符合于仁、礼的基本要求的，就是义。孔子把"勇"作为实行"仁"的条件之一，"勇"，必须符合"仁、义、礼、智"，才算是勇，否则就是"以力作乱"。

多数注家都将此句前半视为实指，而本注则以为此是用喻。比喻不该求取的富贵，却要靠谄媚去求取，该做出的义行，却胆怯不敢做。

八佾篇第三

3·1 孔子谓季氏[1],"八佾[2]舞于庭,是可忍[3],孰不可忍也!"

【注释】

[1]季氏:鲁国正卿季孙氏,即季平子。谓:本是说的意思,但在这里则是延伸为评论、判定、评判的意思。[2]八佾:佾音yì,行列的意思。古礼一佾8人,八佾就是64人,据《周礼》规定,只有周天子才可以使用八佾,诸侯为六佾,卿大夫为四佾,士用二佾。季氏是正卿,只能用四佾。[3]忍:一说为容忍、忍让。如《庄子·让王》:"强力忍垢,吾不知其他也。"又释为残忍、忍心、狠心,如《诗·小雅·小弁》:"维其忍之";《史记·项羽本纪》:"君王为人不忍。"古人对忍的解释如《说文》:"忍,能也";《广雅》:"忍,耐也。"其中,容忍、忍让、耐这些意思适用于再译。其它适应于常译。可:能够。是:代词,

指"八佾舞于庭"。

【常译】

孔子评论季氏,说,"他僭越礼法,使用天子才能用的八佾,这样的事他都忍心去做,还有什么事情会做不出来呢?"

【再译】

孔子论断季氏,说,"他僭越礼法,使用天子才能用的八佾,如果我们对这样的事都能忍受,那还有什么事我们不能忍受的呢?"(意味如果这样的事都能容忍,那就什么坏事都可以容忍了,至此,礼就崩坏了,人也就失去了义的原则了。)

【论析】

春秋末期,奴隶制社会处于土崩瓦解、礼崩乐坏的过程中,违犯周礼、犯上作乱的事情不断发生。季孙氏用八佾舞于庭院,是典型的破坏周礼的事件。对此,孔子表现出极大的愤慨,"是可忍孰不可忍"一句,反映了孔子对此事的基本态度。

3·2　三家[1]者以《雍》彻[2]。子曰:"'相维辟公,天子穆穆'[3],奚取于三家之堂[4]?"

【注释】

[1]三家:鲁国当政的三家:孟孙氏、叔孙氏、季孙氏。他们都是鲁桓公的后代,又称"三桓"。[2]《雍》:《诗经·周颂》中的一篇。古代天子祭宗庙完毕撤去祭品时唱这首诗。彻:源义是表示吃罢饭用手撤去炊具的意思。本义是撤除、撤去。如《仪礼·士冠礼》:"彻筵席";《左传·宣十二年》:"军卫不彻警也";《周礼·天官·膳夫》:"卒食以乐,彻于造。"《疏》谓:"天子食终彻器之时,作乐以彻之。"[3]相维辟公,天子穆穆:《雍》诗中的两句。相,助、辅助,也指辅助的人。而此处的相也可解为辅助之事。维,有注家解释为语

助词，无意义。而细究则不然。维之本意为绳线的组合，意从系。如《广雅》："维，系也"；《周礼·节服氏》："维王之大常。"注："维之以缕"；《左传·昭公十年》："居其维首。"疏："纲也。"则维为维系、主持之意。维又有关键的意思，如《后汉书·陈蕃传》："人君者，摄天地之政，秉四海之维"；《管子·禁藏》："法令为维纲。"维纲的意思延伸，又有法度、纲纪、规则的意思。维又与唯通，有独的意思。如《诗·小雅·谷风》："维予与女。"则此处维的意思即是维系、主持于。而讲作独也讲得通，但在义理上就落入了下乘。辟公，指诸侯。如《诗·周颂·烈文》："烈文辟公，锡兹祉福"；《朱熹集传》："辟公，诸侯也"；《荀子·王制》："论礼乐，正身行，广教化，美风俗，兼覆而调一之，辟公之事也"；《周书·武顺》："三卿一长曰辟。"穆穆：庄严肃穆。[4]奚：如何、怎么可以。取：取得、获得、取用。堂：接客祭祖的地方。

【新译】

孟孙氏、叔孙氏、季孙氏三家在祭祖完毕时，命乐工唱《雍》这篇诗来行撤除之礼。孔子批评这件事："(《雍》诗上的两句诗)'助祭诸事交付、维系于诸侯，天子则严肃静穆地在那里主祭。'你三家的庙堂什么时候获得的这资格(你三家的庙堂哪有使用的资格呢)？"

【论析】

这两章都在谈鲁国当政大夫的违"礼"事件。孔子对此极为愤慨，天子有天子之礼，诸侯有诸侯之礼，各守其礼，才可以使天下安定。"礼"，是孔子政治思想体系中的重要范畴，也是中国古代最重要的政治思想和文化。

注者多数将取直接翻译为使用，殊不知，孔子首先要质询三家的是他们的资格。所以在这里取的释义只有获取、取得才是严谨的。

现代钱穆的注释为："这在三家堂上唱来，有何意义呀！"从语法上看似是没有错误，但从义理上来考校，则失之千里。孔子的本意是批判，是谴责。但有何意义这四个字，则顿时失去了一切维护正常礼制的意思。我们平常说一个人你做这件事毫无意义，你爱这个人不会有结果的，你的付出有何意义？这种种语境提醒我们，有何意义这个词是温婉地劝说，而不是批判，并且，有何意义即便勉强算是一种否定，却也不是一种批判的否定，而仅仅是判定一件事情会徒劳无功，往往是对一件事的成果和结果的疑问。所以钱穆的译与孔子的原意根本是不符的，这不是一件行为有无意义的问题，而是政治层面的僭越，是有无此政治资格的问题，也是关系到礼制的大问题。孔子是将之作为一件严重的政治事件来对待的，而钱穆的译无疑将之译成了一个普通的生活事件。一句云淡风轻的译，就将一个严肃的问题变得轻飘飘了。

译者难道不应该让自己的译更加严谨吗？否则，一句译纵然在语法上看似没有错误，却也失去了真正的义理。如果译文虽然看似平和华美，看似贴近现实生活，但却失去了它本来的意义，那所谓的平实贴近又有何意义呢？

3·3 子曰："人而不仁，如[1]礼何？人而不仁，如乐何？"

【注释】

[1]如：奈，将（把）……怎么。

【新译】

孔子说："一个人没有仁德，他怎么能实行真正意义上的礼呢？一个人没有仁德，他怎么能运用真正意义上的乐呢？"

【再译】

孔子说："一个人如果没有仁德，礼又能拿他怎么办呢？一个人没有仁德，乐又能拿他怎么办呢？"

【三译】

孔子说:"一个人如果没有仁德,他即便能行礼,又能怎样呢?一个人没有仁德,他即便能行乐,又能怎样呢?"

【四译】

孔子说:"一个人如果没有仁德,他会把礼搞成什么样子呢?一个人如果没有仁德,他会把乐搞成什么样子呢?"

【论析】

在孔子的认知中,乐不但是人们表达感情、享乐用的,它还是礼的组成部分。

礼与乐都是外在的表现,而仁则是人们内心的道德情感和要求,所以礼和乐必须要反映人们的仁德。有的注家将这句话翻译为:"一个人没有仁德,他怎么能实行礼呢?"这样的翻译是不对的,举例而言,阳货没有仁德,但他与孔子行礼时,孔子却必须要还礼(见阳货篇第一段)。本文的开篇季孙氏八佾舞于庭,也说明了礼的能否实行与仁德是没有关系的。所以这样的翻译在根本上是错误的。

考较上四译,再译和四译,尤其是四译,会是最贴近孔子本义的吧。

3·4 林放[1]问礼之本[2]。子曰:"大哉问[3]!礼,与其奢[4]也,宁俭[5];丧,与其易[6]也,宁戚[7]。"

【注释】

[1]林放:鲁国人。[2]本:见本书学而篇第2句的注释。[3]大:相对词义,超过另一相对比的事物就是大,一般用作尊词,表尊敬、崇敬,这里是表赞许。此处的大也有重大的意思。哉:语气词,叹词。[4]奢:奢从大,表示场面排场大。奢也有过份、超越本应有的尺度的意思。尔雅释诂释奢为胜,说文释奢为张,两者都有过分、夸大的意思。

由此可知，此处的奢，其主义是过分的意思。[5]宁：宁可、宁愿。如：《说文》："宁，愿词也"；《史记·廉颇蔺相如列传》："均之二策，宁许以负秦曲。"俭：减省、节约、不浪费。如《左传·僖公二十三年》："严公子广而俭，文而有礼"；《韩非子·难二》："俭于财用，节于衣食。[6]易：治、整治。这里指对有关丧葬的礼节仪式办理得很周到和细致。[7]戚：心中悲哀的意思。

【常译】

林放问什么是礼的根本。孔子回答说："你问的问题意义重大，治办礼，与其奢侈过分（超越应有尺度），不如节俭；就丧事而言，与其致力于在仪式上的治办周备，不如保持内心真正的哀伤。"

【论析】

作为一个鲁人，林放看到了当时社会的礼已经沦为形式，专事繁文而失其本真。所以他才问孔子礼的根本。那么，孔子自然是很欣慰有人同他一样看到了"礼崩乐坏"的局面，于是他赞叹说："大哉问。"

有注家将易字解释为平易、谦和，这可算是不着边际的解释。

孔子在这里强调了礼如果只注重仪式和物品的话，就会失去礼的本质，礼更重要的是内心和感情人对礼的认知和体悟。

3·5　　子曰："夷狄[1]之有君，不如诸夏[2]之亡[3]也。"

【注释】

[1]夷狄：古称东方部族为夷，北方部族为狄。常用以泛称除华夏族以外的各族。古代中原地区的人对周边地区的贬称，谓之不开化，缺乏教养，不知书达礼。[2]夏：一说周代分封的中原各个诸侯国。泛指中原地区。华夏也称"夏""诸夏"，又称为"华"或"诸华"。（身为周人，而自称诸夏，盖因夏商周三代相承，夏是中华民族第一个国家名

称。）是古代居住于中原地区的汉民族的自称，以区别四夷（东夷，南蛮，西戎，北狄）。[3]亡：同无。古书中的"无"字多写作"亡"。

【新译】

孔子说："夷狄（文化落后）即便有君主治理，但由于他们不懂得礼，所以还不如中原诸国没有君主治理更好，因为中原诸国的士大夫和学人都懂得礼。（如礼而行，社会自然就安定有序。）"

【论析】

有学者认为孔子此语带有强烈的夷夏观，并且将注释重点放在了君字上，此所谓买椟还珠了，还有人认为孔子这样的思想是大汉族主义的源头，就更加失真了。

此句接林放问礼而来，本是强调礼的重要社会调节和治理作用的，其实是与君无关的。

孔子难能可贵的是，他看到了礼的自治作用，也看到了百姓是能够自治的。

3·6 季氏旅[1]于泰山[2]，子谓冉有[3]曰："女[4]弗能救[5]与[6]？"对[7]曰："不能。"子曰："呜呼[8]！曾谓[9]泰山[10]不如林放[11]乎？"

【注释】

[1]旅：祭名，《传》祭山曰旅；《周礼·春官·大宗伯》："国有大故，则旅上帝及四望"；《周礼·天官·掌次》王大旅上帝。《注》大旅上帝祭于圜丘。当时，只有天子和诸侯才有祭祀名山大川的资格。[2]泰山："泰山"之称最早见于《诗经》。"泰"意为极大、通畅、安宁。史称无怀、伏羲、神农、炎帝、黄帝、颛顼、帝喾、尧、舜，皆封泰山，禹封泰山，禅会稽。周成王封泰山，禅社首。[3]冉有：姓冉名求，字子有，生于公元前522年，孔子的弟子，比孔子小29岁。当时是季氏的

家臣。[4]女：同汝，你。[5]弗：不，弗能：不能。救：本义救助使离险难，此处有挽回过失的意思。以谏止其失，故称为救。又救有止过的意思，如《说文》："救，止也"；《周礼·司救》注："救，犹禁也。以礼防禁人之过者也。"但这种止过防禁的意思注者未曾见到其他的例证；再如《礼记》："知其心，然后能救其失。"那么救还可以延伸为纠正的意思。[6]与：通欤，吗，语气助词，表疑问。[7]对：应答。如《广韵》："对，答也"；《诗·大雅·桑柔》："听言则对。"[8]呜呼：语气词、叹词，表哀叹。[9]曾：副词，岂、难道，用来加强语气。谓：说。[10]泰山：此处的泰山指泰山神。[11]林放：见本篇第4章之注。

【常译】

季孙氏在泰山之中祭祀。孔子对冉有说："你不能劝止吗？"冉有说："不能。"孔子说："唉！难道说泰山神还不如林放知礼吗？"

【论析】

很多译者都将首句译为：季孙氏去祭祀泰山，这样的翻译恐怕未必妥当，大约是他们对文字的区别有所失察的缘故。因为古代帝王祭天为"封"，祭地为"禅"。旅于泰山和封禅于泰山还是有很大区别的。季孙氏仅仅是旅，不过是很巧合地旅于泰山罢了。如果是祭祀泰山的话，那么应当说是旅泰山，而不应说是旅于泰山。旅于泰山，也许只是祭祀泰山之中的某一山，也许只是选择在泰山之中祭祀，这祭祀的对象就未知了。

季孙氏只是大夫，他祭祀山川本身就是僭礼的行为，何况他选择的地点还是泰山呢？

3·7 子曰："君子无所争[1]，必也射[2]乎！揖让[3]而升[4]，下[5]而饮[6]，其争也君子[7]。"

八佾篇第三

【注释】

[1]争：求获取而不相让，谓之争。又争者，坚持行动以令彼属于己也。又与人相夺取是谓争。如《一切经音义》引《说文》："争，彼此竞引物也。"争也有更多的意思，如竞争、较量等，但此处的意思应该是指彼此间对利益的争夺。而考孔子原意，则争为非分内所应得，即不应争。此处所争意为可争夺的事物。[2]射：原意为射箭。此处指古代的射礼。必：必须，无所避免。[3]揖：揖，古代的拱手礼。如：揖让（宾主相见的礼节）、揖别（作揖告别）等，不同于抱拳。让：因某事以某物让之于人。如《左传·襄公十三年》："让者，礼之主也"；《国语·晋语》："让，推贤也"；《礼记·曲礼》："退让以明礼。"让也是古代的一种礼节仪式。举手平衡状。如《仪礼·聘礼》："宾入门皇，升堂让。"郑玄注："让谓举手平衡也"；《史记·项羽本纪》："大行不顾细谨，大礼不辞小让。"揖让：揖让之礼按尊卑分为三种，称为三揖，一为土揖，专用于没有婚姻关系的异姓，行礼时推手微向下；二为时揖，专用于有婚姻关系的异姓，行礼时推手平而致于前；三为天揖，专用于同性宾客，行礼时推手微向上。一指禅让，即让位于比自己更贤能的人。又康熙字典谓：又三揖，卿大夫士也。《左传·哀二年》三揖在下。似乎三揖为卿大夫士这三个层级之间的三揖之礼。揖让的表义为揖逊，即以人为尊，以人为先的意思，又指禅让，让位于贤。《南齐书·刘祥传》："故揖让之礼，行乎尧舜之朝，干戈之功，盛于殷周之世。"由此句我们可以看出，孔子时代，揖让之礼的义已经失去，仅仅成为一种形式。所以孔子才强调君子无所争。《韩非子·八说》："古者人寡而相亲，物多而轻利易让，故有揖让而传天下者……当大争之世而循揖让之轨，非圣人之治也。"则更加直接地点出，揖让之礼已经失去了它的本来意义。[4]升：由下向上移动谓之升，如《易·序卦》："聚而上者谓之升。"升假借为"登"。如朱骏声《说文通训定声》："字亦作升，作登。"此处为登场、登台的意思。[5]下，与升对，下台、下

场。[6]饮：相饮，射礼的形式，王注以为升和下都有饮酒的环节，不知是否准确。[7]君子：合乎君子之礼仪规矩。

【常译】

孔子说："君子没有什么事物是可与别人相争的，因为他只会得到自己分内应得的。如果有不可避免的争的话，那就是射箭比赛了。比赛时，先相互作揖行礼（表示谦让、尊节、恭敬），然后上场。射完后，又相互作揖再退下来，然后相对饮酒。这样的竞争，即便是争了也合乎于君子的要求。"

【论析】

孔子强调一种有序的竞争，一种完全合乎礼法和规矩的竞争。由最后一句我们可以看出，他反对那种僭越礼法，无序而只为个人利益进行的争夺。

3·8 子夏问曰："'巧笑倩兮，美目盼兮，素以为绚兮'。[1]何谓也？"子曰："绘事后素[2]。"曰："礼后乎？"[3]子曰："起予者商也[4]，始可与言诗已矣。[5]"

【注释】

[1]巧笑倩兮，美目盼兮，素以为绚兮：前两句见《诗经·卫风·硕人》篇。巧：美好；美丽、善。如《诗·小雅·雨无止》："巧言如流。"笺："犹善也。"但巧的本意为精巧、灵巧，而且以巧代指美丽的例子，找不出第二个来，如果引申为美好、善的意思，则很见勉强。此处的意思，当以灵巧（可引申为灵活生动，笑容灵活而不僵硬）为佳。倩，音qiàn，古指男子中的精英人物，一说此指含笑之态，又泛指姿容美好。兮，语助词，相当于"啊"。盼：一说眼睛黑白分明，一说为转动眼睛去看，这两种解释都讲得通，但从诗意本身来看，解释为看过来则更好。素：本色的生帛，未曾染色的丝绸，此处代指为本色、

本质、本性，又不加装饰为素，素亦可引申为朴素、素雅，也可以解释为纯白色，如缟素，如《礼记·檀弓》："素服哭于库门之外。"有注家将素解释为白粉，怕是错误的。绚，色彩亮丽华美为绚。以为：以之为，此处的句式应是以素为绚。但从孔子后面的阐发来看，此句应有更深妙的意思，如可以解为：因为这种本色，不需任何装饰，就足够美好了。以为也可讲作认为的意思。[2]绘事后素：有人将绘直接解释为画，不妥，有人将绘事解释为绘画之事，也不妥。古代的绘指的是彩绣，如《说文》："绘，会五采绣也"；《小尔雅·广训》："杂彩曰绘。"绘是彩绣，素是白帛，这样的两者才是完美的对应，才能拿到一起谈论。有人将绘事后素解释为在白底上作画，显然是错误的。此句孔子的意思应是彩绣这件事，是发生在白帛之后的，意谓，首先要织成白帛，然后才可以去彩绣。这样来解释，这句话在逻辑上便没有不通的地方了。事：之事。后：此处指序列、先后，意谓彩绣要放在白帛的后面，意即文采要放在本质的后面，礼要放在如仁等等的后面。钱穆的注释里，也犯了将绘解为绘画的错误，但他的解释更特别，他解释为在彩绘之后再加以白色渲染："古人绘画，先布五采，再以粉白线条加以勾勒。"显然，他也是用后世的绘画理论来解释孔子那个时代的事物，这显然是错误的。孔子那个时代绘指彩绣，不指绘画。《说文》是汉朝著作，在那个时代，将绘解释为绣（集合五采而绣），说明至少在汉朝时，绘还不是绘画的意思，而是专有的名词彩绣。[3]礼后乎：礼是要排列在后面的吧？礼是属于后面次序的吧。[4]起予者商也：起，是一个动态词，本义是指由躺而坐，由坐而立的动态变化。此处的意思是使之起，如《国语》："世相起也。"韦昭注："起，扶持也。"扶持也是起的引申义。此处指使生起、使有所起。有些注家解释启发的意思，勉强不算错误，但不是本源的意思了。起又指兴起，如：起于微末，又如陈寿《三国志·隆中对》："自董卓以来，豪杰并起，跨州连郡者，不可胜数"；《左传·昭公二十六年》："王起师于滑。"注："发也"；

汉·贾谊《过秦论上》："并起而亡秦族。"如果孔子的起是这个意思的话，那就意味着孔子认为子夏已经学有所成，可以扶助自己，使自己的学说兴起了。我，孔子自指。商，子夏名商。始：最初，起头，引申为这才、开始，如《礼记·经解》："君子慎始"；《素问·皮部论》："百病之始生也，必先于皮毛。"可：能够、够资格、达到要求。与：同他，言：以单方的则可解释为教授、讲授，以双方的则可解释为议论、讨论。已矣：可视为语气助词，多表结束，已的意思不好讲。

【新译】

子夏问孔子："'那灵巧的笑真是美好啊，黑白分明的眼睛看过来，不需要用什么装饰，这就已经很亮丽华美了（哲学一点的意思是：纯粹的朴素就是绚丽啊、绚丽诞生于朴素之上啊）。'这几句话是什么意思呢？"孔子说："彩绣这件事要安排在素帛的后面（彩绣这件事只有在白帛已经产生的情况下才会发生）。"子夏又问："那么，是不是说礼也要排在后面呢？"孔子说："能够扶助我令我更进一步（令我的学说兴起）的应该就是商了吧，现在终于可以同你讨论《诗经》了（终于可以将《诗经》的道理传授给你了）。"

【论析】

古来诸多注家之中，多有以启发解释起字的，讲得通，但不对。从事件的顺序上来看，子夏是请教"素以为绚兮（朴素就是绚丽啊、她的本色是多么绚丽啊）"的意思的，如果这句话像诸多注家解释的那样："用素粉来装饰使自己更美丽。"这么简单的意思子夏还有什么可请教的呢？因为子夏问了这一句诗，所以孔子启发他说："彩绣要在白帛之后（先得有白帛，然后才能做彩绣）。"这其实是一个根本与枝叶、本质与表象的哲学问题，所以子夏通过孔子的启发才想到了礼究竟是本质还是表象。亦即对于儒家来说一个最重要的命题——礼是由何而生的。

那么究竟是谁启发了谁呢？很明显，是孔子启发了子夏。"素以为绚兮"这一句并没有很明显地讲到次序的哲学问题，而是单方面的强调了根本，而孔子则给予子夏以更明显的启发："绘事后素"，于是子夏想到了礼的问题。子夏的回答："礼后乎？"显然是顺着孔子的意思来的。孔子给了子夏一个关于先后次序、根本与枝叶、本质与表象的问题，然后子夏给出了一个他并未肯定的答案。

以文中的逻辑顺序来看，不可能是子夏启发了孔子，如果是子夏启发了孔子，那孔子就不会莫名其妙地说一句"绘事后素"了。

那么接下来的起予者的起字，就不可能解作启发了。所以我在这里采用起这个字最本原的意思，将之解作"使之（兴）起"。

这是我们从前面来推理究竟谁启发了谁，从后面推理的话，有两个关键，一是子夏的回答是疑问，疑问代表他不肯定，或者说他想得到孔子的肯定。另一个则是孔子的话中那个"始"字。怎么解释这个始字呢，我觉得"终于可以"是比较契合的，子夏因为对孔子的启发能有所领悟，所以孔子认为他具备接受自己传授《诗》的资格，或者说他具有了同自己讨论《诗》的资格。

一个刚刚够资格跟自己讨论《诗》的人，显然不是启发自己的人，而是能接受自己启发的人。

所以从后面往前推理，说子夏启发了孔子，显然也是讲不通的。

诸多注家还犯有一个错误，就是将孔子不曾讲的话臆测出来，他们根据绘事后素这一比喻，就以为仁在礼先。然后生发出一大堆的道理来，比如素指内心情操，礼指外在形式，素指仁等等。

如果以对学问的严谨和郑重的态度来评论，那么后人显然没有前人审慎认真。子夏对于礼在后的判断，用的是问句，代表了谦虚和不肯定。而孔子也只是称赞子夏可以一起讨论诗了，却并没有讲那个在礼之前的东西。

礼是儒家最重要的学说和概念，但那个在礼之前的东西是不是比礼更重要呢？为什么这样一个更重要的东西子夏没有去猜测，孔子也没有说呢？显然，那个在前面的东西很抽象，无论是子夏还是孔子，都没有能把它明确地说出来，或者说没有明确而完整地捕捉到那个东西。

他们都不说的东西，后世的学者又怎么敢妄论呢？

素以为绚兮，如果单纯解释为："在白帛上绘出绚丽的色彩"，在文法上也是没有错误的，但就是跟前面两句不是很搭配，所以我采用了比较抽象的解释。如果这句诗歌的本意是这样，描绘的仅是诗中主人公的日常彩绣生活，那假设子夏明知礼在后，而又以此问孔子，就不免有故作玄虚、卖弄之嫌，我想子夏是不会这样做的。而只有纯粹的朴素就是绚丽啊（绚丽诞生于朴素之上啊），这样的哲学上的意义，才有可能令得子夏郑重地请教孔子。

3•9 子曰："夏礼吾能言之，杞[1]不足征[2]也；殷礼吾能言之，宋[3]不足征也。文献[4]不足故也。足，则吾能征之矣。"

【注释】

[1]杞：春秋时国名，是夏禹的后裔。在今河南杞县一带。[2]征：证明、验证。[3]宋：春秋时国名，是商汤的后裔，在今河南商丘一带。[4]文献：文，指文章典籍；献，指贤人，此指博学之人。如《虞夏书•益稷》："禹曰："俞哉！帝，光天之下，至于海隅苍生，万邦黎献，共惟帝臣。" 献，即仪。《广雅》："仪，贤也。黎者众也，献者贤也。"

【常译】

孔子说："夏朝的礼，我能讲述，（但是它的后代）杞国不足以验证；殷朝的礼，我能讲述，（但它的后代）宋国不足以验证。这是因为文章典籍和熟悉夏礼、殷礼的人都不足的缘故。如果足够的话，我就可以验证夏礼和殷礼了。"

【论析】

有注家据此段说孔子对夏商周的礼仪制度非常熟悉，这是不对的，孔子说能言之，但他却是不肯定的。既然没有文献典籍，那他怎么去熟悉夏礼和商礼呢？显然孔子是用智慧去思考从而得出的结论，而不是通过学习去熟知的。那么，他对夏礼和商礼的认知，也只能算是一种揣测。但从语气上来看，他自信他的这种揣测是正确的。

3·10　子曰："禘[1]自既灌[2]而往者，吾不欲观之矣[3]。"

【注释】

[1]禘：音dì，古代举行的祭祀祖先的非常隆重的典礼。诸侯也有禘祭，只是不当郊天（郊天是天子禘祭所独有内容）。[2]灌：禘礼中第一次献酒。[3]而往：而后。吾不欲观之矣：我不愿意看观看了。

【常译】

孔子说："对于行禘礼的繁杂仪式，从第一次献酒以后，我就不愿意再观看了。"

【论析】

孔子为什么不欲观禘礼，其原因很难揣测，我们现在揣测孔子的意思，应当是对禘礼不满，或许是因为太繁琐，或许是因为太奢侈。

有的注家以为这句话是孔子对鲁文公在禘祭时将父亲僖公的顺序提到伯父闵公之前的反对，恐怕这种解释不是孔子的本义。其一：孔子仕鲁是在定公十四年，而在定公八年的禘祭中，这个错误鲁国已经改过来了。其二：此卷之1、2、6章，都明确指出违礼者，说明若是针对某事而发出的议论，是应该先提及当事人和事情的，而本句和下句都没有。其三，如果是针对鲁文公的违礼而言，那么就应当全部的礼仪皆不观，为什么只观灌礼呢？此为最重要之逻辑，以此而论，本章是直接论禘礼的，与鲁文公之事无关。诸多注家顺着前面1、2、6章的思维定式，将此章与鲁文公事联系起来，实在勉强，而且将孔子不观禘礼，不说禘礼，解释为"为鲁讳"。如果为鲁讳的话，就不应该记载下来了。如果要为鲁讳，那么孔子做春秋，要不要记载呢？"僖公虽为闵公之庶兄，然承闵公之君位；今升于闵公前，是为逆祀，《春秋》讥之。"而在《春秋》中，也记鲁文公二年："八月丁卯，大事于大庙，跻僖公。"既然孔子作春秋讥之，那自然不存在为鲁讳的可能了，在这种关乎礼的原则性的问题上，孔子怎么可能马虎呢？

3·11 或问禘之说[1]，子曰："不知也。知其说者之于天下也，其如示诸斯[2]乎！"指其掌。

【注释】

[1]说：学说、观点、理论，如《战国策·秦策一》："说秦王书十上而说不行。"有注家解释为规定，不正确。因为从后面孔子的回答来看，此处的说是指学问、理论。而说也有责备、劝告的意思，如《周礼·太祝》："六曰说。"注："以辞责之。"如果此句是承上句而来，那么解释为责备也是讲得通的。[2]示诸斯："斯"指后面的"掌"字。

【常译】

有人问孔子禘祭的学问。孔子说："我不知道。通达（掌握）这种学问的人，对治理天下的事，就像把东西摆在这里观看一样吧！"（一面说一面）指着自己的手掌。

【论析】

孔子似乎对当时的禘礼很不赞成，上一章他是不愿意看，这一章则是不愿意说。既然孔子说能掌握禘礼的人对治理天下如观掌指，那么反过来也就说明了当时的人根本不懂禘礼，如果行禘礼的人不懂禘礼，那也就意味着禘礼违背了礼的原则。从这两章我们可以推论一个观点：孔子只赞成当时禘礼中灌以前的部分，而反对灌以后的部分。至于具体的原因，我们只有这两章做依据，显然是无法推断了。

又《中庸》有言："明乎郊社之礼，禘尝之义，治国其如示诸掌乎！"对照当时混乱的局势，既可知当时人不明禘尝之义了。如果当时人懂得禘尝之义，又怎么会礼崩乐坏呢。

如果孔子在前几章里讲述的是士大夫的违礼，违礼是行为上的，而这两章则是强调礼的学说和理论，本章强调了说（学说、理论），而中庸则强调了义，即是礼的根本意义，显然已经不是违礼不违礼的问题了，违不违礼只是行为和表象，而掌不掌握礼的根本要义则涉及到了形而上的理论问题。如果还把这两章解释成鲁文公的违礼，那就失去了所谓的说和义了。史来的注家都过于拘泥事相，所以不能解透孔子的意思。

因此我说孔子在本章的讲述是具有深义的，是在告诫后人要从礼的形式上挣脱出来，看到礼制里面所蕴含的治国之道。这种告诫要比前面几章对违礼的批判更重要，因为这是根本性的。

3·12 祭如在[1]，祭神如神在。子曰："吾不与[2]祭，如不祭。"

【注释】

[1]在：本义为存在，一是存在于某地点，二是表动作在进行。如《淮南子·原道》："则无所不在。"历代注家都认为在的意思是存在于整个祭祀的过程中。不过，在还有一个重要的意思为：省视、观察，如《大戴礼记》："存往者，在来者。"又《康熙字典》："又察也。"《书·舜典》："在璇玑玉衡，以齐七政。"此处可解为：观察、审视、检查。然如在以宰讲，则为主宰、主持、主掌、主管之义。此义亦讲得通畅。[2]：吾：代词，自己、我，此处为亲身、亲自的意

思，并不单指孔子，而是泛指。与：音玉，参与、加入，如《礼运·大同》：昔者仲尼与于蜡宾。此处指身心投入。

【新译】

祭祀祖先一定要怀着恭敬爱慕之心，就好像祖先正在观察着你的祭祀一样，可以疏忽大意吗？祭祀神灵也是一样的道理，就像神灵在审视你的祭祀一样，可以粗疏大意吗？夫子说：如果自己不能亲身参与祭祀，不能全部身心投入祭祀，那还不如不祭祀。

【再译】

祭祀祖先一定要怀着恭敬爱慕之心，要怀着接受祖先的审视、检查一样的心情来操办。祭祀神灵也是一样的道理，就像准备接受神灵的审视和检查一样，可以粗疏大意吗？（这样就能在所有的程序和细节上做到位，合乎敬，合乎礼了。）夫子说：如果自己不能亲身参与祭祀，不能全部身心投入祭祀，那就如同没有祭祀（此处孔子是说，请别人代为祭祀，是不可行的，如果距离远，不能亲至墓前，也是可以家祭或路祭的，而不应请人代为祭祀）。

【三译】

祭祀祖先一定要怀着恭敬爱慕之心，要怀着就像是由祖先亲自主持这场祭礼、而我是执行这场祭礼的心情来操办。祭祀神灵也是一样的道理，要怀着就像由神灵亲自主持这场祭礼、而我是执行这场祭礼的心情来操办，可以粗疏大意吗？（这样就能在所有的程序和细节上做到位，合乎敬，合乎礼了。）夫子说：如果自己不能亲身参与祭祀，不能全部身心投入祭祀，那就如同没有祭祀（此处孔子是说，请别人代为祭祀，是不可行的，如果距离远，不能亲至墓前，也是可以家祭或路祭的，而不应请人代为祭祀）。

【论析】

祭如在的意思，恐怕史来的注家们都解错了，祭祀的先决条件就是鬼神在行祭者的心中真实存在，如果心中认为神不存在，还祭祀他干什么呢？以此一逻辑而言，祭如在解释为就像祖先真在面前，在义理上就根本说不过去。而将在解释为审视、观察，在义理上就变得比较丰富、深刻了。

神明的审视其实不必用一个如字，因为神明本就高高在上，自然完全可以审视、观察人类的祭祀是否令他满意，而祖先的审视或许有点不讲感情，但孔子毕竟是用了个如字。只有怀着一颗接受祖先审视、观察的心思，才能真正办好一场祭礼吧。这就好像我们小时候，让父母检查作业习题一样的心态。

3·13 王孙贾[1]问曰："与其媚[2]于奥[3]，宁媚于灶[4]，何谓也？"子曰："不然。获罪于天[5]，无所[6]祷也。"

【注释】

[1]王孙贾：卫灵公的大臣，时任大夫。 [2]媚：媚；爱、喜爱，如《说文》："媚，说也。"有注者解释为谄媚、讨好、奉承，不妥；媚亦有欣赏、赞赏的意思，如《国语·周语》："若是乃能媚于神。"但是因为这个句式有了一个介词于字，所以它的解释就有两种可能，一是献媚于，一是取媚于。献媚于神，自然就是亲近、讨好、赞美的意思了，而取媚于神，自然就是博取神的欣赏和欢心的意思了。如果再概括些，就是亲近、取悦于神。[3]奥：室内的西南角，泛指房屋及其他深处隐蔽的地方；堂奥，经堂入奥。这里指屋内位居西南角的神。一说王孙贾以："奥，内也，以喻近臣。灶，以喻执政。"[4]灶：这里指灶旁管烹饪做饭的神。宁：宁愿、宁可。如《说文》："宁，愿词也。"如《史记·廉颇蔺相如列传》："均之二策，宁许以负秦曲。"[5]天：王孙贾以灶喻臣，于是孔子以天喻君，一说天即理。[6]所：指灶和奥，亦指除天之外的所有地方。

【常译】

王孙贾问道:"(人家都说)与其去亲近奥神,不如去亲近灶神。这话是什么意思?"孔子说:"不对。如果被天降罪,就没有地方可以祷告了。"

【论析】

有的注者评析说,内廷的官员与君主来往密切,是得罪不得的,显然是一种错误的理解。如果孔子的意思是说内廷官员不能得罪,那就不会说是无所可祷了。

孔子显然是持忠君论的,那么,无论取悦于内臣还是取悦于执政之臣,显然都是不可取的不忠行为,所以孔子说:如果天子(君主)降罪,那么求谁也没有用了。这段话表明了孔子坚定的政治立场,也是对礼的坚决维护,弃君而媚臣,显然是有违礼道的。

因为两人的对话很可能是孔子在卫国时见南子引起的,如果不是因此而起,那么这个"天"解释为理、天理也讲得通。只不过这种讲得通在义理上前后句之间的联系并不紧密,逻辑上不严密。

3·14 子曰:"周监[1]于二代[2],郁郁[3]乎文哉,吾从周。"

【注释】

[1]监:音jiàn,象形字。象人俯身低头向盘中水面照看状。义同鉴,本意为镜,引申为照出自己的形貌,又可以引申为借鉴的意思。如汉·贾谊《新书·胎教》:"明监,所以照形也,往古所以知今也。"[2]代:这里指的是夏代和商代。郁郁:茂盛、繁多状。又可解义为:仪态端庄盛美貌。《史记·五帝本纪》:"其色郁郁,其德嶷嶷";司马贞《索隐》:"郁郁犹穆穆也。"[3]从:跟随。此为遵从、遵循之意。从又有采取的意思,此处也可讲作采取。

八佾篇第三

【常译】

孔子说："周朝借鉴于夏、商二代，更加的丰茂盛美。我认为周朝的是最值得采取的。"

【论析】

有注者将周所借鉴的事物固化为礼仪制度，钱穆解为一切礼乐制度文章，较好，此处周所借鉴而更盛美者，亦不完全局限于钱的解释。

3·15 子入太庙[1]，每事问。或曰："孰谓鄹[2]人之子知礼乎？入太庙，每事问。"子闻之，曰："是礼也。"

【注释】

[1]庙：君主的祖庙。鲁国太庙，即周公旦的庙，供鲁国祭祀周公。[2]鄹：音zōu，春秋时鲁国地名，又写作"陬"，在今山东曲阜附近。"鄹人之子"指孔子。每事：祭事中礼乐仪式，乃及礼器所陈、先后次序、参与之人所行之仪等一切细节。

【常译】

孔子到了太庙，每件事都要问。有人说："谁说此人懂得礼呀，他到了太庙里，什么事都要问别人。"孔子听到此话后说："这才是礼呀！"

【论析】

孔子何以每事问？在于对每件事都要与所知相验证。相验证然后知所学为不虚。

亦有注家以为这是孔子入鲁太庙，故意问礼，以彰显鲁之礼非礼，末句则是问句："那是礼吗？"此说细体味来，总有些牵强。

3·16 子曰："射不主皮[1]，为力不同科[2]，古之道也。"

【注释】

[1]皮：剥皮，如《说文》："皮，剥取兽革者谓之皮。"《战国策·韩策》："皮面抉眼。"主皮：古代乡射礼共射三次，第二次以射中皮质的箭靶为主，故称"主皮"。主：《康熙字典》："又宰也，守也，宗也。"此处指主管、主理；又《易·系辞》：枢机之发，荣辱之主也。主亦有决定的标准这种意思。[2]为：做。力：一指用力，二指力役，如《孟子·尽心下》："有布缕之征，粟米之征，力役之征。"。科：本义为：品类，等级。如《说文》："科，程也。程，品也。"科又有科派、摊派的意思。科又具法令、刑律的意思，亦有制度、程式的意思，又有官署或机关中按工作性质分设的部门的意思。

【常译】

孔子说：射礼的意义并不在于射中，因为人们的努力（擅长的事情）并不会都是同一个方向。这是古礼之道。（如果射不讲求射中，那么射的意义何在呢？如果不讲求射中，岂不是混乱了射的目的。而且射礼的核心意义就是要第二次主皮，如果孔子说射礼不主皮，那岂不是说孔子自己在反对主皮这一射礼了？如果孔子反对主皮，那他又为什么在《周礼》中讲主皮这一乡射之礼呢？射不中皮，显然是这乡射之礼执行得不好，或者说执行不成功，那么为力不同科岂不是一个借口吗？所以，这种古来流传的解释是自相矛盾的。何况，孔子对射是很重视的，礼、乐、射、御、书、数，是古代君子六艺之一，是古君子必须要掌握的技巧，怎么可以连皮都射不到呢？何况射中皮质的箭靶，其实要求很低，不是十环也不是一环，只要射中，哪怕在一环外都算是主皮，那么不主皮意味着什么？意味着射脱靶子，对于一个要掌握六艺的君子来说，射脱了靶子难道还是一件可以原谅的事情吗？何况这句话还有一个中心：古之道也。难道古代之道就是你射脱了靶子也没关系吗？用射箭射脱了靶子为例来讲"努力的不是同一方向",合理吗?这种解释显然是很荒唐的。而以皮为剥皮之意,则古代男子射猎,女子剥皮制革,这样的传统分工,是从部落时代就有的,是真正的古之道,是完全讲得通的。)

【再译】

孔子说:"射杀野兽的人就不要去管剥皮制革的事情,因为射箭和剥皮制革属于不同的品类,服力役(或制定、分派力役),就要分别品类科目,使得一切有序而高效,这是古代所遵循的原则和方法。"

【三译】

孔子说:"射杀野兽的人就不要去管剥皮制革的事情,因为射箭和剥皮制革属于不同的品类,做事情,就要分别品类,合理分工,使得力量得到最有效的运用,这是古代所遵循的原则和方法。"

【四译】

孔子说:"射杀野兽的人就不要去干涉剥皮制革的事情,因为射箭和剥皮制革属于不同的品类,做事情,就要按官署中按工作性质分设的部门来运作,遵循各自的法令制度和程式,这是古代所遵循的原则和方法。"

【论析】

看了从古到今的解释,就是没有看明白。这些解释如:

孔子说:"比赛射箭,不在于穿透靶子,因为各人的力气大小不同。自古以来就是这样。"

先生说:"比较射艺,不主要在能射穿皮革,因各人体力有不同,这是古人的道理呀!"

也有古人在努力分辨主皮与贯革的区别。将主字解释为射穿,实在是找不到另一个例子,无论如何引申,主字都讲不出射穿的意思来。就训诂而言,这一种解释是解不通的,只能算是牵强附会。

古代乡射礼共射三次,第二次以射中皮质的箭靶为主,故称"主皮"。所以主皮的要义是在于射中。本身主皮的意思就是射中而不是贯穿，那么前面加一个不字，不不贯穿，如何讲得通呢？除非是这样解释："射的意义并不在于射中。"《礼记·射义》，原文作"射者，仁之道也。射求正诸己，己正而后发。发而不中，则不怨胜己者，反求诸己而已矣。"可见礼记讲射，是要求射中的，如果射不中，需要从自身上找原因，以提高自己的射技，而根本没有说射不中也可以，相反，射不中是需要从自身做反思和检讨的。儒家还是将射礼与仁道结合了起来。

以本书所注三种注释而言，孔子在这里强调的是合理分工而不是一把抓，在政治上就是各司其职，不要越权胡乱干涉。在制定制度而言，就是要按工作性质进行合理的分类，合理的设立部门。

3·17 子贡欲去告朔[1]之饩[2]羊。子曰："赐也！尔爱[3]其羊，我爱其礼。"

【注释】

[1]朔：朔，农历每月初一为朔日。告朔，古代制度，天子每年秋冬之际，把第二年的历书颁发给诸侯，诸侯把历书放在祖庙中，并按照历书规定每月初一日来到祖庙，杀一只活羊祭庙，表示每月听政的开始。[2]饩，音xì。饩羊，杀而不烹为饩。《仪礼·聘礼》："饩之以其礼，上宾大牢，积唯刍禾，介皆有饩。"注者曰：凡赐人以牲生曰饩。饩犹禀也，结也。[3]惜：前一爱为惜，后一爱为爱重。

【新译】

子贡提出去掉每月初一日告祭祖庙时所用的生（生肉之生）羊。孔子说："赐，你爱惜那只羊，我却爱重这其中的礼。"

【论析】

当时，由于鲁国君主已不亲自去"告朔"，所以子贡想要去掉"饩羊"。对此，孔子是反对的，他认为礼哪怕还有一点残余的形式，也要保留，总比完全去掉的好。

3·18 子曰："事君尽礼，人以为谄也。"

【常译】

孔子说："完全按照周礼的规定去事奉君主，别人却视此为谄媚。"

【论析】

春秋时期礼乐开始崩坏，各国作乱犯上的事层出不穷，所以守礼尽忠的人，反而会被人嘲笑为谄媚。

3·19 定公[1]问："君使臣，臣事君，如之何？"孔子对曰："君使臣以礼，臣事君以忠。"

【注释】

[1]定公：鲁国国君，姓姬名宋，定是谥号。公元前509至公元前495年在位。

【常译】

鲁定公问孔子："君主要怎样使用臣下，臣下又当怎样事奉君主呢？"孔子回答说："君主应该遵照礼的原则去使用臣子，臣子应该以忠的原则来事奉君主。"

【论析】

孔子强调的君臣关系是相互的，而不是单向的，不是后来发展出的愚忠。

3·20 子曰："《关雎》[1]，乐而不淫[2]，哀而不伤[3]。"

【注释】

[1]《关雎》：雎，音：jū。这是《诗经》的第一篇。[2]淫：过度曰淫。[3]伤：伤情伤身。

【常译】

孔子说："《关雎》这首诗，快乐而不流于放荡，哀愁而不伤人。"

【论析】

适度，是我们人生的标准，也是合于中庸之道的。

3·21 哀公问社[1]于宰我，宰我[2]对曰："夏后氏以松，殷人以柏，周人以栗，曰：使民战栗[3]。"子闻之，曰："成事不说，遂事不谏，既往不咎。[4]"

【注释】

[1]社：土地神，祭祀土神的庙也称社。古人祭祀土神，要替他立一个木制的牌位，叫主，认为这一木主便是神灵之所依凭。如果国家有战争，还需载此木主而行。[2]宰我：名予，字子我，孔子的学生。[3]栗：恐惧，发抖。[4]咎：过失、罪过。如《诗·小雅·伐木》："微我有咎。"此处为名词作动词用。

【常译】

鲁哀公问宰我，土地神的神主应该用什么树木制作，宰我回答："夏朝用松树，商朝用柏树，周朝用栗子树，意思是：使老百姓战栗。"孔子听到后说："已经做过的事就不要提了，已经完成的事就不需再去劝阻了，已经过去的事也不必再追究了。"

3·22 子曰："管仲[1]之器[2]小哉！"或曰："管仲俭乎？"曰："管氏有三归[3]，官事不摄[4]，焉得俭?""然则管仲知礼乎?"曰:"邦君树塞门[5],管氏亦树塞门;邦君为两君之好有反坫[6],管氏亦有反坫。管氏而知礼,孰不知礼?"

【注释】

[1]管仲:姓管名夷吾,齐国人,春秋时期的法家先驱。齐桓公的宰相,辅助齐桓公成为诸侯的霸主,公元前645年死。[2]器:指人才的度量、才干、规模。本以器喻指人才,如《老子》:"大器晚成"。[3]三归:一般指三处家宅兼田产,以为老而有所归养。[4]摄:兼任。[5]塞门:树,树立。塞门,在大门口筑的一道短墙,以别内外,相当于屏风、照壁等。[6]坫:音diàn。古代君主招待别国国君时,放置献过酒的空杯子的土台,筑于两楹(厅堂前部东西各有一柱)之间。

【常译】

孔子说:"管仲这个人的器量真是小呀!"有人说:"管仲称得上俭吗?"孔子说:"他有三处豪华的家宅和田园,他家里的管事一人一职而不兼任,怎么谈得上俭呢?""那么管仲知礼吗?"孔子回答:"国君大门口设立照壁,管仲在大门口也设立照壁。国君同别国国君举行会见时在堂上有放空酒杯的坫,管仲也有这样的坫。如果说管仲知礼,那么还有谁不知礼呢?"

【论析】

我们看到孔子处处以礼为原则,那么在评价一个人的器识的时候,是不是只有礼才是唯一的标准呢?这是值得我们认真思考的问题。

3·23 子语[1]鲁大师[2]乐,曰:"乐其可知也:始作,翕[3]如也;从[4]之,纯[5]如也,皦[6]如也,绎[7]如也,以成。"

【注释】

[1]语：音yù，告诉，动词用法。[2]大师：大，音tài。大师是乐官名。[3]翕：音xī。意为起，如《大戴礼记•夏小正》："蛰之兴，五日翕"；又闭合、收拢意，如《韩非子•喻老》：将欲翕之，必固张之。[4]从：①音zòng，意为放纵、展开。②从：跟随、随行。[5]纯：《说文》："纯，丝也"；又义美、善，如《方言》十三："纯，文也。纯，好也"；《礼记•郊特牲》："贵纯之道也。"又意为大，如《诗•周颂•维天之命》："文王之德之纯"；又谓专一之德，如《国语•周语》："帅旧德，而守终纯固"；又谓质朴，如《礼记•曲礼》："冠衣不纯素。"[6]皦：音jiǎo，皦，《说文》："玉石之白也"；又意明晰，如《老子》："其上不皦,其下不昧。"[7]绎：绎，理也。《方言一》："丝曰绎之"；《说文》："绎，抽丝也。"此处的几个字义，都是以物为喻。

【新译】

孔子对鲁国乐官谈论演奏音乐的道理说："奏乐的道理是可以知道的：开始演奏，就如（飞鸟）初起一样，继续展开下去，就像丝那样美善纯一，又像玉石那样清晰明白，又像抽丝那样有条有理。"（此段注与大多数注家不同，余注都没有注意如字，由如字可知，孔子是在运用一系列的比喻（指喻）来讲音乐的，但诸注家都将这些比喻当成了直接描述。）

3·24 仪封人[1]请见，曰："君子之至于斯也，吾未尝不得见也。"从者见之[2]。出曰："二三子何患于丧[3]乎？天下之无道也久矣，天将以夫子为木铎[4]。"

【注释】

[1]仪封人：仪为地名，在今河南兰考县境内。封人，系镇守边疆的

官。[2]从者见之：随行的人见了他，一说随行的人请孔子见了他。[3]丧：失去，这里指失去官职。[4]木铎：木舌的铜铃。古代天子发布政令时摇之以召集听众。

【常译】

仪地的长官请求见孔子，他说："凡是君子到这里来，我从没有见不到的。"随从学生引他去见了孔子。他出来后（对孔子的学生们）说："你们几位何必为失去官位而发愁呢？天下无道已经很久了，上天将以孔夫子的学说作为号召天下的标准。"

【论析】

这段话有几个不可解，一是从者见之，如果是孔子见他，何必说从者见之呢？二是丧字，丧意为失去，而不是没有，一些注本将丧解释为没有，恐不确。

3·25 子谓韶[1]："尽美[2]矣，又尽善[3]也。"谓武[4]："尽美矣，未尽善也。"

【注释】

[1]韶：舜时之乐。[2]美：古指容貌艳美，如《诗·鄘风·桑中》："美孟姜也"；拓展其义为美好，如《荀子·王霸》："其民愿，其俗美。"[3]善：初指善良、好意，如《大学》："大学之道，在明明德，在亲民，在止于至善"；《左传·昭公十二年》："供养三德为善。"又古指美好、圆满之意，如《诗·邶风·凯风》："母氏圣善"；《国语·晋语》："善，德之建也"；《左传·襄公三十年》："善人国之主也。"综此善字之意，有善德圆满之意。[4]武：周武王时之乐。

【新译】

孔子讲到舜时的《韶》乐时说："它在艺术形式上和思想内涵上都达到了极致，既美好又善良，而且圆满。"谈到周武王时的《武》乐则说:"它已经极尽美妙了,但却达不到善德的圆满。"

3·26 子曰:"居上不宽[1],为礼不敬,临丧不哀[2],吾何以观[3]之哉?"

【注释】

[1]宽:宽厚。[2]哀:悲哀。[3]观:规劝,如:观王。诸注本解为:"这样子我怎么看得下去呢?"恐非正意。

【常译】

孔子说:"居于执政地位的人,不能宽厚待人,行礼的时候不恭敬严肃,参加丧礼时也不悲哀,这样的人我拿什么去规劝他呢?"

里仁篇第四

4·1 子曰:"里仁为美[1],择不处仁[2],焉得知[3]?"

【注释】

[1]里:邻里,古五家为邻,五邻为里。[2]择:选择。如《说文》:"择,柬选也";《论语·述而》:"三人行,必有我师焉,择其善者而从之。"处:居住。[3]知:音zhì,同智。

【常译】

孔子说:"跟有仁德的人住在一起,才是好的。如果你选择的住处没有仁德的人,怎么能说你是明智的呢?"(这种解释,只有择不处仁为处不择仁时才能讲得通。但这种强行理解的句式是不合常理和逻辑的,因为这个句子的结构非常明显,是择+不处仁,而要强行换成处不择仁这个句式,那么要调换的位置就有处、不、择三个字的三次无合理次序的单调，这种调法即便是在古代汉语中也是不可能存在的。所以从古至今的这种释法和译法，虽然在我们的日常生活道理上能讲得通，但在语法上是无法自圆其说的。）

【再注】

[1]里仁：以仁为里。里可以为乡里的意思，里又可以为内里的意思，如《说文》："里，衣内也。衣外曰表"；《素问·至真要大论》："里急暴痛。"[2]处：处于、位于、置（置身）于、立足于。如《老子》："是以圣人处无为之事。""处众人之所恶。""夫兵者，不祥之器，物或恶之，故有道者不处。"（此处老子对处的用法，处无为、处恶、处兵与处仁，是相同的，足证注释和常译中强行调换句式的不正确）。

【再译】

孔子说："以仁为我们的邻居（以仁为我们的内里），这样才是美好的。如果我们的选择不是立足于仁之上，怎么能称得上是明智呢？"

【三注】

[2]择：败坏的、不合法度道德的。如《书·吕刑》："罔有择言在身"；《孝经》："口无择言，身无择行。"

【三译】

孔子说："就好像衣服分表里一样，君子要以仁为自己的内里（相对于外表），更注重内在的美好；之所以会有那些败坏而不合法度的言行，都是因为没有立足于仁（置身于仁道），这样怎么称得上是明智呢？"

【论析】

以上三种注法，虽然都讲得通，但还是以三译最为合理，也最为合文法，没有一点矛盾和不足。另外，从义理上来讲，以仁为内里，显然要比以仁为邻的义理更深厚。

4•2　子曰："不仁者不可以久处约[1]，不可以长处乐[2]。仁者安仁，知者利仁[3]。"

【注释】

[1]处：置于，置身于。约：多数注家注为穷困、困窘。我没有见到其它的此用法之例证。约本意为缠缚、束缚，引申为制约，如《诗•小雅•斯干》："约之阁阁"；《说文》："约,缠束也"；《论语•雍也》："子曰：君子博学于文，约之以礼，亦可以弗畔矣夫。"此处的约为主动约束自己、主动管理自己、主动节制自己的欲望和言行思想的意思；又如：4•23子曰："以约失之者鲜矣。"[2]乐：君子之乐，此乐为道、礼、学等，不是寻常快乐之乐。[3]安仁、利仁：此处的安仁和利仁可有两种解释，一是安于仁、利于仁，二是以仁为安、以仁为利。

【常译】

孔子说："没有仁德的人不能长久地处在贫困中，也不能长久地处在安乐中。仁人是安于仁道的，有智慧的人则是知道仁对自己有利才去行仁的。"

【再译】

孔子说："不具仁德的人，是不能长久的约束自己的（不能让自己长久处于有节制的状态），也不能够让自己长久的处于乐的状态。有仁德的人，会深刻感受到仁就是最大的安身立命之本，所以安于仁道，而有智慧的人，则能看到仁是最大的利，所以会以仁为大利。"

【论析】

久处约，是长处乐的前提条件，只有能够节制自己、管理自己，才可能得到长久的快乐吧。约不能讲做贫穷的意思，因为孔子一生都是追求功业和富贵的。故常译是没有依据也不合逻辑的。

4•3　子曰："唯仁者能好[1]人，能恶[2]人。"

【注释】

[1]好：音hào，喜爱的意思。作动词。此处指交好、友爱，如《诗·小雅·常棣》："妻子好合"；《史记·廉颇蔺相如列传》："欲与王为好"；《三国志·诸葛亮传》："结好孙权。"[2]恶：音wù，憎恶、讨厌。作动词，此指厌恶、远离、排斥、反对。如《素问·六元正纪大论》："恶所不胜，归所同和，随运归从而生其病也。"

【新译】

孔子说："只有具备仁德的人，才能友爱、交好那些有品德的人，才能厌恶、远离那些有恶德的人（此处批判世人对人的态度是不分善恶的，如果对他人不分善恶，没有喜憎，那也就没有仁了）。"

4·4 子曰："苟志于仁矣，无恶[1]也。"

【注释】：

[1]恶：丑意，与美相对，小的指个人的恶行，大的指行政者的错误、过失。

【常译】

孔子说："如果立志于仁，就不会有恶了。"

4·5 子曰："富与贵，是人之所欲[1]也，不以其道[2]得之，不处[3]也；贫与贱，是人之所恶也，不以其道得之，不去也。君子去[4]仁，恶乎[5]成名[6]？君子无终食[7]之间违[8]仁，造次[9]必于是[10]，颠沛[11]必于是。"

【注释】：

[1]欲：愿望、欲望，通常指欲望，欲是与德、与道相对立的一个古代哲学概念，是道欲、德欲这两个阴阳哲学对的一面，而到了朱熹时，

85

发明理学，则欲与理亦构成一个哲学对。[2]道：孔子提倡的道与老子所倡的道不同，孔子讲的道是合乎礼法。[3]处：居于、处于，此指受用于。[4]去：不去，此去指的是脱离、摆脱。去仁：此去是指离开、背离。[5]恶乎：恶音乌，何处，恶乎指于何处、如何才的意思。[6]名：君子的功名。[7]终食之间：一顿饭的时间。终意结束。[8]违：违是古代一个比较重要的字，如不违，是讲合乎礼制、不违于礼，是个较重要的概念，此处指违背、不合于。[9]造次：一说仓促、轻率，一说善辩。如《汉书·王莽传上》："虽有贲育不及持刺，虽有樗里不及回知，虽有鬼谷不及造次。"颜师古注："鬼谷先生，苏秦之师，善谈说"；《三国志·蜀志·马良传》："鲜於造次之华，而有克终之美"；《北史·房谟传》："少淳厚，虽无造次能，而沉深内敏。"[10]必：一定。于是：不离。[11]颠沛：本意为颠簸摇荡，古意又引申为仆倒、倒下、灭亡、死亡、引申为艰难困顿。如《诗·大雅·荡》："人亦有言，颠沛之揭，枝叶未有害，本实先拨。"毛传："颠，仆；沛，拔也"；又颠的意思本来是事物的顶部，如山巅，又沛本意为水泽盛大，而又如《易经·九三》："丰其沛，日中见沫，虞翻曰：'日在云下称沛。沛，不明也。'"则虞翻认为沛是蒙昧不明的意思，但日又怎么可能在云下呢？可见颠和沛的意思，古人的理解是很复杂的，不能确定其正确。

【常译】

孔子说："富裕和显贵是人人都想要得到的，但不用正当的方法得到它，君子就不会去享受；贫穷与低贱是人人都厌恶的，但不用正当的方法去摆脱它，就不会摆脱。君子如果离开了仁德，又怎么能叫君子呢？君子没有一顿饭的时间背离仁德，就是在最紧迫的时刻也必须按照仁德办事，就是在颠沛流离的时候，也一定会按仁德去办事的。"

【再译】

孔子说："富与贵，是每一个天生的欲望，但如果不能合乎道而得到它，那即便有机会也不应安处；贫与贱，是每个人都厌恶的，但如果不能合乎道而摆脱，那就不应摆脱。君子如果背离了仁，那还怎么成名呢？君子哪怕在吃一顿饭的时间里也不会违背仁道，君子与人辩说，能言善辩是因为以仁道为本，君子处在巅峰、盛大的状态中，也是因为以仁道为本。"

4·6　子曰："我未见好仁者[1]，恶不仁者。好仁者，无以尚[2]之；恶不仁者，其为[3]仁矣，不使不仁者[4]加乎其身。有能一日用其力于仁矣乎？我未见力不足者。盖有之矣，我未之见[5]也。"

【注释】

[1]好：爱。仁：仁道、仁道。者：……的人。[2]尚：高，此处指更高、更好。[3]为：行。[4]此处的者是泛指，不专指某个人，不仁者为不合乎仁的事物，如思想、言语、行为。[5]未之见：未见之。

【常译】

孔子说："我没有见过爱好仁德的人，也没有见过厌恶不仁的人。爱好仁德的人，是不能再好的了；厌恶不仁的人，在实行仁德的时候，不让不仁德的人影响自己。有能一天把自己的力量用在实行仁德上吗？我还没有看见力量不够的。这种人可能还是有的，但我没见过。"

【再译】

孔子说："我还没见到爱仁、厌恶不仁的人。爱仁道的人，没有比他更好的了；厌恶不仁的人，他是怎么行仁的呢？他不会让任何不仁的思想、语言和行为发生在自己的身上。世上有人能用一天的时间用力于仁吗？这不是很简单的事情吗？我不见有力气不足的人。大概这个世上有这样的人吧，只是我还没有见到过。"

4·7　子曰："人之过[1]也，各于[2]其党[3]。观过，斯[4]知仁矣。"

【注释】

[1]：过：过失、错误。[2]各：皆、总、都，每个、各个，表差异、各不相同，于：在。[3]党：朋党，春秋时是指朋友圈，后来引申为党羽、政党。党，从尚从黑。本义：非公开、暗地里、私下。如《说文》："党，不鲜也。"又《周礼·地官·大司徒》："五家为比，五比为闾，四闾为族，五族为党"；《释名》："五百家为党。党，长也。一聚之所尊长也。"此处的党为乡党，后来引申为朋党。如《书·洪范》："无偏无党。"党又引申为勾结，如《韩非子·外储》："子党于师人"；《论语》："群而不党。"此处的党都有偏私、偏袒之意。[4]斯：这、这个、这里，引申为这样就。

【常译】

孔子说："人们的错误，总是与他那个集团的人所犯错误性质是一样的。所以，考察一个人所犯的错误，就可以知道他没有仁德了。"

【再译】

孔子说："人们的过错，总是在私底下、暗地里犯的（谁会光明正大地去犯错呢）。所以人的过错需要我们仔细地观察（因为人们犯错总是不想让其显明的，所以不可见，只能观），这样就明白什么是仁了。

4·8　子曰："朝闻道，夕死可矣。"

【常译】

孔子说："如果说让我早晨得知了道，当天晚上就得死去，可以啊，这是完全值得的，我是愿意为这道献身的。"

4·9　子曰："士志[1]于道，而耻[2]恶衣恶食者，未足[3]与议[4]也。"

【注释】

[1]志：立志、有志。[2]耻：耻于，此处指厌恶、不能接受。[3]足：足够，够资格。[4]议：本意为商议、谋划、策划，此处可指探讨。

【新译】

孔子说："那些有志于（学习和实行圣人的）道，但又不能忍受比较差的衣食的（没有自信，贪于外物）士人，是不值得与他谈论道、谋划道的事业的。"

【论析】

这句话，孔子强调的是文化自信心，一个人如果对道没有自信，是不值得同他探讨的。这句话，对没有文化自信，从而崇洋媚外的人，是颇有警醒作用的。

4·10　子曰："君子之于天下[1]也，无适[2]也，无莫[3]也，义[4]之与比[5]。"

【注释】

[1]：天下：普天之下，超越时间和政权的国家概念。[2]适：《说文》："适，之也"；《尔雅》："适，往也"；《书·盘庚》："民不适攸居"；《诗·小雅·四月》："爰其适归"；《诗·魏风·硕鼠》："适彼乐土。"适又有归向、选择的意思，如《左传·昭公十五年》："好恶不愆，民知所适，事与不济"；《庄子·外篇·胠箧第十》："跖曰：'何适而无道邪？'"适又有适合、符合的意思，如《诗·郑风·野有蔓草》："适我愿兮"；《吕氏春秋·明理》："其风雨则不适。"其义拓展开来则有合乎的意思，如适意、适志等，表达满意、顺心的意思。适亦有节制、

89

里仁篇第四

恰当的意思,如适欲、适逸。以上诸义对这一句都解得通。有人解释莫为亲近、厚待的意思,我没有见到他证。[3]莫:《韵会》:"无也,勿也,不可也。"通"谟",谋划意,如《诗·小雅·巧言》:"秩秩大猷,圣人莫之。"莫又有病苦、苦患的意思,如《诗·大雅·皇矣》:"监观四方,求民之莫";《诗·大雅·板》:"辞之怿矣,民之莫矣。"莫的本意为暮,又为不、没有的意思。[4]义:古语义为适合、适宜、恰当的意思,义是与仁相对的哲学对里的一面,是孔子仁义思想中极重要的概念。[5]比:接近;亲近。如《周礼·夏官》:"使小国事大国,大国比小国。"又肩并肩为比,如《战国策·齐策三》:"寡人闻之,千里而一士,是比肩而立;百世而一圣,若随踵而至。"又合也。《礼·射仪》:"其容体比于礼,其节比于乐"。又类也,方也。如《礼·学记》:"比物丑类";班固《汉书》:"声比则应。"比又有比较、考核的意思,如《楚辞·涉江》:"与天地兮比寿,与日月兮齐光。"以上诸义中,接近义、合乎义、与义为类,以义为比较的标准,都解得通。

【常译】

孔子说:"君子对于天下的人和事,没有固定的厚薄亲疏,只是按照义的标准去做。"

【再译】

孔子说:"君子对于天下,既不会刻意追求,也不会刻意否定拒绝,而是要以义为标准,合乎义的原则。"

【三译】

孔子说:"君子对于天下,既不会刻意追求向往,也不会刻意图谋,而是要以义为标准,要讲求恰当、适合,不恰当的事情不要去图谋它。"

【四译】

孔子说:"君子对于天下,既不会以之满足自己的心意欲望(天下之利也),也不会视之为过患痛苦(天下之难也),而是要以义为比肩,向义接近和看齐,合乎义的原则。"

【论析】

有的注者解析此段为:有高尚人格的君子为人公正、友善,处世严肃灵活,不会厚此薄彼。有的则解释为敌对与羡慕,有的解释为无所为仇,无所欣羡,都不知所从何来。以上三译最符合孔子政治家的理念和观点,四译则最能讲得通。

4·11 子曰:"君子怀[1]德,小人怀土[2];君子怀刑[3],小人怀惠。"

【注释】

[1]怀:有存念、归向、思慕等意。如《书·大禹谟》:"黎民怀之。"怀也有安于的意思,如《书·秦誓》:"邦之荣怀";《诗·王风》:"怀哉怀哉。"怀也有怀有、抱持、持有、藏有的意思,如《论语·阳货》:"怀其宝,而迷其邦。" [2]土:乡土、土地,此指财富。[3]刑:法制惩罚。

【常译】

孔子说:"君子思念的是道德,小人思念的是乡土;君子想的是法制,小人想的是恩惠。"

【再译】

君子的志向(念念不忘)存于德,小人的志向(念念不忘)存于土地;君子所考虑的是刑罚的制裁后果,小人想的只是贪求眼前的利益(从而招致刑罚的制裁)。

4·12 子曰:"放[1]于利而行,多怨[2]。"

【注释】

[1]放：音fǎng，同仿，效法、模拟。如《国语·周语下》："宾之礼事，放上而动，咨也"；《礼记·礼器》："有放而不致也。"放又有义为放纵，如《左传·昭十六年》："狱之放纷。"有注家解为依据的意思，未见他证，而有注家释为模拟，在语法上亦不通畅。放拓展而用，有过度、不加节制的意思，如《吕氏春秋·审分》："无使放悖"；《绝交书》："益增其放。"注："放荡"；《孟子·梁惠王上》："苟无恒心，放辟邪侈，无不为己。"此处以放纵最为契合本意。[2]多：数量词，与少对应成阴阳哲学对，此处的多用法有变化，已拓展为概率之义，有多数会、必然、肯定的意思。怨：怨恨。

【常译】

孔子说："为追求利益而行动，就会招致更多的怨恨。"

【再译】

孔子说："过度地放纵自己的欲望去追求利益，而不加节制，必然会招致很多的怨恨。"

4·13　子曰："能以礼让[1]为[2]国乎，何有[3]？不能以礼让为国，如礼何[4]？"

【注释】

[1]让：本义为责备，此处指退让、谦让、荐贤。如《国语·晋语》："让，推贤也"；《书·尧典》："允恭克让。"郑注："推贤尚善曰让。"让是礼法制度的精神核心，如《左传·襄公十三年》："让者，礼之主也"；又如《礼记·曲礼》："退让以明礼"；又如《国语·周语》："让，文之材也。"让也有让出、给予他人的意思，如《庄子·逍遥游》："尧让天下于许由。"这个让也兼有让贤（由推贤举贤而至让贤）的意思。让又有退的意思，即我退一步，而成全礼。[2]为：

造作、做事，此指为于、施用于，当为的对象是国家时，义如治。[3]何有：全意为"何难之有"，即不难的意思。[4]如礼何：礼又能如何（有何用）？此处的礼指礼数、礼的形式。

【常译】

孔子说："能够用礼让原则来治理国家，那还有什么困难呢？不能用礼让原则来治理国家，怎么能实行礼呢？"

【再译】

孔子说："谦退、让贤，这是礼的核心精神，能够用礼让来治理国家吗？如果能以礼让来治理国家，那还有什么难治理的呢？如果不能以礼让来治理国家，那空谈礼制、空行礼数又有什么用呢？"

4·14　子曰："不患[1]无位[2]，患所以立[3]；不患莫[4]己知[5]，求[6]为[7]可知[8]也。"

【注释】

[1]患：本意为危难、担忧、忧患，此处用法为以无位为患。如《说文》："患，忧也。"《国语·晋语》："患货之不足"；《史记·廉颇蔺相如列传》："患秦兵之来。"[2]位：此职位，位在古代亦是一个内涵丰富的哲学概念，位与名构成阴阳哲学对，亦与势等构成阴阳哲学对，位也是礼的核心精神之一，其义为事物相互之间的关系、彼此相对应的位置。[3]立：站立，此处指建立、建树之义，如前解。亦可解为有所凭据、能立足、站得住的意思。[4]莫：不。[5]己知：知己。[6]求：追求、谋划。[7]为：此处有被的意思，亦可解为成为、变为。如《论语·子罕》："不为酒困"；《世说新语·自新》："为乡里所患"；《淮南子·人间训》："近塞上之人有善术者，马无故亡而入胡，人皆吊之，其父曰：'此何遽不为福乎？'"亦可解为使之，如《易·井》："井渫不食，为我心恻。"[8]可知：能够被人知道，值得被人知道。

【常译】

孔子说:"不怕没有官位,就怕自己没有学到赖以站得住脚的东西。不怕没有人知道自己,只求自己成为有真才实学值得为人们知道的人。"

【再译】

孔子说:"不要忧虑自己没有官位,要忧虑的是自己有没有立身之本,不要担忧人家不知道自己的能力和德行,要先谋求那能让人知道自己的真才实学。"

4·15 子曰:"参乎,吾道[1]一[2]以[3]贯[4]之。"曾子曰:"唯[5]。"子出,门人问曰:"何谓[6]也?"曾子曰:"夫子之道,忠恕[7]而已[8]矣。"

【注释】

[1]道:古代的道是一个深厚的哲学概念,由老子提出,吾道指我的道,具体的指我的学问、我的方法、思想等。[2]一:一是古代哲学概念中非常重要的一个概念,如老子的:"道生一,一生二,二生三",指的不仅是数字,而是贯通天地万物的真理。一有不二的意思,意谓有一个独一无二的标准、原则、规律。[3]以:用来。[4]贯:古代穿钱的绳子,义为穿、通、连。如《说文》:"贯,钱贝之贯也。"《广雅·释言》:"贯,穿也";《汉书》:"都内之钱,贯朽而不可校。"贯又有贯通,精通的意思,如《论语·卫灵公》:"予一以贯之";《汉书·司马迁传·赞》:"贯穿经传,驰骋古今,上下数千载间,斯已勤矣";《后汉书·张衡传》:"衡少善属文,游于三辅,因入京师,观太学,遂通五经,贯六艺。"贯亦有熟习、熟练的意思,如《吕氏春秋·不二》:"无术之智,不教之能,而恃强速贯刃,不足以成也。"亦讲得通,但综合全句来看,此处的贯为贯通义。[5]唯:语气词,表肯定。[6]

何谓：说的是什么。[7]忠恕：忠道和恕道、忠德和恕德。[8]而已：罢了，这样罢了。

【常译】

孔子说："参啊，我讲的道是由一个基本的思想贯彻始终的。"曾子说："是。"孔子出去之后，同学便问曾子："这是什么意思？"曾子说："老师的道，就是忠恕罢了。"

【再译】

孔子说："参啊，我的道是一以贯之的（只要掌握了这个一，就可以掌握孔子所有的学问）。"曾子说："是"。孔子出去后，其他的门人便问曾参："老师说的是什么意思？"曾子说："老师的道，就是忠恕罢了（忠恕，已然为二了，曾子厚钝，是无法理解的，如果是颜回还活着，也许能理解）。"

【论析】

如果曾子是强调忠恕，那尚情有可原，但如果他认为孔子所讲的一就是忠恕，那很明显是理解错误了，一是由老子发扬的思想，孔子继承了这一思想，显然曾子还没有理解到古代的数字所具有的深厚哲学内涵，有兴趣的读者，可以读我的《喻演论》，里面对一有更多的解释。

4·16 子曰："君子喻[1]于[2]义，小人喻于利。"

【注释】

[1]喻：直接口头告示为喻。如《广雅》："喻，通知、告也。"《礼记·文王世子》："教之以利,而喻诸德者也。"亦作晓喻、开导讲，如《三国志》："前后告喻，曾无悛改。"后亦可当明白、知晓讲。[2]于：在某方面。

【常译】

孔子说:"君子明白大义,小人只知道小利。"

【再译】

孔子说:"君子可以用义去晓喻他,小人可以用利去告知他。"

【三译】

孔子说:"君子在义的方面更明白,小人在利的方面更明白。"

4·17 子曰:"见贤[1]思齐[2]焉,见不贤而内[3]自省[4]也。"

【注释】

[1]贤:见面贤贤易色之注。此指贤德的人。[2]齐:整治、整理。如:礼记·大学:"欲治其国者,先齐其家。"齐又作平整、等同、相等讲,如《说文》:"齐,禾麦吐穗上平也";《国语·周语》:"其君齐明衷正";《国语·楚语》:"为齐敬也";《周礼·亨人》:"以给水火之齐。"注:"多少之量也。"[3]内:内与外一起构成中国文化中一个重要的阴阳哲学对。此处的内指的是自己,再深入讲是指自己的内心,我与人,分别对应内与外,我自己一身中,心与己也对应内与外。[4]自省:参见吾日三省吾身一句注。

【常译】

孔子说:"见到贤人,就应该向他学习、看齐,见到不贤的人,就应该自我反省(自己有没有与他相类似的错误)。"

4·18 子曰:"事父母几[1]谏[2],见志不从,又敬不违[3],劳[4]而不怨。"

【注释】

[1]几：细微，隐微。如《说文》："几，微也，殆也"；几本义表数量，拓展用法则为不多、很少，如《左传·昭十六年》："韩子亦无几求。"此处多数注家注为轻微、婉转。[2]谏：本义为劝而使之正。如《楚辞·七谏序》："谏者，正也"；《周礼·司谏》："谏，犹正也。以道正人行。"[3]不违：违是违背礼法的意思，有的注家讲为冒犯、触忤，讲得通，但不合本意。[4]劳：本意为劳动，又为辛苦劳作之意，有注家释为忧愁、劳烦，如《诗·邶风·燕燕》："实劳我心。"此处亦可解作慰劳，如《诗经·魏风·硕鼠》："莫我肯劳"；《孟子·滕文公上》："劳之来之，匡之直之，辅之翼之。"都能讲得通。

【常译】

孔子说："事奉父母，（如果父母有不对的地方）要委婉地劝说他们。（自己的意见表达了）见父母心里不愿听从，还是要对他们恭恭敬敬，并不违抗，替他们操劳而不怨恨。"

【再译】

孔子说："事奉父母，如果有自己的想法，可以轻微地劝谏，不要数量过多，如果几次劝说他们不肯听，就要敬爱他们，不违礼节，多慰劳他们而不要怨恨他们（哪怕自己有劳烦忧愁也不要心生怨意）。"

4·19　子曰："父母在[1]，不远游[2]，游必有方[3]。"

【注释】

[1]在：本指存在，此指健在。[2]游：本意指人与动物游于水，古人凡外出皆称为游。如游学、游官、经商等外出进行的活动。[3]方：方位、方向、某一地方，此指一定的地方，如《论语·学而》："有朋自远方来。"但方还有其他的意思，如指方略、方法、规律、规矩、原则

等，如《荀子·王霸》："使臣下百吏莫不宿道乡方而务"；《韩非子·六反》："学道立方，离法之民也，而世尊之曰文学之士。"古代方士之方亦指其方法、方式而言，此处的方应是指向儒家的道德伦理和礼义等立身处世之学。

【常译】

孔子说："父母在世，不远离家乡；如果不得已要出远门，也必须有一定的地方。"

【再译】

孔子说："父母健在，那么就不要远游，如果要远游，也一定要遵循一定的远游之道，不能不依规矩没有规划地去漫游。"

【论析】

如果方仅指地方而言，那未免太过于简单了，而方略的涵盖范围就非常广泛，不仅指有一定的方向，更指有一定的止标，有一定的时间，有一定的规划，遵循立身处世之道等。

4·20 子曰："三年无改于父之道，可谓孝矣。"[1]

【注释】

[1]本章内容见于《学而篇》1·11章，此处略。

4·21 子曰："父母之年，不可不知也。一则以喜，一则以惧。"

【常译】

孔子说："父母的年纪，不可不以不清楚啊。一方面为他们的长寿而高兴，一方面又为他们的衰老而恐惧。"

【论析】

孔子所处的时代，礼崩乐坏，社会动荡，作乱之事时发，百姓安危不定，所以孔子特别强调孝。

4·22　子曰："古者言之不出，耻躬[1]之不逮[2]也。"

【注释】

[1]躬：本意指身体，其义拓展为亲自践行，如诸葛亮《出师表》："臣本布衣，躬耕于南阳。"此处指亲身践行之。[2]逮：达到、及。如《荀子》："魏武侯谋事而当，群臣莫能逮"；《礼记·曲礼》："逮事父母。"

【常译】

孔子说："古代人不会轻易地把话说出口，因为他们以自己做不到为可耻。"

【再译】

孔子说："古人之风，不开口讲某事某理，是因为耻于自己不能亲自践行它。"

4·23　子曰："以约[1]失之者鲜[2]矣。"

【注释】

[1]约：约束。这里指"约之以礼"。见4·2注。[2]鲜：少的意思。

【常译】

孔子说："凡是用礼来约束自己的人，是很少有过失的。"

4·24　子曰："君子欲讷[1]于言而敏[2]于行。"

【注释】

[1]讷：本指语拙、言难、不善讲话。《贾子·道术》："论物明辨谓之辩，反辩为讷。"则此处之讷为反辨的意思，指慎言少言。[2]敏：敏捷而奋勉。敏亦指敏感、头脑反应快、行动迅捷。如《孟子·梁惠王上》："我虽不敏"；《左传·僖公三十三年》："礼成而加之以敏"；《论语·颜渊》："回虽不敏，请事斯语矣。"

【常译】

孔子说："君子说话要谨慎，而行动要敏捷。"

【再译】

孔子说："君子对于说话要审慎，言不轻出，如木讷，而对于事情则要敏锐，要快速反应，勤奋做事。"

4·25 子曰："德不孤[1]，必有邻[2]。"

【注释】[1]孤：古语幼年失父母为孤。如《礼记·深衣》："如孤子。"注："三十以下无父称孤"；拓展义为单独乃至孤立。如《韩非子·奸劫弑臣》："是以主孤于上而臣党于下。"[2]邻：本义为邻居，此指同处、相处。

【常译】

孔子说："有道德的人是不会孤立的，一定会有思想一致的人与他相处。"

【再译】

孔子说："如果一个人具有不孤的德行（如泛爱众，而亲仁，如乐友朋，此即不孤之德也），那就必然会有具同德的人愿与之同处（此处的邻有志同道合的意味）。"

4·26 子游曰："事君数[1]，斯辱[2]矣；朋友数，斯疏[3]矣。"

【注释】

[1]数：有注家以为是屡次、多次，引申为烦琐的意思，是不正确的，根本讲不通。此处意为数落、责备，如《广雅》："数，责也"；《列子·周穆五》："后世其追数吾过乎"；《战国策·秦策》："使韩仓数之。"[2]辱：古代的辱与荣是相对的阴阳哲学对，是耻辱、羞辱的意思，如《说文》："辱，耻也"；《孟子·梁惠王上》："南辱于楚，寡人耻之。"辱亦可为动词，侮辱的意思，如《史记·廉颇蔺相如列传》："我见相如，必辱之"；这个意思再度拓展就是压制、挫败的意思，如《银雀山汉墓竹简·孙膑兵法》："往者弗送，来者弗止，或击其迂，或辱其锐。"[3]疏与亲是古代的一个阴阳哲学对。亲疏、远近，是古代政治中两个极为重要的命题。此处的疏指疏远、疏离。如《韩非子·五蠹》："非疏骨肉爱过客也，多少之心异也。"

【常译】

子游说："事奉君主太过烦琐，就会受到侮辱；对待朋友太烦琐，就会被疏远了。"

【再译】

子游说："事奉君主，如果彼此间有责备（不论哪一方），那么君主的侮辱就会临头了；与朋友相交，如果彼此间有责备（不论哪一方），那么关系就会疏远了。"

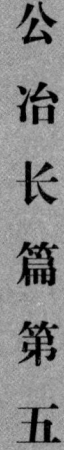

公冶长篇第五

5·1 子谓公冶长[1]:"可妻也。虽在缧绁[2]之中,非其罪也。"以其子[3]妻之[4]。"

【注释】

[1]公冶长:姓公冶名长,齐国人,孔子的弟子。[2]缧绁:音léixiè,捆绑犯人用的绳索,这里借指牢狱。[3]子:古时无论儿、女均称子。[4]妻之:妻做动词用,嫁之为妻,与第一个妻相同用法。

【常译】

孔子评价公冶长说:"可以把女儿嫁给他,他虽然被关在牢狱里,但这并不是他的罪过呀。"于是,孔子就把自己的女儿嫁给了他。

5·2 子谓南容[1]:"邦有道[2],不废[3];邦无道,免于刑戮[4]。"以其兄之子妻之。

【注释】

[1]南容：姓南宫名适（音kuò），字子容。孔子的学生，通称他为南容。[2]道：孔子这里所讲的道，是说国家的政治符合最高的和最好的原则。[3]废：本义为停止、不再使用。又指废黜，罢官，如《资治通鉴》："老贼欲废汉自立久矣"；又指废败，如《管子·牧民》："政之所废，在逆民心。"废亦有停止、中止的意思，如《论语·雍也》："力不足止，中道而废"；《礼记·中庸》："君子遵道而行，半途而废。"除了废败外，废亦指废弃、废除，如汉·贾谊《过秦论》："于是废先王之道，焚百家之言"；《孟子·梁惠王上》："然则废衅钟与？"[4]刑戮：有的注家注为刑罚，不确。刑是刑罚的意思，戮是杀死的意思。

【常译】

孔子评论南容说："国家有道时，他有官做；国家无道时，他也可以免去刑戮。"于是把自己的侄女嫁给了他。

【再译】

孔子评价南容时说："如果邦有道，他能使先王之道不被废弃，而得以倡行；如果邦无道，他能够使自己免于刑戮。"于是将自己兄长的女儿嫁给了他。

5·3　子谓子贱[1]："君子哉若人[2]，鲁无君子者，斯焉取斯[3]。"

【注释】

[1]子贱：姓宓（音fú）名不齐，字子贱。生于公元前521年，比孔子小30岁。[2]若人：这个，此。[3]斯焉取斯：斯，此。第一个"斯"指子贱，第二个"斯"字指子贱的这种品德。

【常译】

孔子评价子贱说："这个人真是个君子呀。如果鲁国没有君子的话,他又是从哪里学到这种品德的呢?"

5·4 子贡问曰:"赐也何如?"子曰:"女,器也。"曰:"何器也?"曰:"瑚琏[1]也。"

【注释】
[1]瑚琏:古代祭祀时盛粮食用的器具,较为贵重而华美。

【常译】
子贡问孔子:"我这个人怎么样?"孔子说:"你呀,好比一个器具。"子贡又问:"是什么器具呢?"孔子说:"是瑚琏。"

【论析】
以上孔子总共称赞了三个人,当中没有子贡,因为孔子认为子贡是器,而"君子不器",所以虽然孔子肯定了子贡的才能,但这并不是很高的评价。

5·5 或曰:"雍[1]也仁而不佞[2]。"子曰:"焉用佞?御人以口给[3],屡憎[4]于人,不知其仁[5]。焉[6]用佞?"

【注释】
[1]雍:姓冉名雍,字仲弓,生于公元前522年,孔子的学生。[2]佞:音nìng,古指人有才智,后指能言善辩,有口才,再后来发展成为巧言谄媚。如《论语》:"友直,友谅,友多闻,益矣;友便辟,友善柔,友便佞,损矣。"《说文》:"佞,巧谄高材也";《广雅》:"佞,巧也";《韩诗外传》:"佞,谄也。"[3]给:本义送与、给与。如《说文》:"相足也";《玉篇》:"供也,备也。"此处指口头恩惠。诸注家释为善辩、言词不穷等,不当。[4]屡:多次,憎:见憎、被

人憎。[5]知其仁：诸注家以为有口才者是否有仁，不当。此即为别人不知我的仁。[6]不焉：哪里，怎么、怎能、怎可。

【常译】

有人说："冉雍这个人有仁德但不善辩。"孔子说："何必要能言善辩呢？靠伶牙俐齿和人辩论，常常招致别人的讨厌，这样的人我不知道他是不是做到仁，但何必要能言善辩呢？"

【再译】

有人说："冉雍这个人具有仁德但不善辩。"孔子说："为什么需要善辩呢？难道驾驭别人、使用别人，就靠口头的施舍和恩惠吗？这样的次数多了，就只会让人厌憎（此谓花言巧语不能长久），如果别人不知道我的仁，又怎么可以用语言让他相信呢。"

5·6 子使漆雕开[1]仕[2]。对曰："吾斯之未能信[3]。"子说[4]。

【注释】

[1]漆雕开：姓漆雕名开，字子开，一说字子若，生于公元前540年，孔子的门徒。[2]仕：做官。[3]信：信是古代一个比较重要的哲学和政治概念，信与义、信与诚共同组成阴阳哲学对。有注家将信解为信心，在古代，信字是没有信心这种用法的。信有精诚专一的意思，如：信者，诚也。专一不移也。《白虎通·情性》。信亦有真实不伪的意思，如《老子》："信言不美，美言不信。"对信的要求最低的则如《国语·晋语》："定身以行事谓之信。"信有相信、信任、确定、果然的意思，如《三国志·诸葛亮传》："谓为信然"；《战国策·齐策》："不自信"；诸葛亮《出师表》："亲之信之。"信也有证实、应验的意思，如《老子》："其精甚真，其中有信。"以上诸义，专一不移是最讲得通的。但信又有伸、展的意思，如《易经》："尺蠖之屈，以求信也"；《隆

中对》："欲信大义于天下"；《孟子·告子上》："今有无名之指屈而不信。"此义似最为妥当。[4]说：音yuè，同"悦"。

【常译】

孔子让漆雕开去做官。漆雕开回答说："我对做官这件事还没有信心。"孔子听了很高兴。

【再译】

孔子让漆雕开去做官，漆雕开回答说："我对做官还没有足够的把握，怕是伸展不开。"孔子听了很高兴。

【三译】

孔子让漆雕开去做官，漆雕开回答说："我还有诸多牵绊，对做官这件事，做不到精诚专一、尽心职守。"孔子听了很高兴。

5·7 子曰："道不行，乘桴[1]浮于海，从[2]我者，其由与！"子路闻之喜。子曰："由也好勇过我，无所取材[3]。"

【注释】

[1]桴：音fú，小的竹、木筏子。皇疏："桴者，编竹木也。大曰筏，小曰桴。"如《国语·齐语》："乘桴济河。"注："小泭曰桴。"[2]从：跟随、随从。[3]材：才能。《书·咸有一德》："任官惟材，左右惟其人"；《管子·五辅》："士修身功材。"

【新译】

孔子说："如果我的道不能被推行，我就乘竹木筏子流放自己到海外去。这种情况下，能跟从我的大概只有仲由吧！"子路听到这话很高兴（这是孔子对他忠诚的肯定）。孔子说："仲由啊，你的勇毅超过了我，可是论到才能，实在是没有可取之处（此处孔子说子路无所取材，是因为子路没有理解孔子这句话的意思，孔子说这句话，主要目的是劝诫其他弟子的，而不是为了赞美子路，子路理解错误，所以孔子批评他没有才能）。"

5•8 孟武伯问子路仁乎？子曰："不知[1]也。"又问。子曰："由也，千乘之国[2]，可使治其赋[3]也，不知其仁也。""求也何如？"子曰："求也，千室之邑[4]，百乘之家[5]，可使为之宰[6]也，不知其仁也。""赤[7]也何如？"子曰："赤也，束带立于朝[8]，可使与宾客[9]言也，不知其仁也。"

【注释】

[1]不知：本义为不了解，此处可解为不好说，看不出来。[2]乘：古代称兵车，四马一车为一乘。[3]赋：有注者指兵赋，亦指田赋，如《周礼•太宰》："以九赋敛财贿。"[4]邑：《说文》："邑，国也。"段玉裁注："《左传》凡称人曰大国，凡自称曰敝邑。古国邑通称；《尔雅》："邑外谓之郊。"郭璞注：邑，国都也；《诗•商颂•殷武》："商邑翼翼。"[5]百乘之家：指卿大夫的采地，当时大夫有车百乘，是采地中的较大者。[6]宰：家臣、总管。[7]赤：姓公西名赤，字子华，生于公元前509年，孔子的学生。[8]束带立于朝：指穿着礼服立于朝廷。[9]宾客：指一般客人和来宾。

【常译】

孟武伯问孔子："子路有仁德吧？"孔子说："我看不出来。"孟武伯又问。孔子说："仲由嘛，在拥有一千辆兵车的国家里，可以让他管理军事，但我不敢说他是不是做到了仁。"孟武伯又问："冉求这个人怎么样？"孔子说："冉求这个人，可以让他在一个有千户人家的公邑或有一百辆兵车的采邑里当总管，但我也不敢说他是不是做到了仁。"孟武伯又问："公西赤又怎么样呢？"孔子说："公西赤嘛，可以让他穿着礼服，站在朝廷上，接待贵宾，我也不敢说他是不是做到了仁。"

【论析】

读到这里，有一个现象值得我们深思，那就是孔子反复地否定弟子的仁，作为一个努力推行仁的人，却经常说这个世上没有人能行仁，自己的弟子也达不到仁，恐怕不只是谦虚能解得通的，也不是诸弟子不具仁德能解释得通的。抑或许，孔子是勉励、鞭策他的弟子吧。

5·9 子谓子贡曰："女与回也孰愈[1]？"对曰："赐也何敢望回？回也闻一以知十[2]，赐也闻一以知二[3]。"子曰："弗[4]如也。吾与[4]女弗如也。"

【注释】

[1]愈：更加、越发，如《诗·小雅·小明》："政事愈蹙。"此处为拓展义胜过、超过。[2]十：指数的全体，旧注云："一，数之始；十，数之终。"此处以十表整体。[3]二：旧注云："二者，一之对也。"[4]弗：不。[5]与：有注家解为赞同、同意。然古语法中无此用法，当为和、同义。钱穆之解颇为确切。

【常译】

孔子对子贡说："你和颜回两个相比，谁更强一些呢？"子贡回答说："我怎么敢和颜回相比呢？颜回他能闻一知十，见到一点就能推知出整体；而我呢，听到一个道理，只能推知到两个方面（此子贡自谦，不敢说自己能举一反三）。"孔子说："是不如他呀，我和你都不如他（孔子此语，既叹颜回，复慰子贡）。"

5·10 宰予昼寝，子曰："朽木不可雕也，粪土[1]之墙不可杇[2]也，于予与[3]何诛[4]！"子曰："始吾于人也，听其言而信其行；今吾于人也，听其言而观其行。于予与[5]改是[6]。"

【注释】

[1]粪土：腐土、脏土。[2]杇：音wū，泥工抹墙用的工具，亦作动词用，指抹平墙壁。这里指用抹子粉刷墙壁。[3]与：有注家以为是语气词，不确，此处的与为给予。[4]诛：本义为讨伐、杀死的意思，如《说文》："诛，讨也。"拓展义为责备、批评，如《白虎通》："诛，代。诛犹责也"；《周礼·太宰》："诛以驭其过"；《左传·襄公三十一年》："诛求无厌。"[5]与：语助词，可作而讲。[6]是：指前面的"始吾于人也，听其言而信其行"。

【常译】

宰予白天睡觉。孔子说："他就像是腐朽的木头无法雕刻，粪土垒的墙壁无法粉刷。对于宰予，给他什么样的责备才能起作用呢？"孔子说："起初我对于人，是听了他说的话便相信他的行为；现在我对于人，听了他讲的话还要观察他的行为。就是在宰予这里我改变了观察人的方法。"

5·11 子曰："吾未见刚[1]者。"或对曰："申枨[2]。"子曰："枨也欲[3]，焉得刚？"

【注释】

[1]刚：本义坚硬，拓展为坚强、坚定等。如《广韵》："刚，强也"；《老子》："柔弱胜刚强"；《商君书·立本》："强者必刚斗其意。"此处的刚有刚正、刚毅的意思。[2]申枨：枨，音chéng。姓申名枨，字周，孔子的学生。[3]欲：人的本性为欲，但此处说的是不能制欲，有的注家释为多欲，不达。因为孔子一向主张食色性也，是不反对欲的，但要求节制欲，所以这里的欲是动词，是行欲的意思。

109

【常译】

孔子说:"我没有见过刚毅正直的人。"有人回答说:"申枨就是刚毅正直的。"孔子说:"申枨这个人不能节制自己的欲望,怎么能刚毅正直呢?"

5·12 子贡曰:"我不欲[1]人之加诸[2]我也,吾亦欲[3]无加诸人。"子曰:"赐也,非尔所及[4]也。"

【注释】[1]欲:此处表希望、愿意。[2]加诸:加之于,此处的加有强加、驾凌的意味。[3]欲:此处的欲与上一个欲有所不同,此处的欲有想要办到、想要达成的意思,可解为会。[4]及:达到。此指达到某种修养的境界,诸注家多注为做到,未信亦未雅。己所不欲,勿强加于人,子贡肯定是可以部分做到的,但孔子这里强调的是完全做到,所以不是子贡做不到,如果说做不到,不会用及字,而会用能字等字。我没有见到及字用做能做到、能办到的例证。

【常译】

子贡说:"我不愿别人强加于我的事,我也会做到不强加在别人身上。"孔子说:"赐呀,这样的境界是你还达不到的呀。"

5·13 子贡曰:"夫子之文章[1],可得而闻也;夫子之言性[2]与天道[3],不可得而闻也。"

【注释】

[1]文章:这里指孔子传授的诗书礼乐等。[2]言:或为助词,无义,用于句中或句首,作语气助词。如《诗·邶风·柏舟》:"静言思之";《左传》:"既盟之后,言归于好。"有的注者以言为关于性与天道的言论,讲不通,既然是言论,怎么会不可得而闻呢?也有的学者

释为它们深奥神秘，不是通过耳闻就可以学到的，显然也讲不通，因为末句的不可得而闻是听不到的意思。性：人性、天性。[3]天道：有注者以为天命，是以偏概全，古代的天道，是一个范围极广的哲学范畴，天命包含在天道之中，是天道的一部分。

【常译】

子贡说："老师讲授的礼、乐、诗、书的知识，依靠耳闻是能够学到的；老师讲授的人性和天道的理论，依靠耳闻是不能够学到的。"

【再译】

子贡说："老师的文章，是可以听到的，但老师关于性与天道的思想，（由于他不讲）是听不到的。"

【论析】

古代注家以为"门人怀有隐之疑"，子贡发"不可得闻"之叹。认为孔子对性与天道的学问有所保留，没有全部传授给弟子。依我看来，孔子讲仁义，但始终没有将仁义讲清楚，就更不要说性与天道了。门人们这样说，也许是故意崇仰孔子吧。当然，孔子也许真的是不肯讲。

5·14　子路有闻，未之能行，唯恐有闻。

【常译】

子路在听到道和学问，但没有能亲自实行的时候，惟恐又听到新的道和学问。

5·15　子贡问曰："孔文子[1]何以[2]谓之文[3]也？"子曰："敏而好学，不耻[4]下问[5]，是以谓之文也。"

【注释】

[1]孔文子：卫国大夫孔圉（音yǔ），"文"是谥号，"子"是尊称。[2]何以：凭什么。[3]文：在古代，文与武是一个重要的阴阳哲学对，本指万物的纹路，后指文理、文明、文化，其义极为广泛。[4]耻：以为耻。[5]下：与上相对，此指地位比自己低，问：求问、请教。

【常译】

子贡问道："为什么给孔文子一个'文'的谥号呢？"孔子说："他聪敏勤勉而好学，不以向比他地位卑下的人请教为耻，所以给他谥号叫'文'。"

5•16 子谓子产[1]有君子之道四焉："其行己[2]也恭，其事上也敬，其养民也惠，其使民也义。"

【注释】

[1]子产：姓公孙名侨，字子产，郑国大夫，做过正卿，是郑穆公的孙子，为春秋时郑国的贤相。[2]行己：行本义为道、路，拓展为步行于路，如《说文》：行，道也。人之步趋也。从行走的字义又拓展为人的行为。如《周礼•地官•师氏》：敏德以为行本。注家以为德行内外，在心为德，施之为行。又如《诗•小雅•大东》："行彼周行。"前一个行是动词，行动、实行、执行的意思，后一个行则是名词，行为的意思；又如《庄子•逍遥游》："此虽免乎行，犹有所待者也。"行有时也讲为言，如：《尔雅•释诂》：行，言也。我还没有见到行为言讲的例子。此处言讲得通，但不如实行、执行更好。行己：行于己。

【常译】

孔子评论子产有君子的四种道德："他自己行为庄重，他事奉君主恭敬，他养护百姓注重施行恩惠，他役使百姓讲究法度。"

【再译】

孔子评价子产，认为他具有四种君子之道："其践行于（可引申为管理、律己）自己则谦恭庄重（谈到自己时则谦恭），事奉（对待）上级则敬重，养护百姓则注重恩惠，役使百姓则合于法度。"

5·17　子曰："晏平仲[1]善与人交，久而敬之[2]。"

【注释】

[1]晏平仲：齐国贤大夫，名婴。《史记》卷六十二有他的传。"平"是他的谥号。　[2]久而敬之："之"在这里指代晏平仲。

【常译】

孔子说："晏平仲善于与人交朋友，相识越久，别人就越发尊敬他。"

5·18　子曰："臧文仲[1]居蔡[2]，山节藻棁[3]，何如其知也！"

【注释】

[1]臧文仲：姓臧孙名辰，"文"是他的谥号。因不遵守周礼，被孔子指责。　[2]蔡：国君用以占卜的大龟。蔡这个地方以产龟知名，所以古人把大龟叫作蔡。　[3]山节藻棁：节，柱上的斗拱。棁，音zhuō，房梁上的短柱。把斗拱雕成山形，在棁上绘以水草花纹。这是古时装饰天子宗庙的做法，《礼记·明堂位》："山节藻棁……天子之庙饰也。"

【常译】

孔子说："臧文仲藏养大龟，屋子斗拱雕成山的形状，短柱上画以水草花纹，如此越等僭礼，这个人的智商怎样才能挽救呢？"

5·19　子张问曰："令尹子文[1]三仕为令尹，无喜色；三已[2]之，无愠色。旧令尹之政，必以告新令尹。何如？"子曰："忠矣。"曰："仁矣乎？"曰："未知。焉得仁？""崔子[3]弑[4]齐君[5]，陈文子[6]有马十乘，弃而违之，至于他邦，则曰：'犹吾大夫崔子也。'违之。之一邦，则又曰：'犹吾大夫崔子也。'违之，何如？子曰："清矣。"曰："仁矣乎？"曰："未知，焉得仁？"

【注释】

[1]令尹子文：令尹，楚国的官名，相当于宰相。子文是楚国的著名宰相。[2]三已：三，指多次。已，罢免。[3]崔子：齐国大夫崔杼（音ｚｈù）曾杀死齐庄公，在当时引起极大反应。[4]弑：地位在下的人杀害地位在上的人。[5]君：即指被崔杼所杀的齐庄公。[6]文子：陈国的大夫，名须无，左传多言其事。

【常译】

子张问孔子说："令尹子文三次做楚国宰相，没有显出高兴的样子，三次被免职，也没有显出怨恨的样了。（他每一次被免职）一定把自己的一切政事全部告诉给来接任的新宰相。你看这个人怎么样？"孔子说："称得上是忠了。"子张问："那算得上仁了吗？"孔子说："不知道。这怎么能算是仁呢？"（子张又问：）"崔杼杀了他的君主齐庄公，陈文子家有四十匹马，都舍弃不要了，逃离了齐国。他到了另一个国家，说，'这里的执政者也和我们齐国的大夫崔子差不多'，不肯与他们合作，就离开了。到了另一个国家，又说，'这里的执政者也和我们的大夫崔子差不多'，不肯与他们合作，又离开了。这个人你看怎么样？"孔子说："可算得上清白了。"子张说："可说是仁了吗？"孔子说："不知道。这怎么能算是仁呢？"

5·20 季文子[1]三思而后行。子闻之，曰："再，斯[2]可矣。"

【注释】

[1]季文子：即季孙行父，鲁成公、鲁襄公时任正卿，"文"是他的谥号。[2]斯：这就。

【常译】

季文子每做一件事都要考虑至少三次。孔子听到这个说法，说："考虑两次也就可以了。"

5·21 子曰："宁武子[1]，邦有道则知，邦无道则愚[2]，其知可及也，其愚不可及也。"

【注释】

[1]宁武子：姓宁名俞，卫国大夫，"武"是他的谥号。[2]愚：本意是性格孤僻，不与人交、不谙熟人情世事，此指宁武子以愚为行，可参考《老子》的大智若愚。又：愚又可做敦厚、憨厚讲，如《孔子家语》："故《诗》之失愚，《书》之失诬"；《说文》："愚，戇也。"此处可做憨厚愚钝解。

【新译】

孔子说："宁武子这个人，当国家有道时，他就贡献自己的聪明才智，当国家无道时，他就以愚为行。他的那种聪明才智别人可以做得到，他的以愚为行别人就做不到了。

5·22 子在陈[1]曰："归与！归与！吾党之小子[2]狂简[3]，斐然[4]成章，不知所以裁[5]之。"

【注释】

[1]陈：古国名，大约在今河南东部和安徽北部一带。[2]党：乡党。小子，指孔子在鲁国的学生。[3]狂：狂妄。如《左传·昭公二十三年》："幼而狂。"简：大，如《淮南子·说山》："周之简圭。"简易有怠慢、倨傲的意思。有人解狂简为志向高远而处事疏阔。[4]斐然：斐，音fěi，有文采的样子。[5]裁：裁剪，节制。

【新译】

孔子在陈国说："回去吧！回去吧！家乡的学生有远大志向，但行为狂妄粗疏；有文采但还不知道怎样来剪裁节制自己。"

5·23 子曰："伯夷叔齐[1]不念旧恶[2]，怨是用希[3]。"

【注释】

[1]伯夷、叔齐：殷朝末年孤竹君的两个儿子。父亲死后，二人互相让位，都逃到周文王那里。周武王起兵伐纣，他们认为这是以臣弑君，是不忠不孝的行为，曾加以拦阻。周灭商后，他们耻食周粟，以野草充饥，饿死在首阳山中。[2]念：记住、忆念。旧恶：曾经的嫌隙和仇怨。[3]希：同稀。

【常译】

孔子说："伯夷、叔齐两个人不记人家过去的嫌隙或仇恨，别人对他们的怨恨因此也就少了。"

5·24 子曰："孰谓微生高[1]直？或乞醯[2]焉，乞诸其邻而与之。"

【注释】

[1]微生高：姓微生名高，鲁国人。[2]醯：音 xī，即醋。

【常译】

孔子说："谁说微生高这个人性子直（不会拐弯）？有人向他讨点醋，他到他邻居家里讨了点给人家（此处孔子并非批评微生高，而是有赞许的意思）。"

5•25 子曰："巧言令色足恭[1]，左丘明[2]耻之，丘亦耻之。匿怨而友其人，左丘明耻之，丘亦耻之。"

【注释】

[1]足恭：一说是两只脚做出恭敬逢迎的姿态来讨好别人；另一说是过分恭顺。[2]左丘明：姓左丘名明，鲁国人，相传是《左传》一书的作者。

【常译】

孔子说："巧语取悦于人或掩盖真实意图欺诈，用伪善来粉饰形象博人好感，做出十分恭顺的样子来逢迎讨好别人，这样的行为是左丘明所以为耻的，我也一样以之为耻，心怀怨恨，却假装友好，左丘明以之为耻，我也以之为耻。"

5•26 颜渊、季路侍[1]。子曰："盍[2]各言尔志。"子路曰："愿车马，衣轻裘，与朋友共，敝之而无憾。"颜渊曰："愿无伐[3]善，无施劳[4]。"子路曰："愿闻子之志。"子曰："老者安之，朋友信之，少者怀之[5]。"

【注释】

[1]侍：服侍，站在旁边陪着尊贵者叫侍。[2]盍：何不。[3]伐：《说文》："伐，击也"；《广雅》："伐，杀也。"有注者注为夸

耀。伐义多用为讨伐，进攻。如《左传·庄公十年》："齐师伐我"；《左传·庄公二十九年》："凡师有钟鼓曰伐，无曰侵。"[4]施：有举《淮南子·诠言训》："功盖天下，不施其美"来解施为表白义的。施有施与、施行的意思。劳，一说功劳。劳亦为辛苦、疲乏、忧愁、愁苦义，可参考前注。[5]少者怀之：让少者得到关怀。

【新译】

颜渊、子路两人侍立在孔子身边。孔子说："你们何不各自说说自己的志向？"子路说："我愿意将自己的车马、衣服、皮袍与我的朋友共同使用，用坏了也不后悔。"颜渊说："我愿意不夸耀自己的长处，不表白自己的功劳（我愿意使天下不攻伐善，不给百姓以忧愁劳苦）。"子路向孔子说："愿意听听您的志向。"孔子说："（我的志向是）让年老的安心，让朋友们信任，让年轻的子弟们得到关怀。"

5·27 子曰："已[1]矣乎！吾未见能见其过而内自讼[2]者也。"

【注释】

[1]已：终结、完了，此处亦可解作算了罢。[2]讼：古义口舌相争为讼，如《说文》："讼，争也……以手曰争，以言曰讼"；讼为财务诉讼，如《周礼·地官》注："争罪曰狱，争财曰讼。"此处自讼从争议，为自己与自己相争，可引申为自我审判、自我批判、自我否定的意思。

【常译】

孔子说："完了，我还没有看见过那种能够看到自己的错误而又能从内心责备、批判自己的人。"

5·28 子曰："十室之邑，必有忠信如丘者焉，不如丘之好学也。"

【常译】
孔子说:"即使只有十户人家的小村落,也一定有像我这样追求忠信的人,只是很少有人如我这样好学罢了。"

雍也篇第六

6·1　子曰："雍也可使南面。"

【常译】

孔子说："冉雍这个人，可以让他去做官。"

6·2　仲弓问子桑伯子[1]。子曰："可也，简[2]。"仲弓曰："居敬[3]而行简[4]，以临[5]其民，不亦可乎？居简而行简，无乃[6]大[7]简乎？"子曰："雍之言然。"

【注释】

[1]桑伯子：人名，此人生平不可考。[2]简：简要，精简，不烦琐。但简在古代哲学中是个很重要的概念，不仅是简要精简所能讲得透的，如《易》："简易之道大矣哉！"所以后面的大简，也可以讲作大

道从简，是简要的更高层面。[3]居敬：为人严肃认真，依礼严格要求自己。[4]行简：指推行政事简而不繁。[5]临：面临、面对。此处有"治理"的意思。[6]无乃：岂不是。[7]大：一说同"太"。

【常译】

仲弓问孔子子桑伯子这个人怎么样。孔子说："此人还可以，办事简要而不烦琐。"仲弓说："居心恭敬严肃而行事简要，像这样来治理百姓，不是也可以吗？（但是）自己马马虎虎，又以简要的方法办事，这岂不是太简单了吗？"孔子说："冉雍，你说得对。"

【再译】

仲弓问孔子子桑伯子这个人怎么样。孔子说："此人还可以，办事简要而不烦琐。"仲弓说："居心恭敬严肃而行事简要，像这样来治理百姓，不是也可以吗？如果存心于至简，又能简要行事，这岂不就是大简了吗？"孔子说："冉雍，你说得对。"

6·3 哀公问："弟子孰为好学？"孔子对曰："有颜回者好学，不迁怒[1]，不贰过[2]，不幸短命死矣[3]。今也则亡[4]，未闻好学者也。"

【注释】

[1]不迁怒：不将怒气发泄于他人。[2]不贰过："贰"是重复、一再的意思。这是说不犯同样的错误。[3]短命死矣：颜回死时年仅31岁。[4]亡：同"无"。

【常译】

鲁哀公问孔子："你的弟子中谁是最好学的呢？"孔子回答说："有一个叫颜回的弟子好学，他从不迁怒于别人，也从不重犯同样的过错。不幸短命死了。现在没有那样的人了，没有听说谁是好学的。"

6·4 子华[1]使于齐，冉子[2]为其母请粟[3]。子曰："与之釜[4]。"请益。曰："与之庾[5]。"冉子与之粟五秉[6]。子曰："赤之适齐也，乘肥马，衣轻裘。吾闻之也：君子周[7]急不济富。"

【注释】

[1]子华：姓公西名赤，字子华，孔子的学生，比孔子小42岁。[2]冉子：冉有，在《论语》书中被孔子弟子称为"子"的只有四五个人，冉有即其中之一。[3]粟：在古文中，粟与米连用时，粟指带壳的谷粒，去壳以后叫作米；粟字单用时，就是指米了。[4]釜：音fǔ，古代量名，一釜约等于六斗四升。[5]庾：音yǔ，古代量名，一庾等于二斗四升。[6]秉：十六斛。[7]周：周济、救济。

【常译】

子华出使齐国，冉求替他的母亲向孔子请求补助一些谷米。孔子说："给他六斗四升。"冉求请求增加。孔子说："再给他二斗四升。"冉求却给他八十斛。孔子说："公西赤到齐国去，乘坐着肥马驾的车子，穿着又暖和又轻便的皮袍。我听说，君子只是周济急需救济的人，而不济于富人。"

6·5 原思[1]为之宰[2]，与之粟九百[3]，辞。子曰："毋，以与尔邻里乡党[4]乎！"

【注释】

[1]原思：姓原名宪，字子思，鲁国人。孔子的学生，生于公元前515年。孔子在鲁国任司法官的时候，原思曾做他家的总管。[2]宰：家宰，管家。[3]九百：没有说明单位是什么。[4]邻里乡党：相传古代以5家为邻，25家为里，12500家为乡，500家为党。

【常译】

原思给孔子家当总管，孔子给他俸米九百，原思推辞。孔子说："不要推辞，你可以将它周济给你的邻居和乡亲们。"

6•6 子谓仲弓，曰："犁牛[1]为之骍且角[2]。虽欲勿用[3]，山川[4]其舍诸[5]？"

【注释】

[1]犁牛：即耕牛。古代祭祀用的牛不能以耕农代替，系红毛长角，单独饲养的。[2]骍且角：骍：音xīn，红色。祭祀用的牛，毛色为红，角长得端正。[3]用：用于祭祀。[4]山川：山川之神。此喻上层统治者。[5]其舍诸：其，有"怎么会"的意思。舍，舍弃。诸，"之与"二字的合音。

【常译】

孔子在评论仲弓的时候说："耕牛产下的牛犊长着红色的毛，角也长得整齐端正，人们虽不愿用它做祭品，但山川之神难道会舍弃它吗？（仲弓父为贱籍，而仲弓才堪南面，所以孔子为他说话。）"

6•7 子曰："回也其心[1]三月[2]不违仁，其余则日月[3]至[4]焉而已矣。"

【注释】

[1]心：心念，思想。[2]三月：此为约数，指较长的时间。[3]日月：此为约数，指较短的时间。[4]至，与前面的不违相对比，不违是不违背，完全合于的意思，也就是说整整三个月都居于仁中，而至则是到的意思，也即是说一天半日的能做到仁罢了。这是行至于仁和心合于仁的巨大差别。

123

雍也篇第六

【常译】

孔子说:"颜回这个人,他的心可以在长时间内不违背仁德,其余的学生则只能在短时间内做到仁而已。"

6·8 季康子[1]问:"仲由可使从政也与?"子曰:"由也果[2],于从政乎何有?"曰:"赐也可使从政也与?"曰:"赐也达[3],于从政乎何有?"曰:"求也可使从政也与?"曰:"求也艺[4],于从政乎何有?"

【注释】

[1]季康子:公元前492年继其父为鲁国正卿,此时孔子正在各地游说。8年以后,孔子返回鲁国,冉求正在帮助季康子推行革新措施。因冉求的关系,季康子与孔子关系比较密切。[2]果:果断、决断。如《国语·晋语》:"其身果而辞顺。"注:"谓敢行其志也";《国语·周语中》:"故制戎以果毅,制朝以序成。"[3]达:通达、顺畅。《广雅》:"达,通也。"又义无障碍,如《虞书》:"达四聪";《礼记·中庸》:"天下达道。"[4]艺:六艺,冉有的六艺学得比较出色,此处的艺做动词讲,指精通六艺。

【常译】

季康子问孔子:"仲由这个人,可以让他管理政事吗?"孔子说:"仲由做事果断,对于管理国家政事有什么困难呢?"季康子又问:"端木赐这个人,可以让他管理政事吗?"孔子说:"端木赐通达事理,对于管理政事有什么困难呢?"又问:"冉求这个人,可以让他管理政事吗?"孔子说:"冉求精通六艺,对于管理国家政事有什么困难呢?"

6·9 季氏使闵子骞[1]为费[2]宰,闵子骞曰:"善[3]为我辞[4]焉!如有复我[5]者,则吾必在汶上[6]矣。"

【注释】

[1]闵子骞：姓闵名损，字子骞，鲁国人，孔子的学生，比孔子小15岁。[2]费：音mì，季氏的封邑，在今山东费县西北一带，一说山东平邑东南七十里。[3]善：语气词，加重语义，可译为好好地。[4]辞：讲说、转告、传达，如《礼记·檀弓》："使人辞于狐突"；亦可解为推脱、拒绝。如《公羊传·哀公三年》："以王父命辞父命。"译者多注为推辞，然考上下句之语境，实以讲说为更好。[5]复：往来，如《说文》："复，往来也。从彳，复声"；《易·复》："反复其道。"复我：再来召我。[6]汶上：汶，音wèn，水名，即今山东大汶河，当时流经齐、鲁两国之间。在汶上，是说要离开鲁国到齐国去。

【常译】

季氏派人请闵子骞去做费邑的长官，闵子骞（对来请他的人）说："请你好好替我转告（传达）（请你好好地替我推辞）！如果再来召我，那我一定要跑到汶水那边去了。"

6·10 伯牛[1]有疾，子问之，自牖[2]执其手，曰："亡之[3]，命矣夫[4]，斯人也而有斯疾也！斯人也而有斯疾也！"

【注释】

[1]伯牛：姓冉名耕，字伯牛，鲁国人，孔子的学生。孔子认为他德行好。[2]牖：音yǒu，窗户。《说文》："牖，穿壁以木为交窗也。"[3]亡之：失去。[4]夫：音fú，语气词，相当于"吧"。

【常译】

伯牛病了，孔子前去探望他，从窗户外面握着他的手说："失去这个人，这是我命里注定的吧！这样的人竟会得这样的病啊，这样的人竟会得这样的病啊！"

6·11 子曰:"贤哉回也,一箪[1]食,一瓢饮,在陋巷[2],人不堪其忧,回也不改其乐[3]。贤哉回也。"

【注释】

[1]箪:音dān,古代盛饭用的竹器。[2]巷:此处指颜回的住处。陋:本义狭窄,拓展为简陋义,如《说文》:"陋,阨陕也";《管子·侈靡》:"百盖无筑,千聚无社,谓之陋。"[3]乐:志趣。古人讲乐,多为志趣,而非乐趣。

【常译】

孔子说:"颜回的品质是多么贤良啊!一箪饭,一瓢水,住在简陋的小屋里,别人都忍受不了这种贫穷清苦,颜回却没有改变他的志趣。颜回的品质是多么贤良啊!"

6·12 冉求曰:"非不说[1]子之道,力不足也。"子曰:"力不足者,中道而废。今女画[2]。"

【注释】

[1]说:音yuè,同悦,信服。[2]画:划定界限,停止前进。

【常译】

冉求说:"我不是不信服老师您所讲的道,而是我的力量办不到呀。"孔子说:"能力不够的人,是走到半路才停下来的,而你却是自己给自己划了界限不曾迈步。"

【论析】

此段当是孔子要求冉求在鲁国推行他的道,但冉求认为孔子的道在鲁国也是推行不了的,于是就推说自己力量不足,然而孔子批评他连开始尝试都没有,怎么能说力量不足呢。此处可见,诸弟子虽然跟从孔子学习,但对于推行孔子仁义的政治主张,还是有所保留的。

6·13　子谓子夏曰:"女为君子儒,无为小人儒。"

【常译】

孔子对子夏说:"你要做君子类的儒者,不要做小人类的儒者。"

6·14　子游为武城[1]宰。子曰:"女得人[2]焉尔[3]乎?"曰:"有澹台灭明[4]者,行不由径[5],非公事,未尝至于偃[6]之室也。"

【注释】

[1]武城:鲁国的小城邑,在今山东费县境内。[2]得人:得到人才、寻到人才。[3]焉尔乎:此三个字都是语助词。[4]澹台灭明:姓澹台名灭明,字子羽,武城人,孔子弟子。[5]径:小路,引申为邪路。[6]偃:言偃,即子游,这是他自称其名。

【常译】

子游做了武城的县长。孔子说:"你在那里发现了人才没有?"子游回答说:"有一个叫澹台灭明的人,从来不走小路邪路,没有公事,从不到我屋子里来。"

6·15　子曰:"孟之反[1]不伐[2],奔[3]而殿[4],将入门,策其马,曰:非敢后也,马不进[5]也。"

【注释】

[1]孟之反:名侧,鲁国大夫。[2]伐:夸耀。如《史记·屈原贾生列传》:"每一令出,平伐其功。"[3]奔:败走。如《左传·庄公十一年》:"大奔曰败。"[4]殿:最后、最下,如《广雅》:"殿,后也";

《左传·襄公二十三年》："大殿。"注："殿，后军也。"此指居后掩护。[5]进：前进，此指跑得快。

【常译】

孔子说："孟之反曾不夸耀自己。在抵御齐国的战斗中（一说公元前484年），鲁军败退，他留在最后掩护全军。快进城门的时候，他鞭打着自己的马说，'不是我敢于殿后，是因为这马跑得慢。'"

6·16 子曰："不有祝鮀[1]之佞，而[2]有宋朝[3]之美，难乎免于今之世矣。"

【注释】

[1]祝鮀：鮀，音tuó。字子鱼，卫国大夫，有口才，以能言善辩受到卫灵公重用。[2]而：一说是"与"的意思。不有：没有，而有：就算有，却有。[3]宋朝：宋国的公子朝，《左传·定公十四年》中曾记载他因美丽而惹起乱的事情。

【新译】

孔子说："没有祝鮀那样的口才，就算（却）有宋朝那样的美貌（因美貌而能得到卫灵公这种君主的宠幸），也难免要蒙受这个世道的祸害了。"（此是以祝鮀和宋朝为喻，来讲当世的混乱不堪。）

【再译】

孔子说："就算没有祝鮀这样善于花言巧语的佞臣，也会有宋朝那样凭姿色受宠的奸臣，这样混乱的情况在这个世道是难免的了。"

【论析】

这一句近现代注家的解释颇为难解，皆不通达，我所采的，也不甚通。也有人以为孔子或言美质不如佞言，若如此必不应举宋朝之美为说。而考祝鮀为卫灵公所宠信的大夫，而史上卫灵公好男色，所以宋朝之美就有了根脚渊源了。

6·17　子曰："谁能出不由户[1]，何莫由斯道也？"

【注释】

[1]户，本义为单扇门，如《说文》："户，半门曰户。"一扇曰户，两扇曰门；又《字书》："在于堂室东曰户，在于宅区域曰门"；《易·丰》："窥其户"；《仪礼·聘礼》："设于户西。"

【常译】

孔子说："没有谁能够不经由门就走出去，可为什么就是没有人走（我所指出的）这条正道呢？"

6·18　子曰："质[1]胜[2]文[3]则野[4]，文胜质则史[5]。文质彬彬[6]，然后君子。"

【注释】

[1]质：本义为事物的根本、特性，本体，本性（禀性）、素质等。如《史记·卷二十四·乐书》："中正无邪，礼之质也。"《列子》："太素者，质之始也。"喻于人则指本性、天性、禀赋等，拓展其义，则为朴实、自然、朴素、单纯等，如《韩非子·解老》："夫君子取情而去貌，好质而恶饰"；《韩非子·难言》："以质信言，则见以为鄙。"又拓展为诚实、诚信，如《左传·昭公十六年》："楚子闻蛮子之乱也，与蛮子之无质也。"此处若作质朴讲，则失去喻文字的广度。故可以其本义讲。[2]胜：本义为某一事胜克胜了另一胜物，如《尔雅》："胜，克也"；《诗·周颂·武》："胜殷遏刘。"[3]文：本义指天地万物的信息产生出来的现象、纹路、轨迹。文与质组成为一个阴阳哲学对，质为里，文为表，质为内，文为外，质为本，文为象。此处可作文采讲，亦可作经过文采修饰讲。[4]野：本指郊野，如《说文》："邑外谓之郊，郊外谓之野"；《书·牧誓》："王朝至于商郊牧野。"其义喻于人则

指如荒野未经修饰整饬般粗鲁、粗野、野蛮、不文雅、鄙野、鄙俚、俚俗、没有修养等。亦喻不正统、不正规，如野禅、野礼、野史、亦喻非正式、不合法，如野合、野鸳鸯等。此处的野字，以上诸义皆合。[5]史：本义为记事者，喻义为言词华丽浮夸，如《礼记·聘礼记》："辞多则史。"（此见于百科，我在自己所见的《礼记》版本中没有见到这句话。）；又如：《孟子·离娄下》："王者之迹熄而《诗》亡，《诗》亡然后《春秋》作。晋之《乘》，楚之《梼杌》，鲁之《春秋》，一也。其事则齐桓晋文，其文则史。孔子曰：'其义则丘窃取之矣。'"以上的史，都有华丽浮夸的意思。若再拓展一步用喻，则是虚伪夸饰的意思了。[6]彬彬：本义应为形容词，形容丰盛、繁美。战国之前未见例证，则彬彬即美盛之叠加。后人有以文质各半为彬的、有以文质恰当为彬的，都不正确，都属牵强附会。

【新译】

孔子说："如果一个人的本质和本性抑制了他的修养和文采，那就会流于野（此处野具喻文字之广义，如厚，故不译）的弊端。而如果他的辞采过度，就会抑制他的本性和本质，从而流于华丽浮夸，乃至虚伪夸饰。只有本质本性和修养文采都丰盛繁美，这样才可以称为君子。"

6·19 子曰："人之生也直，罔[1]之生也幸而免。"

【注释】

[1]罔：见2·15子曰："学而不思则罔，思而不学则殆。"注。罔又解作诬陷、欺骗、蒙蔽、无中生有等意，如《礼记·少仪》："衣服在躬，而不知其名为罔"；《风俗通义·过誉》："罔上害民"；《三国志》裴松之注引《曹瞒传》："但失爱於叔父，故见罔耳。"

【常译】

孔子说:"人本是应正直而生的(这样就会免除祸患),如果欺诈虚假的人也能生存,那只他侥幸地避免了灾祸。"

6·20 子曰:"知之者不如好[1]之者,好之者不如乐[2]之者。"

【注释】

[1]好:喜好、爱好。[2]乐:以为乐,此指志趣、乐趣。

【常译】

孔子说:"懂得它的人,不如爱好它的人;爱好它的人,又不如以它为乐的人。"

6·21 子曰:"中人以上,可以语上也;中人以下,不可以语上也。"

【常译】

孔子说:"具有中等以上才智的人,可以跟他谈论上等的事物或教他上等的学问,在中等水平以下的人,不可以跟他探讨上等的事物也不可以教授他上等的学问。"

6·22 樊迟问知[1],子曰:"务[2]民之义[3],敬鬼神而远之,可谓知矣。"问仁,曰:"仁者先[4]难[5]而后获,可谓仁矣。"

【注释】

[1]知:音zhì,同"智"。[2]务:从事、致力于。[3]义:古代

的义为适宜、恰当、合乎的意思。[4]先：前，时间或次序在前。首要，根本，如《庄子·天道》："末学者，古人有之，而非所以先也。"[5]难：困难、艰难、不容易、做起来费事。又作敬讲，如《诗·小雅·桑扈》："不戢不难，受福不那"；也作论说；争辩讲。如《史记·五帝本纪》："死生之说，存亡之难。"

【新译】

樊迟问孔子怎样才算是智，孔子说："遵从老百姓应该遵从的道德和本分，尊敬鬼神但要远离它，就可以说是智了。"樊迟又问怎样才是仁，孔子说："有仁德的人，做事在人之前，行赏在人之后，这就可以说是仁了。（有仁德的人，要先付出然后收获，不能冀图不劳而获。）"

6·23 子曰："知者乐水，仁者乐山[1]；知者动，仁者静；知者乐，仁者寿。"

【注释】

[1]知者乐水，仁者乐山："知"，音zhì，同"智"；乐，古音yào，喜爱的意思。

【常译】

孔子说："有智慧的人喜爱水，有仁德的人喜爱山；有智慧的人性灵活爱动，有仁德的人性沉静。有智慧的人过得很快乐，有仁德的人会长寿。"

6·24 子曰："齐一变，至于鲁；鲁一变，至于道。"

【新译】

孔子说："齐国只要做一个层次的改变，就可以达到鲁国这个样子，鲁国做一个层次的改变，就可以达到先王之道了。"

6·25 子曰："觚[1]不觚，觚哉！觚哉！"

【注释】

[1]觚：音gū，古代盛酒的器具，上圆下方，有棱，容量约有二升，是礼器。后来觚被改变了，孔子对礼的态度是遵守而不是改变，所以孔子认为觚不像觚，其实就是说礼不像礼。

【常译】

孔子说："觚不像个觚了，觚呀！觚呀！"

6·26 宰我问曰："仁者虽告之曰井有仁[1]焉，其从之也？"子曰："何为其然[2]也？君子可逝[3]也，不可陷[4]也；可欺[5]也，不可罔[6]也。"

【注释】

[1]仁：这里指有仁德的人。[2]何为其然：怎么可能这样，怎么会这样。[3]逝：往。如《说文》："逝，往也"；《广雅》："逝，行也"；《诗·陈风·东门之枌》："谷旦于逝"；《楚辞·九歌·少司命》："倏而来兮忽而逝。"逝亦作死亡讲。[4]陷：《说文》："陷，高下也。一曰陊也"；一义作陷入、坠下，如《国语·鲁语》："上陷而不振。"注："坠也"；一作陷阱解，如《齐丘子》："鱼可使之吞钩，虎可使之入陷。"古代亦指押解犯人的囚车。[5]欺：以力欺压。[6]罔：蒙蔽、蒙骗、迷惑。详见前注。

【常译】

宰我问道："对于有仁德的人，如果别人告诉他井里掉下去一位仁人，他会跟着下去吗？"孔子说："为什么要这样做呢？君子可以到井

雍也篇第六

边去救人，却不可以陷入井中；君子可能被欺骗，但不可能被迷惑。"

【再译】

宰我问道："对于仁者来说，如果告诉他井中有仁，那么要不要进入井中去追随仁呢？"孔子说："怎么能这么说呢？君子可以为了仁去死，但不会被陷入，君子可以被欺，但不会被迷惑蒙蔽。"

【论析】

现代的一些注家基本采用常译，但钱穆的注解更合理，钱穆的注解是：宰我问道："有人告诉仁者井中有人，会跟着入井吗？"先生说："为何会这样呢？可诱骗仁者去看，但不能陷害他入井。他可被骗，但不会因骗而糊涂。"显然，钱穆是弄清楚了"不可罔也"四个字的意思的。但"井有仁焉"四字中的仁，究竟是指一个人还是指仁道，显然是需要我们认真推究的。很明显的，宰我是在问，如果仁在像井那样危险且没有出路的地方，我们要不要从仁呢？本句中前两个字是仁者，后一个字是仁，显然后面与前面是不同的，怎么可能在一句中出现两种用法呢？所以仁字显然是不能解为仁者的。

而孔子显然是不认可宰我的这个假设的，也就是"何为其然也"，怎么可以有这样的假设呢？这个假设本身是不正确的。

6·27 子曰："君子博学于文，约[1]之以礼，亦可以弗畔[2]矣夫[3]。"

【注释】

[1]约：约义本指缠束、环束，如《诗·小雅·斯干》："约之阁阁"；《说文》："约，缠束也"；拓展义为约束，如《吕氏春秋通诠·审分览·审分》："王良之所以使马者，约审之以控其辔。"[2]畔：同叛。[3]矣夫：语气词，表较强烈的感叹。

【常译】

孔子说:"君子广泛学习文化典籍,以礼来约束自己的行为,也就可以不离经叛道了。"

6·28　子见南子[1],子路不说[2]。夫子矢[3]之曰:"予所否[4]者,无厌之!天厌之!"

【注释】

[1]南子:卫国灵公的夫人,当时实际上左右着卫国政权,以淫知名。[2]说:音yuè,同"悦"。[3]矢:同"誓"。[4]所:与后面的动词结合,构成名词性结构。如《孟子·告子上》:"生,亦我所欲也,义,亦我所欲也。"否:本义不、不然、不如此,表否定。如《说文》:"否,不也";《战国策·魏策》:"唐雎对曰:'否,非若是也。'"所否,即我所否定的,诸注本皆注为假如不对,是不合语法的。亦有解为鄙陋的,更不可理解。

【常译】

孔子去见南子,子路不高兴。孔子发誓说:"这种事是我一直否定、反对的,(如果我做了)上天都厌弃!上天都厌弃!(我怎么会去做呢。)"

6·29 子曰:"中庸[1]之为[2]德也,其至矣乎!民鲜久矣。"

【注释】

[1]中庸:中,本义为和四方、上下或两端距离同等的地位,如:又中央,四方之中也。《康熙字典》:"《书·召诰》:'王来绍上帝,自服于土中。'"但中又有得的意思,如:《周礼·师氏》:"掌国中失

之事。中也有正、不偏的意思，如：又正也。《康熙字典》："《礼•儒行》：'儒有衣冠中。'"中也有内、里的意思，如《易•坤卦》："又内也。黄裳元吉，文在中也"；《老子•道德经》："多言数穷，不如守中。"考《中庸》原文："喜怒哀乐之未发，谓之中。"则中字是内、里的意思。《说文》："庸，平常。庸，用也"；《书•尧典》："畴咨若时登庸"；《国语•越语上》："请始无庸战。"庸的另一个主要义是平常，如《尔雅》："庸，常也"；《战国策•魏策》："此庸夫之怒也"；《韩非子》："布帛寻常，庸人不释。"中庸据朱熹注为不偏不倚、无过无不及之意。程颐说："不偏之谓中，不易之谓庸。中者，天下之正道；庸者，天下之定理。"考两人的说法，都有所发挥，然从汉字本义而言，中庸可有两解，一是以中为用，二是居中居常。考《中庸》原文：仲尼曰："君子中庸，小人反中庸，君子之中庸也，君子而时中；小人之中庸也，小人而无忌惮也。"由此句可见，中庸并不是君子的专利，小人也有中庸。以此而言，程子的"中者，天下之正道；庸者，天下之定理。"是讲不通的。又如：子曰："道之不行也，我知之矣：知者过之，愚者不及也。道之不明也，我知之矣：贤者过之，不肖者不及也。人莫不饮食也，鲜能知味也。"不偏不倚的说法，本来是与中庸没有关系的。所以朱子的"不偏不倚，无过无不及"也未必准确。《中庸》本身的义理，是有矛盾不清之处的，中庸的具体意思，《中庸》也没有讲明白，这是儒家经典的通病。[2]之为：于某事物而言。这为亦可解为之于的意思。

【常译】

孔子说："中庸对于德来说，该是最高的准则了吧！人们缺少这种道德已经为时很久了。"

6•30 子贡曰："如有博施[1]于民而能济众[2]，何如？可谓仁乎？"子曰："何事于仁？必也圣乎！尧舜[3]

其犹病诸[4]。夫[5]仁者，己欲立而立人，己欲达而达人。能近取譬[6]，可谓仁之方[7]也已。"

【注释】

[1]博：本义为大，后拓展义为广、量多、丰富。如《论语·子罕》："博我以文，约我以礼"；博亦喻广泛、普遍，如《荀子·天论》："风雨博施"；博亦指宽广、广阔，如《墨子·非攻中》："土地之博，至有数千里也；人徒之众，至有数百万人。"此处的博，应有以上的诸义，从数量上来说是丰富，从覆盖度上来讲是普遍广泛。施：旧读shì，动词，施予意。[2]济：本义为过河，如《楚辞·屈原·涉江》："济乎江湖。"拓展义为有益于、使之得济，使之得济的义又拓展为使之成就，如《易·系辞下》："臼杵之利，万民以济"；《书·君陈》："必以忍，其乃有济。"此处的济为使之济、使之成就的意思。众：指众人。[3]尧舜：五帝时代的两位帝王，是孔子心目中的榜样，儒家认为是"圣人"。传说尧制围棋，舜制古琴以歌南风，舜帝以孝德著名。[4]病，本指人体的疾患，此指缺点、弊端。诸，"之于"的合音。此处病诸义为以之为病。[5]夫：句首发语词。[6]譬：譬喻，即今比喻之义。能近取譬：能够就自身打比方，即推己及人的意思。[7]方：方法、方式。

【常译】

子贡说："假若有一个人，他能给老百姓很多利益又能周济大众，怎么样？可以算是仁人了吗？"孔子说："怎么可以说是仁？这简直是圣人了！就算是尧、舜那样的古圣，恐怕也要以它为不足，未曾实现吧？至于仁人，就是要想树立自己，还要帮助人家一同树立；要想自己过得好，还要帮助人家一同过得好。凡事能就近以自己作比，推己及人，可以说就是实行仁的方法了。"

述而篇第七

7·1 子曰："述而不作[1]，信而好古[2]，窃[3]比于我老彭[4]。"

【注释】

[1]述：传述。作：创造。[2]信：如实，即后世翻译三原则信雅达中的信。古：古代的典籍和文明。诸注家多注为相信古人，爱好古学。考其义，信是与述相对应的，好古是与不作相对应的。所以诸注家之注，未为确切。[3]窃：私，私自，私下。[4]老彭：人名，但究竟指谁，学术界说法不一。有的说是殷商时代一位"好述古事"的"贤大夫"；有的说是老子和彭祖两个人，有的说是殷商时代的彭祖。

【新译】

孔子说："只记述、阐述而不创作，如实传达并爱好古代的文化和典籍，我私下把自己比做老彭。"

7·2 子曰："默而识[1]之，学而不厌，诲[2]人不倦，何有于我哉[3]？"

【注释】

[1]默：不出声说话。如《书·说命》："恭默思道"；《易·系辞》："或默或语"；《国语·楚语》："三年默以思道"；综上诸例观之，默为沉默而思的意思。识：音zhì，记住。[2]诲：说教，教诲。[3]何有于我哉：对我有什么难呢？

【常译】

孔子说："默默地思考并记住（所学的知识），勤奋学习不觉得厌烦，教人以道而不知道疲倦，这对我能有什么困难呢？"

7·3 子曰："德之不修[1]，学之不讲，闻义不能徙[1]，不善不能改，是吾忧也。"

【注释】

[1]修：本义为修治、整治、整修、修理，如《礼记·檀弓》："古不修墓"；《孙子·谋攻》："修橹轒辒。"拓展义为（学问，品行方面）钻研、学习、锻炼。如《国语·晋语》："修武之德"；《汉书·叙传下》："束发修学。"修的拓展义还有实行、从事。如《国语·吴语》："食土不均，地之不修，内有辱于国。"修的拓展义亦有循、遵循。如《韩非子·五蠹》："是以圣人不期修古，不法常可。"此处之修字，以上诸义具可解。[2]义：本义指恰当、适合，此处指正确恰当的道理，徙：拼音为zhì，意思古同"陟"，义为登高、上升。如《说文》："陟，登也"；《尔雅》："陟，升也"；《诗·周颂·闵予小子》："陟降庭止"；《虞书》："汝陟帝位。"又音为xǐ，义为迁移、迁改、迁变等。

【新译】

孔子说："对德的准则不能遵守，不能修学（修治）、实行德，自己领会的学问不能讲述给他人,听到正确的道理不能以之提升自己(听到了正确的道理不能改变自己的不正确),自己固有的不善不能改正,这些都是我所忧虑的事。"

7·4 子之燕居[1],申申[2]如也;夭夭[3]如也。

【注释】

[1]燕居:安居、家居、闲居。郑玄注:"退朝而处曰燕居。"[2]申申:衣冠整洁得体貌。[3]夭夭:体貌安舒或容色和悦的样子。

【常译】

孔子闲居在家里的时候,总是衣冠得体,仪态安宁舒畅,悠闲自在。

7·5 子曰:"甚矣吾衰[1]也!久矣吾不复梦见周公[2]。"

【注释】

[1]衰:古代用粗麻布制成的毛边丧服,如《周礼·天官·内司服》:"共丧衰亦如之";《荀子·礼论》:"无衰麻之服";《左传·僖公三十三年》:"子墨衰绖,梁弘御戎,莱驹为右。"衰又义为力量减退,衰落,没落。如《素问·疟论》:"衰则气复反入。"又义由大到小依照一定的标准递减,即可解为衰退、衰减,如:《荀子·王制》:"相地而衰政。"《国语·齐语》:"相地而衰征";《左传·襄公二十九年》:"其周德之衰乎。"此处以德性而言,诸注家以为是说年老,不合逻辑,梦与年纪是没有关系的。[2]周公:姓姬名旦,周文王的儿子,周武王的弟弟,周成王的叔父,鲁国国君的始祖,传说是西周典章制度的制定者,他是孔子所崇拜的所谓"圣人"之一。

【新译】

孔子说:"我的德衰减得很厉害了呀,我好久都没有梦见周公了。"

【再译】

孔子说:"难道我要准备好衰衣了吗(我要死了吗)?我那么久都没有梦见周公了。"

7·6 子曰:"志[1]于道[2],据于德[3],依于仁[4],游于艺[5]。"

【注释】

[1]志:志向,志趣。[2]道:此指君子所应遵从的规范、亦可指古老的华夏文明。[3]据:本义:手靠着;倚靠着。如《说文》:"据,杖持也";《战国策·燕策》:"冯几据杖。"此义拓展,则为依靠、凭据、凭借等义,如《诗·邶风·柏舟》:"不可以据";《左传·僖公五年》:"神必据我。"此处可解为凭借、靠着。德:旧注云:德者,得也。能把道贯彻到自己心中而不失掉就叫德。然而华夏时代的德,有天地万物所能之依据等更为丰富的意思。[4]依:依的本义与据差不多,如《说文》:"依,倚也";《广雅》:"依,恃也。"依义拓展为倚仗、仗恃、仰赖。如《书·君陈》:"无依势作威,无依法以削。"亦可拓展为依照、按照,如《庄子·养生主》:"依乎天理。"此处的依仗、依照的意思其实相差不大。[5]游:本义指人或动物在水里行动,游的拓展义很多,此处可译为浸淫于、徜徉于、学习于、醉心于、用功于等。艺:艺指孔子教授的礼、乐、射、御、书、数等六艺,都是日常所用。

【常译】

孔子说:"君子以道为自己的志向,以德为自己的凭据,以仁为自己的依靠,用功于六艺。"

7·7 子曰:"自行束脩[1]以上[2],吾未尝无诲焉。"

【注释】

[1]束脩:脩,音xiū,干肉,又叫脯。束脩就是十条干肉。孔子要求他的学生,初次见面时要拿十条干肉作为学费。后来,就把学生送给老师的学费叫作"束脩"。[2]上:本义为高,如《说文》:"上,高也。"此本义以喻的形式拓展,则为下级呈献、贡献、进献于上位者,如《战国策·齐策》:"上书谏寡人者,受中赏。"

【常译】

孔子说:"只要是亲自(自行有人译为主动,不确切)拿着十余块干肉为礼来进献我的人,我从来没有不给他教诲的。"

7·8 子曰:"不愤[1]不启[2],不悱[3]不发[4]。举一隅[5]不以三隅反,则不复[6]也。"

【注释】

[1]愤:恼怒,如《说文》:"愤,懑也";《楚辞·九章·惜诵》:"发愤以杼情。"愤又义为充盈、旺盛、充分,如《方言十二》:"愤,盈也";《国语·周语》:"阳瘅愤盈。"[2]启:本义为打开,拓展义为启发、启迪、启示、开导等,如《左传·定公四年》:"皆启以商政";《礼记·祭统》:"启古献公";《孟子》:"佑启我后人。"[3]悱:一解为内心悲苦凄切的,又可解为想说又不能明确说出来的样子。如《楚辞·九歌·湘君》:"隐思君兮悱恻。"[4]发:本义为射箭,拓展义极多,有发起的意思,如《康熙字典》:"又《广韵》起也。《孟子》舜发于畎亩之中。又舒也,扬也。《易·乾卦》六爻发挥。又《坤卦》发于事业,《疏》宣发也。《左传·桓二年》声名以发之。又《博雅》开也。《书·武成》发钜桥之粟。又《广韵》明也。《论语》亦

足以发。《注》谓发明大体也。"又可拓展其义为显现、显露、显出，如《孟子·告子下》："征于色，发于声，而后喻。"又有义为磨刀使锋利，此以喻磨智使利，如《庄子·养生主》："今臣之刀十九年矣，而刀刃若新发于硎。"[5]举：本义为两手托物、对擎。此处的举是喻文字的用法，从举物而举理。隅：音yǔ，角落，表方位。[6]复：《说文》："复，往来也。从彳，复声"；《易·复》："反复其道。"又义为再、再开始，如《管子·牧民》："不行不可复者。"不可复即是不可持续、不可再来的意思。此复字可参看注者作品《喻演论》中的《天道圆行论》诸节中关于双向循环的阐述。

【新译】

孔子说："教导学生，不到他内心的理解已经很充分的时候，不去启发他明悟新理；不到他已有所悟却讲不明白的时候，不去发硎（磨砺使之更锋利）砥砺（发扬、发启亦解得通）他。教给他一个方面的道理，他却不能由此而推知其他几个方面的东西，那他就没有举一反三的能力，就不必再教他了（就不用再教他这种学问了）。"

7·9　子食于有丧者之侧，未尝饱也。

【常译】

孔子在有丧事的人旁边吃饭，未曾吃饱过。

7·10　子于是日哭，则不歌。

【常译】

孔子如果在某一天为吊丧而哭泣，就不会再唱歌。

7·11　子谓颜渊曰："用之则行，舍之则藏[1]，惟我与尔有是夫[2]！"子路曰："子行三军[3]，则谁与[4]？"子曰："暴虎[5]冯河[6]，死而无悔者，吾不与也。必也临事而惧[7]、好谋而成者也。"

【注释】

[1]舍之则藏：舍，舍弃，不用。藏，一义为匿、隐藏。又义为：储积，收藏。如《墨子三辩》："农夫春耕夏耘,秋敛冬藏。"又蓄义，如《易·乾·文言》："潜龙勿用，阳气潜藏"；《易·系辞》："君子藏器于身，待时而动。"诸注家皆注为隐藏，不切文义。[2]是：指前面用之则行舍之则藏的道与情怀。夫：语气词，相当于"吧"。[3]三军：是当时大国所有的军队，每军约一万二千五百人。[4]与：参与。见前注，如《礼运·大同》："昔者仲尼与于蜡宾。"[5]暴虎：空拳赤手与老虎进行搏斗。[6]冯河：无船而徒步过河。[7]事：要事、危机，事变。惧是谨慎、警惕的意思。

【新译】

孔子对颜渊说："用我呢，我就大力推行我的道；不用我呢，我就静静积蓄我的道，为将来能因时而动做好准备。这样的境界，只有我和你才能达到吧！"子路问孔子说："老师您如果统帅三军，那么您想让谁参与呢？"孔子说："赤手博虎，徒步涉水过河，死了都不会后悔的人，我是不会让他参与的。我要找的，一定要是遇事小心戒惧的人，善于谋划而且能实现谋划的人。"

7·12 子曰："富[1]而可求[2]也；虽执鞭之士[3]，吾亦为之。如不可求，从吾所好。"

【注释】

[1]富：指升官发财。[2]可求：指合于道，可以去追求。[3]执鞭之

士：古代为天子、诸侯和官员出入时手执皮鞭开路的人。此处代指地位低下的职事。

【常译】

孔子说："如果富贵合乎于道，那就可以去追求，就算是给人执鞭的下等差事，我也会去做。如果富贵不合于道就不能去追求，我就会去干我喜欢的事。"

7·13　子之所慎：齐[1]、战、疾。

【注释】

[1]齐：同斋，斋戒。古人在祭祀前要沐浴更衣，不吃荤，不饮酒，不与妻妾同寝，整洁身心，表示虔诚之心，这叫作斋戒。

【常译】

孔子所谨慎小心对待的是斋戒、战争和疾病这三种事。

7·14　子在齐，闻《韶》[1]，三月不知肉味，曰："不图[2]为乐之至于斯也。"

【注释】

[1]《韶》：舜时古乐曲名。[2]图：度也。《诗·小雅》"是究是图，亶其然乎。"此处可作思量、预料、想到讲。

【常译】

孔子在齐国听到了《韶》乐，有很长时间顾不上品尝肉的滋味，他说，"想不到《韶》乐的美达到了这样迷人的地步。"

7·15　冉有曰："夫子为[1]卫君[2]乎？"子贡曰："诺[3]，吾将问之。"入，曰："伯夷、叔齐何人也?"曰:"古之贤人也。"曰:"怨乎?"曰:"求仁而得仁,又何怨。"出,曰:"夫子不为也。"

【注释】

[1]为:帮助、佑助。如《诗·大雅·凫鹥》:"福禄来为。"[2]卫君:卫出公辄,是卫灵公的孙子。公元前492年—前481年在位。他的父亲因谋杀南子而被卫灵公驱逐出国。灵公死后,辄被立为国君,其父回国与他争位。[3]诺:答应语。

【常译】

冉有(问子贡)说:"老师会帮助卫君吗?"子贡说:"嗯,我去问他。"于是就进去问孔子:"伯夷、叔齐是什么样的人呢?"(孔子)说:"他们是古代的贤人。"(子贡又)问:"他们有怨恨吗?"(孔子)说:"他们求仁而得到了仁,又怎么会有怨恨呢?"(子贡)出来(对冉有)说:"老师不会帮助卫君。"

7·16 子曰:"饭疏食[1]饮水,曲肱[2]而枕之,乐亦在其中矣。不义而富且贵,于我如浮云。"

【注释】

[1]饭疏食,饭,这里是"吃"的意思,作动词。疏食即粗粮。[2]曲肱:肱,音gōng,胳膊,由肩至肘的部位。曲肱,即弯着胳膊。

【新译】

孔子说:"吃粗粮,喝白水,弯着胳膊当枕头,这中间一样是有乐趣的。不适宜不本分的富贵,对于我来讲就像是天上的浮云一样。"

7·17 子曰:"加[1]我数年,五十以学易[2],可以无大过矣。"

【注释】

[1]加：增加，这里可通"假"字，给予的意思。[2]易：指《周易》。

【常译】

孔子说："再给我几年时间，到五十岁学习《易》，我便可以没有大的过错了。"

【再译】

孔子说："要是老天能借给我数年的时间，让我在五十岁的时候就能学习《易》，那我就不会犯（这些）错误了。"

【论析】

多数注者的注，加我数年都解为让我多活几年，这种注法有一个前提是这话是孔子在五十岁之前说的，但从逻辑上来讲这个前提是错误的，如果学《易》可以避免犯大过，那么为什么要等到五十岁才去读呢？很明显的，这是孔子五十岁之后说的，《史记》载孔子晚年读《易》，韦编三绝。而孔子终年七十二岁，这话可能是他在六十多岁时说的，是一句追悔不及的话，意即后悔自己学《易》学晚了。

7·18　子所雅言[1]，《诗》《书》、执礼，皆雅言也。

【注释】

[1]雅言：周王朝的京畿之地在今陕西地区，以陕西语音为标准音的周王朝的官话，在当时被称作"雅言"。孔子平时谈话时用鲁国的方言，但在诵读《诗》《书》和赞礼时，则以当时陕西语音为准。

【常译】

需要孔子讲雅言的，是讲读《诗》《书》、赞礼时，他用的都是雅言。

7·19 叶公[1]问孔子于子路,子路不对。子曰:"女奚不曰,其为人也,发愤忘食,乐以忘忧,不知老之将至云尔[2]。"

【注释】

[1]叶公:叶,音shè。叶公姓沈名诸梁,字子高,楚国的大夫,封地在叶城(今河南叶县南),所以叫叶公。是当时楚国的一位贤者。[2]云尔:云,代词,如此的意思。尔同耳,而已,罢了。

【常译】

叶公向子路问孔子是个什么样的人,子路不肯回答。孔子(对子路)说:"你为什么不这样说,他这个人,学习时发愤用功,连吃饭都忘了,乐于道,把一切忧虑都忘了,连自己快要老了都不知道,如此而已。"

7·20 子曰:"我非生而知之者,好古,敏以求之者也。"

【常译】

孔子说:"我不是生来就知道这些知识的人,而是爱好古代的文献,勤奋敏捷地去求得这些知识的人。"

7·21 子不语怪、力、乱、神。

【常译】

孔子不谈论怪异现象、武力、变动作乱、鬼神。

7·22 子曰:"三人行,必有我师焉。择其善者而从之，其不善者而改之。"

【常译】

孔子说："三个人的行为（三人同行），其中必定有人可以做我的老师。要选择他们善的品德向他们学习，看到他们不善的地方就作为借鉴，如果自己也有这些不善，就要改正。"

7·23 子曰："天生德于予，桓魋[1]其如予何？"

【注释】

[1]桓魋：魋，音tuí，任宋国主管军事行政的官——司马，是宋桓公的后代。公元前492年，孔子从卫国去陈国时经过宋国。桓魋听说以后，带兵前往。当时孔子正与弟子们在大树下演习周礼的仪式，桓魋砍倒大树，孔子连忙在学生保护下，离开了宋国，在逃跑途中，弟子曰："可以速矣。"孔子说了这句话。综观上事，桓魋其实并没有要杀害孔子的意思，只是想驱离他，诸注本都说桓魋要杀孔子，显然是误读。如果要杀孔子，怎么会去砍树呢？

【常译】

孔子说："上天把德赋予了我，一个桓魋能把我怎么样呢？"

7·24 子曰："二三子[1]以我为隐乎？吾无隐乎尔。吾无行而不与二三子者，是丘也。"

【注释】

[1]二三子：这里指孔子的学生们。

【常译】

孔子说："弟子们，你们以为我对你们有什么隐瞒的吗？我是丝毫没有隐瞒的。我没有什么事是不让你们参与的。这就是我。"

7·25 子以四教：文[1]、行[2]、忠[3]、信[4]。

【注释】

[1]文：文献、古籍等，此泛指包括文学在内的文化修养。[2]行：行为，亦指德行，也指社会实践。[3]忠：尽己之谓忠，对人尽心竭力。[4]信：以实之谓信。诚实守信的意思。

【常译】

孔子以文、行、忠、信四项内容教授学生。

7·26 子曰："圣人吾不得而见之矣！得见君子者，斯[1]可矣。"子曰："善人吾不得而见之矣！得见有恒[2]者，斯可矣。亡而为有，虚而为盈，约[3]而为泰[4]，难乎有恒矣。"

【注释】

[1]斯：就。[2]恒：本指恒心恒行，坚持到底的人，此处指能全始全终，保全自身的人。诸注者以为有恒是始终保持了美好品德，与前后文意不符。[3]约：一义约束、捆缚，一义节约简约。此可拓展为受束缚、不自由、困难等意。有注者注为贫穷，未见它例。[4]泰：一义为安宁、安定，一义为骄奢、放纵。

【新译】

孔子说："圣人，我是不奢望能看到了，能看到君子，这就可以了。"孔子又说："善人我不可能看到了，能见到全始全终的人，这也就可以了。没有却勉强去做有才能做的事，空虚却要做充实才能做的事，困难却要做安泰才能做的事，这样的人是坚持不到最后的。"

7·27 子钓而不纲[1]，弋[2]不射宿[3]。

【注释】

[1]纲：网上的大绳。这里作动词用。在水中拉一根大绳，系上许多鱼钩来钓鱼，叫纲。[2]弋：音yì，用带绳子的箭来射鸟。[3]宿：指归巢歇宿的鸟儿。

【常译】

孔子只用（有一个鱼钩）的钓竿钓鱼，而不用（有许多鱼钩的）大绳钓鱼。只射飞鸟，不射巢中歇宿的鸟。

7·28 子曰："盖有不知而作之者，我无是也。多闻，择其善者而从之，多见而识之，知之次也。"

【常译】

孔子说："大概有这样一种人，他并不懂得某些事物却就去做了，我没有这样的行为。我是多听闻，然后选择其中好的来学习；多看并且记在心里。我这样算是次一等的智慧吧。"

7·29 互乡[1]难与言，童子见，门人惑。子曰："与[2]其进[3]也，不与其退也，唯何甚？人洁己[4]以进，与其洁也，不保其往[5]也。"

【注释】

[1]互乡：地名，具体所在已无可考。[2]与：本义给予。一义推举，一义为连词：和、同。[3]进、退：一说进步、退步；一说进见请教，退出以后的作为。[4]洁己：洁身自好，努力修养，成为有德之人。[5]不保其往：保，守住。往，一说过去，一说将来。

【新译】

互乡那个地方的人很难交谈,但互乡的一个童子却来见了孔子,学生们都感到迷惑不解。孔子说:"推举那些肯前进的人,不推举那些后退的人,这有什么不可以的?有人洁净自身以求进步,我们推举他现在的洁净,不必去理会他的过往。"

【再译】

互乡那个地方的人很难交谈,但互乡的一个童子却来见了孔子,学生们都感到迷惑不解。孔子说:"和那些进步的人一起前进,不和那些退步的人一起后退。这有什么不可以的?有人洁净自身以求进步,我们和他一起洁净,不必去理会他的过往。"

7·30 子曰:"仁远乎哉?我欲仁,斯仁至矣。"

【常译】

孔子说:"仁难道离我们很远吗?只要我们渴望达到仁,仁就来了。"

7·31 陈司败[1]问:"昭公[2]知礼乎?"孔子曰:"知礼。"孔子退,揖[3]巫马期[4]而进之曰:"吾闻君子不党[5],君子亦党乎?君取[6]于吴,为同姓[7],谓之吴孟子[8]。君而知礼,孰不知礼?"巫马期以告。子曰:"丘也幸,苟有过,人必知[9]之。"

【注释】

[1]陈司败:一说陈国主管司法的官,姓名不详,也有人说是齐国大夫,姓陈名司败。[2]昭公:鲁国的君主,"昭"是谥号。[3]揖:做揖,行拱手礼。[4]巫马期:姓巫马名施,字子期,孔子的学生,比孔子

小30岁。[5]党：本义乡党，拓展义为同类，再拓展为偏袒、包庇的意思。[6]取：同娶。[7]为同姓：鲁国和吴国的国君同姓姬。周礼规定：同姓不婚，昭公娶同姓女，是违礼的行为。[8]吴孟子：鲁昭公夫人。春秋时代，国君夫人的称号，一般是她出生的国名加上她的姓，但因她姓姬，故称为吴孟子，而不称吴姬。[9]知：使之知。或解作动词告知。

【常译】

陈司败问："鲁昭公懂得礼吗？"孔子说："懂得礼。"孔子出来后，陈司败向巫马其作了个揖，请他走近自己，对巫马期说："我听说君子是没有偏私的，难道君子也会包庇别人吗？鲁君在吴国娶了一个女子做夫人，是国君的同姓，于是称她为吴孟子。如果鲁君算是知礼，还有谁不知礼呢？"巫马期把这话告诉了孔子。孔子说："我真是幸运。如果有错，人家一定会告诉我知道。"

7·32 子与人歌而善，必使反[1]之，而后和之。

【注释】

[1]反：还归，回。后多作"返"。如：《书·五子之歌》："畋于有洛之表，十旬弗反。"

【常译】

孔子与别人一起唱歌，如果那人唱得好，一定要请他重新再唱一遍，然后为他和唱。

7·33 子曰："文，莫[1]吾犹人也。躬行君子，则吾未之有得。"

【注释】

[1]莫：约莫、大概、差不多。《晋书·栾肇·论语驳曰》"燕齐谓勉

强为文莫。"然此处文莫为一词是讲不通的。

【常译】

孔子说："就文章来说，大约我和其他的大家差不多，但说到做一个身体力行的君子，那我还没有做到。"

7·34 子曰："若圣与仁，则吾岂敢？抑[1]为之[2]不厌，诲人不倦，则可谓云尔[3]已矣。"公西华曰："正唯弟子不能学也。"

【注释】

[1]抑：表转折的语气词，"只不过"的意思。[2]为之：指圣与仁。 [3]云尔：这样说。

【常译】

孔子说："如果说到圣与仁，那我怎么敢当！不过是向圣与仁不断努力而不感厌烦，以此圣与仁的道理教诲别人也从不感觉疲倦，这样说是可以的。"公西华说："这正是我们学不到的呀。"

7·35 子疾病[1]，子路请祷[2]。子曰："有诸[3]？"子路对曰："有之。《诔》[4]曰：'祷尔于上下神祇[5]。'"子曰："丘之祷久矣。"

【注释】

[1]疾病：疾指有病，病指病情严重。[2]请祷：向鬼神请求和祷告，即祈祷。[3]有诸：诸，"之于"的合音。意为：有这样的事吗。[4]《诔》：音lěi，祈祷文。[5]神祇：祇：音qí，古代称天神为神，地神为祇。

【常译】

孔子病情严重,子路向鬼神祈祷。孔子听说后问他:"有这回事吗?"子路说:"有的。《诔》文上说:'为你向天地神灵祈祷。'"孔子说:"我很久以来就在祈祷了。"

【论析】

孔子患了重病,子路为他祈祷,孔子对此举并不加以反对,而且说自己已经祈祷很久了。对于这段文字怎么理解?有人认为,孔子本人也向鬼神祈祷,说明他是一个非常迷信天地神灵的人;也有人说,他已经向鬼神祈祷很久了,但病情却未见好转,表明他对鬼神抱有怀疑态度,说孔子认为自己平素言行并无过错,所以祈祷对他无所谓。这两种观点,请读者自己去仔细品评。

7·36 子曰:"奢则不孙[1],俭则固[2]。与其不孙也,宁固。"

【注释】

[1]孙:同逊,恭顺、谦虚。不孙,即为不顺,这里的意思是"越礼"。不逊也有无礼、骄狂的意思。[2]固:简陋、鄙陋。这里有寒酸的意思。

【常译】

孔子说:"人奢侈了就会越礼骄狂,节俭了就会鄙陋寒酸。不过与其越礼骄狂,宁可鄙陋寒酸。"

7·37 子曰:"君子坦荡荡[1],小人长戚戚[2]。"

【注释】

[1]坦:宽而平为坦,荡:广阔貌,如《史记·五帝纪》:"荡荡

洪水滔天";《论语·泰伯》:"荡荡乎!民无能名焉。"荡荡:心胸宽广、开阔、容忍。[2]戚:忧愁、悲伤。通"慽",如《诗·小雅·小明》:"心之忧矣,自始伊戚。"长戚戚:经常忧愁、烦恼的样子。

【常译】

孔子说:"君子心胸宽广而开阔,小人经常忧愁悲伤。"

7·38 子温[1]而厉[2],威[3]而不猛[4],恭[5]而安[6]。

【注释】

[1]温:温和,温厚;和气。如《诗经·邶风·燕燕》:"终温且惠,淑慎其身。"[2]厉:严肃、严格。同"励"。振奋。如《韩非子·五蠹》:"坚甲厉兵以备难。"[3]威:威力;威风。如《说文》:"威,畏也。"战国·吕不韦《吕氏春秋·荡兵》:"威也者,力也。"此可指威严。[4]猛:头胎的健犬,如《说文》:"猛,健犬也。"此处义为凶猛可怕,如《礼记·乐记》:"粗厉猛起。"[5]恭:恭敬、谦逊有礼。如《诗·大雅·皇矣》:"密人不恭,敢距大邦";《尔雅》:"恭,敬也。"[6]安:安稳、安定,如《尔雅》:"安,定也。"《庄子·天地》:"共给之为安。"

【新译】

孔子温厚和气而又严肃端庄,威严而不凶猛可怕,恭敬礼貌而又安定稳重。

泰伯篇第八

8·1 子曰:"泰伯[1],其可谓至德也已矣。三[2]以天下让,民无得而称焉[3]。"

【注释】

[1]泰伯:周代始祖古公亶父的长子。传说古公亶父认为三子季历的儿子姬昌有圣德,于是想传位给季历,泰伯知道后便与二弟仲雍一起避居到吴。古公亶父死,泰伯不回来奔丧,后来又断发文身,表示终身不返,终于把君位让给了季历,季历死后传给姬昌,即周文王。到武王时灭了殷商。孔子认为三让天下的泰伯是道德最高尚的人,他认为只有将天下让与贤者、圣者,才有可能得到治理,而让位者都是具备高尚品格的人。 [2]三:多次的意思。 [3]民无得而称焉:百姓找不到恰当的词句来赞扬他。

【常译】

孔子说:"泰伯可以说是品德最高尚的人了,他几次把王位让给季历,老百姓都找不到合适的词句来称赞他。"

8·2 子曰:"恭而无礼则劳[1],慎而无礼则葸[2],勇而无礼则乱[3],直而无礼则绞[4]。君子笃[5]于亲,则民兴于仁,故旧[6]不遗,则民不偷[7]。"

【注释】

[1]劳:辛劳,劳苦。[2]葸:音xǐ,拘谨,畏惧、畏缩的样子。[3]乱:作乱。[4]绞:注者多注为说话尖刻,出口伤人。虽无他例,绞字也没有其他更好的解释。[5]笃:忠实、厚道、专一。如《尔雅·释诂》:"笃,厚也";《吕氏春秋·孝行》:"朋友不笃,非孝也";《礼记·中庸》:"慎思之,明辨之,笃行之。"[6]故旧:故交,老朋友。[7]偷:《说文》:"偷,苟且也";《国语·晋语一》:"其下偷以幸。"近之注者多注为冷漠无情,实不知所从来。

【新译】

孔子说:"只懂恭敬顺从而不以礼来指导,就会徒劳无功;只懂谨慎而不以礼来指导,就会畏缩拘谨;只是勇猛而不以礼来指导,就会犯上作乱。只懂刚直而不以礼为指导,就会说话伤人。在上位的人如果厚待自己的亲属,老百姓中就会兴起仁爱的风气;如果不远离、遗弃故旧之人,老百姓就不会行为苟且。"

8·3 曾子有疾,召门弟子曰:"启[1]予足!启予手!诗云[2]:'战战兢兢,如临深渊,如履薄冰。'而今而后,吾知免[3]夫,小子[4]!"

【注释】

[1]启:开启,曾子让学生掀开被子看自己的手脚。[2]诗云:以下

三句引自《诗经·小雅·小旻》篇。[3]免：指身体免于损伤。[4]小子：对弟子的称呼。

【新译】

曾子有病，把他的弟子召集到身边来，说道："看看我的脚！看看我的手（看看有没有损伤）！《诗经》上说：'小心谨慎呀，好像站在深渊旁边，好像踩在薄冰上面。'从今以后，我不用再谨慎小心地保护身体使它不受到损伤了（孔子曾告诫曾子，身体发肤受之父母，不可损失，这是孝的开始），弟子们！"

8·4 曾子有疾，孟敬子[1]问[2]之。曾子言曰："鸟之将死，其鸣也哀；人之将死，其言也善。君子所贵乎道者三：动容貌[3]，斯远暴慢[4]矣；正颜色[5]，斯近信矣；出辞气[6]，斯远鄙倍[7]矣。笾豆之事[8]，则有司[9]存。"

【注释】

[1]孟敬子：即鲁国大夫仲孙捷。[2]问：探望、探视。[3]动：《说文》："动，作也。"动容貌：变动自己的容貌。此段的动、正应是使动用法。[4]暴慢：粗暴、放肆、傲慢。[5]正颜色：使自己的脸色庄重严肃。[6]出辞气：出言，说话。指注意说话的言辞和口气。[7]鄙倍：鄙，粗野。倍同背，背理。[8]笾豆之事：笾（音biān）和豆都是古代祭祀和典礼中的用具。[9]有司：指主管某一方面事务的官吏，这里指主管祭祀、礼仪事务的官吏。

【新译】

曾子有病，孟敬子去看望他。曾子对他说："鸟快死了，它的鸣叫就会悲哀；人快死了，他说的话是善意的。君子所应当重视的道有这样三个方面：变动自己的容貌使之庄重严肃，这样可以避免粗鲁、放肆和傲慢；使自己的脸色端正温厚，这样就接近于诚信；言辞和语气谨慎小心，这样就可以避免粗野和背理。至于祭祀和礼节仪式的细节，自有主管这些事务的官吏来负责。"

8·5 曾子曰："以能问于不能，以多问于寡，有若无，实若虚；犯而为校[1]，昔者吾友[2]尝从事于斯矣。"

【注释】

[1]校：音jiào，诸注者多以为是计较义。然考古代无他例，而校有订正、改正义，如《广雅》："校，度也"；《汉书·张安世传》："后购求得书，以相校，无所遗失。"考犯字有违背、违反义，如《周礼·大司马》："犯令陵政则杜之。"诸注家以为犯而为校是别人冒犯了我也不计较，中间有个为字是解不通的。前面的注释中，为有帮助之义。[2]吾友：我的朋友。旧注上一般都认为这里指颜渊。

【新译】

曾子说："自己能力强却向能力弱的人请教，自己知识多却向知识少的人请教，有学问却像没学问一样；知识很充实却好像很空虚；别人犯了过失帮助他纠正——从前我的朋友就是这样去做的。"

8·6 曾子说："可以托六尺之孤[1]，可以寄百里之命[2]，临大节而不可夺也。君子人与？君子人也。"

【注释】

[1]托六尺之孤：孤：死去父亲的小孩叫孤，六尺指15岁以下，古人以七尺指成年。托孤，受君主临终前的嘱托辅佐幼君。[2]寄百里之命：寄，交付、委托。百里之命，指国家命运，即政权。

【常译】

曾子说："可以把年幼的君主托付给他，可以把国家的命运托付给他，面临国家存亡的紧急关头而不动摇屈服。这样的人是君子吗？是君子啊！"

8·7 曾子曰："士不可以不弘毅[1]，任重而道远。仁以为己任，不亦重乎？死而后已，不亦远乎？"

【注释】

[1]弘毅：《尔雅》："弘，大也。"此可解为广大。毅，果决，志向坚定而不可动摇。如《说文》："毅，有决也。"毅又可释为坚决，如《韩非子·八说》："心毅，则憎心见于下"；《左传》："杀敌为果，致果为毅。"

【常译】

曾子说："作为士，不可以不弘大坚决而有毅力，因为他的责任重大，他的道路遥远。把实现仁作为自己的责任，这难道还不重大吗？奋斗终生，死而后已，这难道还不遥远吗？"

8·8 子曰："兴[1]于诗，立于礼，成于乐。"

【注释】

[1]兴：兴起、开始。

【常译】

孔子说："（人的学养）开始于学《诗》，自立于学礼，完成于学乐。"

8·9 子曰："民可使由之，不可使知之。"

【新译】

孔子说:"对于老百姓,只能使他们按照这条道路去走,却无法令他们懂得为什么要这样做。"

8•10 子曰:"好勇疾[1]贫,乱也。人而不仁[2],疾之已甚[3],乱也。"

【注释】

[1]好勇:喜欢逞勇。疾:本义为疾,此指以贫为疾,直解其义可为痛苦、忧患,如《史记•滑稽列传》:"问之民所疾苦。"[2]不仁:不符合仁德。[3]已甚:已,太。已甚,即太过分。

【常译】

孔子说:"喜好逞勇而又怨恨自己太穷困,就会犯上作乱。对于那些不仁德的人过分痛恨,也会引发动乱。"

8•11 子曰:"如有周公之才之美,使骄且吝,其余不足观也已。"

【常译】

孔子说:"一个人即使有周公那样的才能和美范,如果他骄傲自大而又吝啬小气,那其他方面(包括才和美)也就不值得一观了。"

8•12 子曰:"三年学,不至于谷[1],不易得也。"

【注释】

[1]谷:古代以谷作为官吏的俸禄,这里用"谷"字代表做官。

【常译】

孔子说:"学了三年,还不去做官,这样的人是不易找到的(春秋时期学习三年,即可做官)。"

8·13 子曰:"笃信好学,守死善道,危邦不入,乱邦不居。天下有道则见[1],无道则隐。邦有道,贫且贱焉,耻也;邦无道,富且贵焉,耻也。"

【注释】

[1]见:音xiàn,同现。

【新译】

孔子说:"坚定地相信我们的道,并努力学习它,要誓死守卫并完善这治国与为人的大道。邦国危急,不要进入,邦国混乱,不要久居。天下有道,那我们就让道显现,天下无道,那我们就归隐。如果邦国有道,却贫穷下贱,那是我们的耻辱;如果邦国无道,却富有而居官贵,那也是我们的耻辱。"

8·14 子曰:"不在其位,不谋其政。

【常译】

孔子说:"不在那个职位上,就不去考虑那职位上的事。"

【论析】

虎狼而居其位也,若何?

8·15 子曰:"师挚之始[1],《关雎》之乱[2],洋洋乎盈耳哉!"

【注释】

[1]师挚之始:"始"是古代乐曲的开端,即序曲。古代奏乐,开端叫"升歌",一般由太师来演奏,而师挚是鲁国的太师,所以这里说是"师挚之始"。[2]《关雎》之乱:"乱"是乐曲的终了,是合奏乐。结束时奏《关雎》乐章,所以叫"《关雎》之乱"。

【常译】

孔子说:"从太师挚演奏的序曲开始,到最后演奏《关雎》来结束,这优美的音乐在我耳边不断回荡。"

8·16 子曰:"狂[1]而不直,侗[2]而不愿[3],悾悾[4]而不信,吾不知之矣。"

【注释】

[1]狂:急躁、急进。[2]侗:音tóng,《集韵》:"侗,未成器之人";侗为长大义,如《说文》:"侗,大貌。从人,同声";也有解为轻佻,如《史记》:"毋侗好轶。"[3]愿:《说文》:"愿,谨也";《周书·谥法》:"思厚不爽曰愿";《书·皋谟》:"愿而恭。"郑注:"谓容貌恭正。"综合而言,愿有谨慎、深厚的意思。[4]悾悾:音kōng,诚恳的样子,亦有解为空虚的样子。

【常译】

孔子说:"狂妄而不正直,幼稚(轻佻)而不谨慎,表面上诚恳却不守信用,我真不知道这样的人会怎么样。"

8·17 子曰:"学如不及,犹恐失之。"

【常译】

孔子说:"学习知识一面担心新的赶不上,一面又担心学过的忘记了。"

8·18 子曰："巍巍[1]乎，舜禹[2]之有天下也而不与[3]焉！"

【注释】

[1]巍巍：崇高、高大的样子。[2]舜禹：舜是传说中的圣君明主。禹是夏朝的第一个国君。传说古时代，尧禅位给舜，舜后来又禅位给禹。[3]与：参与、相关的意思。

【新译】

孔子说："多么崇高啊！舜和禹得到天下，却从来不去占有它。"

8·19 子曰："大哉尧[1]之为君也！巍巍[2]乎，唯天为大[3]，唯尧则[4]之。荡荡乎，民无能名[5]焉。巍巍乎其有成功也，焕[6]乎其有文章！"

【注释】

[1]尧：中国古代传说中的圣君。[2]巍：高大壮观为巍，如《说文》："巍，高也。"[3]大：大是与小为哲学对的一个字，是典型的喻文字，有伟大、重大、规模大、高大、博大等诸多含义，都适用于天之大。唯天为大，唯尧则之。这句话揭示的是喻的原理。[4]则：《尔雅》："则，法也；则，常也。"则之：以之为则。[5]名：名之，评价。[6]焕：光明照耀。

【常译】

孔子说："伟大啊尧作君主的道。多么崇高啊！世上只有天最高大，而只有尧能真正效法天的高大。（他的恩德）多么广大啊，百姓们不知道该如何评价他。他的功绩多么崇高啊，他制定的礼仪制度是多光辉啊！"

8·20 舜有臣五人[1]而天下治。武王曰："予有乱臣十人[2]。"孔子曰："才难，不其然乎？唐虞之际[3]，于斯[4]为盛，有妇人焉[5]，九人而已。三分天下有其二[6]，以服事殷。周之德，其可谓至德也已矣。"

【注释】

[1]舜有臣五人：传说是禹、稷、契、皋陶、伯益等人。契：音xiè；陶：音yáo。[2]乱臣：据《说文》："乱，治也。"有的注家据此以为此处所说的"乱臣"，应为"治国之臣"。更有注家以为乱是亲近之义，如果这么讲的话，那中国古代文化才叫乱，此处的乱应作治乱讲。乱与治是一个哲学对，乱与治同义又怎么可以呢？那样的话中国文化岂不可笑。[3]唐虞之际：传说尧在位的时代叫唐，舜在位的时代叫虞。[4]斯：有的注本以为指周武王时期，但从语法上来看，斯应指上面所讲的才难。[5]有妇人焉：指武王的乱臣十人中有武王之妻邑姜。[6]三分天下有其二：《逸周书·程典篇》说："文王令九州之侯，奉勤于商"。相传当时分九州，文王得六州，数为三分之二。

【常译】

舜有五位贤臣，所以天下大治。周武王说："我有十个能治理逆乱的臣子。"孔子说："人才难得，难道不是这样吗？唐尧和虞舜之间及周武王这个时期，在人才方面算是最盛大了。但武王的十个大臣当中有一个是妇女，实际上只有九个人而已。周文王得了天下的三分之二，却仍然事奉殷朝，周朝的德，可以说是至高的德了。"

8·21 子曰："禹，吾无间[1]然矣。菲[2]饮食而致[3]孝乎鬼神，恶衣服而致美乎黻冕[4]；卑[5]宫室而尽力乎沟洫[6]。禹，吾无间然矣。"

【注释】

[1]间：本义指缝隙；空隙，如《说文》："闲，隙也。从门，中见月。会意"；拓展义形容相距极微，如《大戴礼记》：律厤迭相治，其间不容发；拓展义为形势危急，如汉·枚乘《上书谏吴王》："其出不出，间不容发"；又拓展为隔阂、嫌隙，如《国语·越语下》："时将有反，事将有间"；义再拓展为挑拨，使人不和，如《史记·屈原贾生列传》："谗人间之"；此处的间义，没有其他例证，只能用喻文字的拓展来理解。即以相距极微与嫌隙等综合，而从小空子拓展为小毛病、小短处、不足处等义。[2]菲：菲薄，不丰厚，此处作动词用。[3]致：有注本解作致力、努力，不确，致的本义是送达、送到的意思，如《说文》："致，送诣也"；《易·象传》："君子以致命遂志"；《诗·卫风·竹竿》："远莫致之。"致孝是使孝达于的意思。[4]黻冕：音fǔ miǎn，祭祀时穿的礼服叫黻；祭祀时戴的礼帽叫冕，古代大夫以上的人帽子叫冕，后来只有帝王的帽子才叫冕。[5]卑：地势低下、与"高"相对，如《诗·小雅·正月》："谓山盖卑"；《礼记·乐记》："卑高已陈"；又作卑小（矮小）、卑隘（低矮狭窄）、卑洼（低洼）等义，如《易·系辞》："天尊地卑。"[6]沟洫：洫，音xù，沟渠。

【新译】

孔子说："对于禹，我找不到他的一点空隙和不足；他简省自己的饮食，而以之致孝于鬼神；他简化自己的衣装，而令自己祭祀的服饰更华美，他自己住的宫室很低矮，却致力于修治水利事宜以利于大众。对于禹，我确实找不到他的一点间隙和不足了。"

子罕篇第九

9·1 子罕[1]言利与[2]命与仁。

【注释】
[1]罕：稀少，很少。[2]与：赞同、肯定。亦有人注为介词的与。
【常译】
孔子很少谈到利益，却赞成命和仁。

9·2 达巷党人[1]曰："大哉孔子！博学而无所成名[2]。"子闻之，谓门弟子曰："吾何执[3]？执御乎？执射乎？吾执御矣。"

【注释】
[1]达巷党人：《礼记·杂记》："余从老聃助葬于巷党。"则可见巷党为一词，而亦有注家以为达巷是党名，这是说达巷党这地方的

人。[2]博学而无所成名：因学问渊博，因而不能以某一方面来称道他。亦有注家以为此句是说孔子没什么专长，但从前面的大哉来看，此义不确。但从后面孔子的反应来看，又有可能这句的大哉是反讽。[3]执：拿、持，如《易经》："执用黄牛之革"；《礼记·少仪》："执君之乘车"；此处可拓展其义为执持、坚执。如《荀子·儒效》："乐乐兮其执道不殆也。"

【常译】

达巷党这个地方有人说："孔子真伟大啊！他学问渊博，因而没有哪一方面是特别出名的。"孔子听说了，对他的学生说："我要执持于哪个方面呢？驾车呢？还是射箭呢？我还是驾车吧。"

9·3 子曰："麻冕[1]，礼也；今也纯[2]，俭[3]，吾从众。拜下[4]，礼也；今拜乎上，泰[5]也。虽违众，吾从下。"

【注释】

[1]麻冕：麻布制成的礼帽。[2]纯：丝绸，黑色的丝。[3]俭：俭省，麻冕费工，用丝则于时间上俭省。[4]拜下：大臣面见君主，先在堂下跪拜，再到堂上跪拜。[5]泰：这里指骄纵、傲慢。

【常译】

孔子说："用麻布制成礼帽，符合于礼的规定。现在大家都用黑丝绸制作，这样比过去节省，我赞成大家的做法。（臣见国君）首先要在堂下跪拜，这也是符合于礼的。现在大家都到堂上跪拜，这是骄纵傲慢。虽然会与大家的做法不同，但我还是主张先在堂下拜。"

9·4 子绝四——毋意[1]，毋必[2]，毋固[3]，毋我[4]。

【注释】

[1]意:意料、猜测,如《管子·小问》:"而小人善意。臣意之也。"亦有说同臆,猜想、猜疑。[2]必:必须、一定要,如《韩非子·内储说》:"齐宣王使人吹竽,必三百人";《孟子》:"故天将降大任于斯人也,必先苦其心志,劳其筋骨。"[3]固:闭塞,如《说文》:"固,四塞也";又义为执意;坚决地,如《史记·廉颇蔺相如列传》:"蔺相如固止之";也解作必、一定,如《楚辞·屈原·涉江》:"吾不能变心以从俗兮,固将愁苦而终穷。"综上诸义,固可拓展为固执、固陋、固步自封等意。[4]我:自我、自私之心。

【新译】

孔子杜绝了四种弊病:不主观臆测,不绝对化,不固执固陋,不自我为中心。

9·5 子畏于匡[1],曰:"文王[2]既没,文不在兹[3]乎?天之将丧斯文[4]也,后死者[5]不得与[6]于斯文也;天之未丧斯文也,匡人其如予何[7]?"

【注释】

[1]匡:匡,地名,在今河南省长垣县西南。畏,本义恐畏,此指受威胁,亦有注者认为古代指被兵器杀死,如《吕氏春秋》:"人皆见曾点曰:'无乃畏邪?'"公元前496年,孔子从卫国到陈国去时经过匡地。匡人曾受到鲁国阳虎的掠夺和残杀,而孔子的相貌与阳虎相像,匡人于是误以孔子就是阳虎,所以将他围困。[2]文王:周文王,姓姬名昌,西周开国之君周武王的父亲。[3]兹:此,指孔子自己。[4]斯文:指文王制定的礼乐等文化。[5]后死者:孔子这里指自己。[5]与:参与、有份。[6]如予何:奈我何,把我怎么样。

【常译】

孔子被匡地的人们所围困时,他说:"周文王已经逝去了,周代的礼乐文化难道不都寄托在我的身上吗?上天如果想要让这种文化灭亡,那我就不可能掌握这种文化了;上天如果不灭亡这种文化,那么匡人又能把我怎么样呢?"

9•6 太宰[1]问于子贡曰:"夫子圣者与?何其[2]多能也?"子贡曰:"固天纵[3]之将圣,又多能也。"子闻之,曰:"太宰知我乎?吾少也贱,故多能鄙事[4]。君子多乎[5]哉?不多也。"

【注释】

[1]太宰:官名,掌握国君宫廷事务。[2]何其:一义怎么,一义为何,怎么表赞叹(怎么亦可表疑问,此处更近于赞叹)。[3]固:一定,有的注本解为本是,不确。纵:令、使,不加限制的。[4]鄙事:卑贱的事情。[5]多,本义为数量词,亦可为赞美义,表赞许、推崇,如《管仲列传》:"天下不多管仲之贤而多鲍叔能知人也。"两义都解得通。诸注者注此句多为真正的君子会有这么多的技巧吗?是不会这样多的,是不正确的。

【新译】

太宰问子贡说:"孔夫子是位圣人吧?怎么会这样多才多艺呢?"子贡说:"这定是上天让他成为圣人,而且使他多才多艺。"孔子听到后说:"太宰知道我吗?我少年时地位低下,所以才会许多卑贱的技艺。君子认为这是多吗?不多呀(还应掌握更多,学无止境意)。(君子认为这值得赞美吗?不值得赞美呀。)"

9•7 牢[1]曰:"子云,'吾不试[2],故艺'。"

【注释】

[1]牢：郑玄说此人系孔子的学生，但在《史记·仲尼弟子列传》中未见此人。[2]试：用，被任用。如《说文》："试，用也"；《虞书》："明试以功。"

【常译】

子牢说："孔子说过，'我没有去做官，所以（有时间和必要）会许多技艺'。"

9·8 子曰："吾有知乎哉？无知也。有鄙夫[1]问于我，空空如也[2]。我叩[3]其两端[4]而竭[5]焉。"

【注释】

[1]鄙夫：称乡下人、社会下层的人。[2]空空：没有的样子，如，见前注。[3]叩：本义为敲打，如《论语·宪问》："以杖叩其胫。"可拓展为叩问、推问。[4]两端：两头，指正反、始终、上下等阴阳哲学对中的两个方面。[5]竭：本义干涸，拓展义为尽，再拓展为穷尽、极力追究。

【新译】

孔子说："我有什么知识吗？其实没有什么知识。有一个乡下人问我，我对他谈的问题一点也不知道。于是我从问题的两端去不断追问，终于把所有问题都讲清楚了（最后我智力穷尽了）。"

9·9 子曰："凤鸟[1]不至，河不出图[2]，吾已矣夫！"

【注释】

[1]凤鸟：古代传说中的一种神鸟。传说凤鸟在舜和周文王时代都出

现过,它的出现象征着"圣王"出世。[2]河不出图:传说在上古伏羲氏时代,黄河中有龙马背负八卦图而出。它的出现也象征着"圣王"将要出世。

【常译】

孔子说:"凤鸟不来,黄河中也不出现八卦图。我这一生也就算是完了吧!"

9·10 子见齐衰[1]者,冕衣裳者[2]与瞽[3]者,见之,虽少,必作[4];过之,必趋[5]。

【注释】

[1]齐衰:音zīcuī,丧服,古时用麻布制成。[2]冕衣裳者:冕,官帽;衣,上衣;裳,下服,这里统指官服。冕衣裳者指贵族。[3]瞽:音gǔ,盲。[4]作:本义为人起身,如《说文》:"作,起也。"[5]趋:快步走,表示敬意。

【新译】

孔子遇见穿丧服的人(此敬其礼)、当官的人(此敬其位)和盲人(此为仁爱)时,虽然他们年轻,也一定要站起来,从他们面前经过时,一定要快步走过。

9·11 颜渊喟[1]然叹曰:"仰之弥[2]高,钻[3]之弥坚,瞻[4]之在前,忽焉在后。夫子循循然善诱人[5],博我以文,约我以礼,欲罢不能。即竭吾才,如有所立卓尔[6]。虽欲从之,末由[7]也已。"

【注释】

[1]喟:音kuì,叹息的样子。[2]弥:更加,越发。如宋玉《对

楚王问》:"是以其曲弥高,其和弥寡。"[3]钻:钻研。[4]瞻:音zhān,视、看。[5]循循然善诱人:《说文》:"循,行顺也";《庄子·天道》:"循道而趋";《淮南子·本经》:"五星循轨。"此处循的拓展义为顺着轨道或规则行进,再拓展则为有序的、有法度的。诱:诱导。[6]卓尔:高大、超群的样子,亦有建立、树立之义,亦有停留之义。都可讲得通。[7]末由:末,无、没有。由,途径,路径。

【新译】

颜渊感叹地说:"(对于老师的道)我抬头仰望,越望越觉得其高远;我努力钻研,越钻研越觉得难以透彻。看着它好像在前面,忽然又像在后面,如此反复难定。老师善于有序有法地一步一步地诱导我,用各种典籍令我丰富博大,又用礼来约束我的言行,使我想停止学习都不可能。直到我用尽了我的全力,感觉到好像有一个高大超绝的道立在那里,虽然我想要追随它,却没有前进的路径了。"

9·12 子疾病,子路使门人为臣[1]。病间[2],曰:"久矣哉,由之行诈也。无臣而为有臣。吾谁欺?欺天乎?且予与其死于臣之手也,无宁[3]死于二三子之手乎?且予纵不得大葬[4],予死于道路乎?"

【注释】

[1]为臣:臣,指家臣、总管。孔子当时已不是大夫,没有家臣,但子路叫门人充当孔子的家臣,并准备由此人负责总管安葬孔子之事,也就是说子路的意思是按大夫之礼葬孔子。抑或臣为专门处理丧事之名。[2]病间:病情减轻时。[3]无宁:宁可。"无"是发语词,没有意义。[4]大葬:指大夫的葬礼。

【常译】

孔子患了重病,子路派了(孔子的)门徒去作孔子的家臣,孔子的病稍好一些时知道了这事,他说:"仲由干这种弄虚作假的事情已经很久了吧。我明明没有臣,却偏偏要装作有臣,我骗谁呢?我骗上天吧?我与其在家臣的侍候下死去,我宁可在你们这些学生的侍候下死去,而且即使我不能以大夫之礼来安葬,难道就会被丢在路边没人埋吗?"

9·13 子贡曰:"有美玉于斯,韫匵[1]而藏诸?求善贾[2]而沽诸?"子曰:"沽[3]之哉,沽之哉!我待贾者也。"

【注释】

[1]韫匵:音yùn dù,收藏物件的柜子。[2]善贾:善于买卖(此指识货)的商人。[3]沽:卖出去。

【常译】

子贡说:"这里有一块美玉,是把它收藏在柜子里呢?还是找一个善于买卖的商人卖掉呢?"孔子说:"卖掉呀,卖掉呀!我正在等着买货的人呢。"

9·14 子欲居九夷[1]。或曰:"陋[2],如之何?"子曰:"君子居之,何陋之有?"

【注释】

[1]九夷:中国古代对于东方少数民族的通称。[2]陋:鄙野,文化闭塞,不开化。

【常译】

孔子想要搬到九夷去居住。有人说:"那里落后闭塞,人不开化,怎么能住呢?"孔子说:"有君子去住,那里就不会再闭塞落后了。"

9·15 子曰:"吾自卫反鲁[1],然后乐正[2],雅颂[3]各得其所。"

【注释】

[1]自卫反鲁:公元前484年(鲁哀公十一年)冬,孔子从卫国返回鲁国,结束了14年游历不定的生活。[2]乐正:乐曲得正。[3]雅颂:这是《诗经》中两类不同的诗的名称。也是指雅乐、颂乐等乐曲名称。

【常译】

孔子说:"我从卫国返回到鲁国以后,音乐得到校正,雅乐和颂乐才各有适当的安置。"

9·16 子曰:"出则事公卿,入则事父兄,丧事不敢不勉,不为酒困,何有于我哉。"

【常译】

孔子说:"在外事奉公卿,在家孝敬父兄,有丧事不敢不尽力去办,不会因酒误事,这些事对我来说有什么难办呢?"

9·17 子在川上曰:"逝[1]者如斯夫,不舍昼夜。"

【注释】

[1]逝:去、行。《说文》:"逝,往也";《广雅》:"逝,行也";《诗·陈风·东门之枌》:"谷旦于逝";《论语·雍也》:"君子可逝也。"

【常译】

孔子在河边说:"消逝的时光就像这河水一样啊,不分昼夜地向前流去。"

【再译】

孔子在河边说:"(为道而)健行的人就像这不息的流水一样吧,他的努力不会放弃每一个昼夜。"

9·18 子曰:"吾未见好德如好色者也。"

【常译】

孔子说:"我没有见过像好色那样好德的人。"

9·19 子曰:"譬如为山,未成一篑[1],止,吾止也;譬如平地,虽覆一篑,进,吾往也。"

【注释】

[1]篑:音kuì,土筐。

【常译】

孔子说:"譬如用土堆山,只差一筐土就能完成了,却停下来,那是我自己停下来的;譬如在平地上堆山,虽然只倒下了一筐,这时能够继续前进,那是我自己要前进的。"

9·20 子曰:"语之而不惰者,其回也与!"

【常译】

孔子说:"听我教诲而能毫不懈怠的,只有颜回一个人吧!"

9·21 子谓颜渊曰:"惜乎!吾见其进也,未见其止也。"

【常译】

孔子对颜渊说:"可惜呀!我只见他(此指颜回)不断地前进,从来没见他停止过。"

9·22 子曰:"苗而不秀[1]者有矣夫;秀而不实者有矣夫!"

【注释】
[1]秀:稻、麦等庄稼吐穗扬花叫秀。

【常译】

孔子说:"庄稼出了苗而不能吐穗扬花的是有的;吐穗扬花却不结果实的也是有的。"

9·23 子曰:"后生可畏,焉知来者之不如今也?四十、五十而无闻焉,斯亦不足畏也已。"

【新译】

孔子说:"年轻人是值得敬畏的,怎知后来者不会超越我们这一代呢?像我们如果已经四五十岁了还默默无闻,这样的人对于后生来说也就不足畏了。"

9·24 子曰:"法语之言[1],能无从乎?改之为贵。巽与之言[2],能无说[3]乎?绎[4]之为贵。说而不绎,从而不改,吾末[5]如之何也已矣。"

【注释】

法语之言:法,指礼仪等社会规则。法语指出于礼仪等社会规则的语言。[2]巽与之言：巽，恭顺，谦逊。与，称许，赞许。这里指恭顺赞许的话。[3]说：音yuè，同"悦"。[4]绎：《说文》："绎，抽丝也"；《方言一》："绎，理也。丝曰绎之。"拓展义为理出头绪、寻求事理等，用现代的话说就是理清、演绎、推究、判断、分析。这是典型的喻文字的拓展用法。[5]末：没有，义如莫。

【新译】

孔子说："符合礼法的正言规劝，怎么能（谁能）不听从呢？（按照它来）改正自己的错误才是可贵的。恭顺赞许的话，谁能听了不高兴呢？但只有认真推究分析它（的真伪是非），才是可贵的。只是高兴而不去分析推究，只是表示听从而不改正错误，（对这样的人）我拿他实在是没有办法了。"

9·25 子曰："主忠信，毋友不如己者，过则勿惮改。"[1]

【注释】

[1]此章重出，见《学而》篇第一之第8章。

9·26 子曰："三军[1]可夺帅也，匹夫[2]不可夺志也。"

【注释】

[1]三军：周制，诸侯大国三军。中军最尊，上军次之，下军又次之。一军一万二千五百人，三军合三万七千五百人。此处是言其多。[2]匹夫：平民百姓，主要指男子。

【常译】

孔子说："一国军队，可以夺去它的主帅；但即使是一个平民男子汉，他的理想和志向也是不能被强迫改变的。"

9·27 子曰："衣[1]敝缊袍[2]，与衣狐貉[3]者立而不耻者，其由也与？'不忮不求[4]，何用不臧？'"子路终身诵之。子曰："是道也，何足以臧？"

【注释】

[1]衣：穿，作动词用。[2]敝缊袍：敝：破坏的衣服称敝，如《说文》："敝，一曰败衣"；《礼记·缁衣》："苟有衣必见其敝。"缊，音yùn，本义：以新绵合旧絮。又《说文》："缊，绋也。"谓乱麻。[3]狐貉：用狐和貉的皮做的裘皮衣服。[4]不忮不求，何用不臧：这两句见《诗经·邶风·雄雉》篇。忮：音zhì，恨，如《说文》："忮，恨也。从心，支声。"有注家解为嫉妒，又有译为害、伤害。臧：善、好。

【常译】

孔子说："穿着破旧的棉袍，与穿着狐貉皮袍的人站在一起而不会觉得羞耻（自惭形秽，没有自信）的，大概只有仲由吧。（《诗经》上说：）'不嫉妒，不贪求，为什么说不好呢？'"子路听后，愿意终生背诵这句诗。孔子又说："只做到这样，哪够得上善好呢？"

9·28 子曰："岁寒，然后知松柏之后凋也。"

【常译】

孔子说："到了寒冷的季节，才知道松柏最后才凋谢的（最耐冷的、最具耐力的）。"

9·29 子曰："知者不惑，仁者不忧，勇者不惧。"

【常译】

孔子说:"智慧的人不会迷惑,有仁德的人不会忧愁,勇敢的人不会畏惧。"

9·30 子曰:"可与共学,未可与适道[1];可与适道,未可与立[2];可与立,未可与权[3]。"

【注释】

[1]适道:适,往。如《尔雅》:"适,往也";《书·盘庚》:"民不适攸居。"此指志于道,追求道。又一义归向、归属,如《左传·昭公十五年》:"好恶不愆,民知所适,事与不济";《庄子·外篇·胠箧第十》:"跖曰:'何适而无道邪?'"一义为往,一义符合、适合,如《诗·郑风·野有蔓草》:"适我愿兮。"[2]立:建立、树立,此指有所成就。[3]权:本义为黄花木,因其坚硬、难以变形,被用于秤之杆、锤之柄、拄之杖。拓展义为称量轻重,如《孟子·梁惠王上》:"权,然后知轻重;度,然后知长短。"再拓展其义为权衡。

【新译】

孔子说:"可以一起学习的人,未必能一起以道为归属;可以一起去追求道的人,未必能够一起树立起道;能够坚守树立道的人,未必能够与他一起权衡利弊、随机应变。"

9·31 "唐棣[1]之华,偏其反而[2]。岂不尔思,室是远而[3]。"子曰:"未之思也,夫何远之有?"

【注释】

[1]唐棣:一种植物,属蔷薇科,落叶灌木。[2]偏:偏侧、偏斜,反:回反、正位。偏其反而:此处用花朵的两种位置的变换来形容花摇

动的样子。[3]室是远而：住的地方太远了。

【常译】

古代有一首诗这样写道："唐棣的花朵啊，翩翩地摇摆。我岂能不想念你呢？只是家住的地方太远了。"孔子说："他还是没有真的想念，如果真的想念，又有什么遥远呢？"

乡党篇第十

10·1 孔子于乡党，恂恂[1]如也，似不能言者。其在宗庙、朝廷，便便[2]言，唯谨尔。

【注释】

[1]恂：严肃、严厉貌，如《礼记·大学》："恂，栗也。"[2]便：便利，方便，如《说文》："便，安也。人有不便更之。从人，从更，会意"；《礼记·表记》："故自谓便人。"释文："谓便习也"；《战国策·秦策》："或谓救之便。"注："利也。"有注者以便为辩。

【常译】

孔子在本乡的地方上显得很严肃恭敬，像是不太会说话的样子。但他在宗庙里、朝廷上，却很善于言辞，只是说的比较谨慎而已。

10·2 朝，与下大夫言，侃侃[1]如也；与上大夫言，誾誾[2]如也。君在，踧踖[3]如也，与与[4]如也。

【注释】

[1]侃侃：侃的古义较多，有刚强、理直气壮，也有快乐等义。[2]誾誾：音yín，一说中正和敬，一说正直、和颜悦色而又能直言诤辩。[3]踧踖：音cùjí，恭敬而不安的样子，此义应为紧张。[4]与与：一说犹豫不决状，一说威仪合度状。

【新译】

孔子在上朝的时候，（国君还没有到来，）同下大夫说话时，是正直而快乐的样子；同上大夫说话，是中正和敬的样子；国君在的时候，是恭敬而心中紧张的样子，但又仪态合度。

10·3　君召使摈[1]，色勃如也[2]；足躩[3]如也。揖所与立，左右手，衣前后，襜[4]如也。趋进[5]，翼如也[6]。宾退，必复命曰："宾不顾[7]矣。"

【注释】

[1]摈：音bìn，动词，负责招待国君的官员。[2]勃：兴起、旺盛，如《广雅》："勃勃，盛也"；《荀子·非十二子》："勃然平世之俗起焉。"此指精神集中所导致的神色，可解为神色旺盛、精神焕发。此种以草木勃发而喻神色的字词用法，是喻文字的用法。诸注家有注为庄重的，有注为矜持的，都没有他例。[3]足躩：躩，音jué，脚步快的样子。[4]襜：音chān，整齐之貌。[5]趋：《说文》："趋，走也。"一般指用短而频的步伐快步前进。[6]翼如也：如鸟儿展翅一样。[7]顾：回头看。如《说文》："顾，环视也。"

【常译】

国君召孔子去接待宾客，孔子立即精神集中、神色勃勃，脚步也快起来，他向和他站在一起的人作揖，无论是手向左或向右作揖，衣服的前后摆动，都整齐不乱。快步走的时候，就像鸟儿展开双翅一样。宾客走后，必定向君主回报说："客人已经不回头看了。"

10·4 入公门，鞠躬如[1]也，如不容。立不中门，行不履阈[2]。过位，色勃如也，足躩如也，其言似不足者。摄齐[3]升堂，鞠躬如也，屏气似不息者。出，降一等[4]，逞[5]颜色，怡怡如也。没阶[6]，趋进，翼如也。复其位，踧踖如也。

【注释】

[1]鞠躬如：谨慎而恭敬的样子。[2]履阈：阈，音yù，门槛，脚踩门槛。[3]摄齐：齐，音zī，衣服的下摆。摄，提起。提起衣服的下摆。[4]降一等：从台阶上走下一级。[5]逞：舒展开，松口气。[6]没阶：走完了台阶。

【常译】

孔子走进朝廷的大门，是谨慎而恭敬的样子，好像没有容身之地。站立时从不站在门的中间；行走时也从不踩门槛。经过国君的座位时，神色立刻紧张起来，脚步也加快起来，说话也尽量低声。提起衣服下摆向堂上走的时候，是恭敬谨慎的样子，且像憋住气不呼吸一样。退出来走下一级台阶后，脸色便舒展开了，怡然自得的样子。走完了台阶，快速地向前走几步，姿态像鸟儿展翅一样。回到自己的位置，则是恭敬而不安的样子。

10·5 执圭[1]，鞠躬如也，如不胜。上如揖，下如授。勃如战色[2]，足蹜蹜[3]，如有循[4]。享礼[5]，有容色。私觌[6]，愉愉如也。

【注释】

[1]圭：一种上圆下方的玉器，或有作剑头型，举行典礼时，不同身份的人拿着不同的圭。出使邻国时，大夫拿着圭作为代表本国君主的凭信。[2]战色：战战兢兢的样子。[3]蹜蹜：小步走路的样子。[4]如有循：循，沿着。此指好像沿着固定的路线向前走一样。[5]享礼：享，献上。指向对方贡献礼物的仪式。使者受到接见后，接着举行献礼仪式。[6]觌：音dí，相见。

【常译】

（孔子出使别的诸侯国，）拿着圭，神态恭敬谨慎，像是举不起来的一样。向上举时好像在作揖，放下来时好像是给人递东西。脸色庄重得像要战栗的样子，迈动的步子很小，好像沿着固定的线路往前走。在举行赠送礼物的仪式时，则显得和颜悦色。当和国君私下相见的时候，就显得轻松愉快了。

10·6 君子不以绀緅饰[1]，红紫不以为亵服[2]。当暑，袗絺绤[3]，必表而出之[4]。缁衣[5]，羔裘[6]；素衣，麑[7]裘；黄衣，狐裘。亵裘长，短右袂[8]。必有寝衣[9]，长一身有半。狐貉之厚以居[10]。去丧，无所不佩。非帷裳[11]，必杀之[12]。羔裘玄冠[13]不以吊[14]。吉月[15]，必朝服而朝。

【注释】

[1]不以绀緅饰：绀，音gàn，深青透红，斋戒时服装的颜色。緅，音zōu，青中透红，如《玉篇》："緅,青赤色"；《说文新附》："緅,帛青赤色。"这里是说，不以颜色深青透红或青中透红的布给平常穿的衣服镶边作饰物。[2]红紫不以为亵服：《说文》："亵,私服也。"平时在家里穿的衣服，亦指内衣。[3]袗絺绤：袗，音zhěn，

单衣，亦指绣有华美花纹的衣服。绤，音chī，细葛布。绤，音xì，粗葛布。[4]必表而出之：把麻布单衣穿在外面，里面还要衬有内衣。[5]缁：《说文》："缁，帛黑色也。"[6]羔裘：羔皮衣。古代羔裘是黑羊皮，毛皮向外。[7]麑：音ní，小鹿，白色。如《韩非子•五蠹》："冬日麑裘。"[8]短右袂：袂，音mèi，袖子。右袖短一点，是为了便于做事。如《楚辞•九歌湘夫人》："捐余袂兮江中，遗余褋兮澧浦。"[9]寝衣：被子，有注者注为睡衣，不合逻辑，因为此寝衣是长一身有半。如《说文•衣部》："被，寝衣，长一身有半。"以此可知古人称被为寝衣。[10]狐貉之厚以居：狐貉之厚，厚毛的狐貉皮。居，坐，此处指坐垫。[11]帷裳：上朝和祭祀时穿的礼服，用整幅布制作，不加以裁剪。折叠缝上。[12]必杀之：一定要裁去多余的布。杀，音shài，义为衰退、消减。如：《素问•阴阳应象大论》："阳生阴长，阳杀阴藏。"此拓展为裁剪义。[13]羔裘玄冠：黑色的皮衣和礼帽。[14]不以吊：不用于丧事。[15]吉月：每月初一。一说正月初一，也就是大年初一。还有一说以为吉字是告字之误。

【常译】

君子不用深青透红或青中透红的布为衣服镶边，不用红色或紫色的布做平常在家穿的衣服。夏天穿粗的或细的葛布或有花纹的华美单衣，都一定要套在内衣外面。黑色（一说紫）的羔羊皮袍配黑色的（罩）衣，白色的鹿皮袍配白色的罩衣，黄色的狐皮袍配黄色的罩衣。平常在家穿的皮袍要做得长一些，右边的袖子要短一些。睡觉一定要有睡衣，要有一身半长。用狐貉的厚毛皮做坐垫。丧服期满，脱下丧服后，各种装饰品就都可以佩带了。如果不是礼服，一定要加以剪裁。吊丧时不穿戴黑色的羔羊皮袍和帽子。每月初一（或大年初一），一定要穿着礼服去朝拜君主。

187

10·7 齐[1]，必有明衣[2]，布。齐必变食[3]，居必迁坐[4]。

【注释】

[1]齐：同斋。[2]明衣：斋前沐浴后穿的浴衣。[3]变食：改变平常的饮食。指不饮酒，不吃葱、蒜等有刺激味的东西。一说不吃回锅的剩菜，只吃新鲜的，称为变食。[4]居必迁坐：指从内室（燕寝）迁到外室（正寝）居住，不和妻妾同房。

【常译】

斋戒沐浴的时候，一定要备有浴衣，要用布做的。斋戒的时候，一定要改变平常的饮食，居住也一定要搬至正寝（不与妻妾同房）。

10·8 食不厌精，脍[1]不厌细。食饐[2]而餲[3]，鱼馁[4]而肉败[5]，不食。色恶，不食。臭恶，不食。失饪[6]，不食。不时[7]，不食，割不正[8]，不食。不得其酱，不食。肉虽多，不使胜食气[9]。唯酒无量，不及乱[10]。沽酒市脯[11]，不食。不撤姜食，不多食。

【注释】

[1]脍：音kuài，切细的鱼、肉。[2]饐：音yì，陈旧。食物放置时间长了。[3]餲：音ài，变味了。[4]馁：音něi，鱼腐烂，这里指鱼不新鲜。[5]败：肉腐烂，这里指肉不新鲜。[6]饪：烹调制作饭菜。[7]时：应时，时鲜。[8]割不正：肉切得不方正。[9]气：同"饩"，音xì，一说粮食，亦说饭料。[10]乱：指酒醉。[11]脯：音fǔ，熟肉干。

【常译】

粮食不嫌精细，鱼和肉不嫌切得细。粮食陈旧和变味了，鱼和肉腐烂了，都不能吃。食物的颜色变坏了，不吃。气味变坏了，不吃。烹调不当的，不吃。不时鲜的东西，不吃。肉切得不够方正，不吃。佐料放得不适当，不吃。席上的肉虽多，但吃的量不能超过米面的量。只有酒没有定量，但不能喝醉。市场上卖的肉干和酒，不要吃。每餐必须有姜，但也不多吃。

10·9 祭于公，不宿肉[1]，祭肉[2]不出三日。出三日，不食之矣。

【注释】
[1]不宿肉：不使肉过夜。[2]祭肉：祭祀用的肉。
【常译】
孔子对参加国君祭祀典礼时分到的肉，从不留到第二天。祭祀用过的肉也不超过三天。超过三天，他就不吃了。

10·10 食不语，寝不言。

【常译】
吃饭的时候不要说话，睡觉的时候也不要说话。

10·11 虽疏食菜羹[1]，瓜祭[2]，必齐[3]如也。

【注释】
[1]菜羹：用菜做成的汤。[2]瓜祭：古人在吃饭前，把席上各种食品分出少许，放在食具之间祭祖。一说祭最初发明饮食的人，《左传》叫泛祭。[3]齐：同斋。

【常译】

即使是粗米饭蔬菜汤,吃饭前也要把它们取出一些来祭祖,而且表情要像斋戒时那样严肃恭敬。

10·12 席[1]不正,不坐。

【注释】

[1]席:古代没有椅子和桌子,都坐在铺于地面的席子上。

【常译】

席子放得不端正,不坐。

10·13 乡人饮酒,杖者[1]出,斯出矣。

【注释】

[1]杖者:持拐杖的人,代指老年人。

【常译】

同乡人饮酒结束后,(孔子)一定要等老年人先出去,然后自己才出去。

10·14 乡人傩[1],朝服而立于阼阶[2]。

【注释】

[1]傩:音nuó。古代迎神驱鬼的宗教仪式。[2]阼阶:阼,音zuò,东面的台阶。主人立在大堂东面的台阶,在这里欢迎客人。

【常译】

乡里人举行迎神驱鬼的宗教仪式时,孔子总要穿着朝服站在东边的台阶上。

10·15 问[1]人于他邦，再拜而送之[2]。

【注释】

[1]问：问候。古代人在问候时往往要致送礼物。[2]再拜而送之：在送别客人时，两次拜别。

【常译】

（孔子）托人向在其他诸侯国的朋友问候送礼，便向受托者拜两次送行。

10·16 康子馈药，拜而受之。曰："丘未达，不敢尝。"

【新译】

季康子赠送药品给孔子，孔子拜谢之后接受，说："如果我的病到不了一定程度，一定不敢服用（此表敬谢）。"

10·17 厩焚。子退朝，曰："伤人乎？"不问马。

【常译】

孔子家的马棚失火烧掉了。孔子退朝回来，问："伤人了吗？"而不问马的情况怎么样。

10·18 君赐食，必正席先尝之。君赐腥[1]，必熟而荐[2]之。君赐生，必畜之。侍食于君，君祭，先饭。

【注释】

[1]腥：腥气，泛指肉鱼、类及油脂的臭气味。如《楚辞·屈原·涉

江》："腥臊并御"；《列子·周穆王》："王之厨馔,腥蝼不可飨"；《吕氏春秋·本味》："水居者腥。"[2]荐：供奉,一说是供奉给祖先。

【常译】

国君赐给熟食,孔子一定要摆正座席先尝一尝。国君赐给腥物,一定要煮熟了,先给祖宗上供。国君赐给活物,一定要饲养起来。同国君一道吃饭,在国君举行饭前祭礼的时候,一定要先尝一尝。

10·19 疾,君视之,东首[1],加朝服,拖绅[2]。

【注释】

[1]东首：头朝东。[2]绅：束在腰间的大带,束后,仍有一节垂下,故曰拖。

【常译】

孔子病了,国君来探视,他便头朝东躺着,身上盖上朝服,拖着大带（以示朝礼）。

10·20 君命召,不俟驾行矣。

【常译】

凡是国君召见（孔子）,他不等车马驾好就先步行走。

10·21 入太庙,每事问[1]。

【注释】

[1]此章重出。常译参见《八佾》篇第三之第15章。

10·22 朋友[1]死，无所归，曰："于我殡[2]。"

【注释】

[1]朋友：指与孔子志同道合的人。[2]殡：《说文》："殡，死在棺，将迁葬柩，宾遇之。"今注者多注为停放灵柩和埋葬都可以叫殡，恐不确。

【常译】

（孔子的）朋友死了，没有亲属负责敛埋，孔子说："丧事由我来办吧。"

10·23 朋友之馈，虽车马，非祭肉，不拜。

【常译】

哪怕有朋友馈赠车马，除了祭肉外，（孔子在接受时）也是不拜的。

10·24 寝不尸，居不客。

【常译】

睡觉时不要像死尸一样挺着，平日家居也不像作客或接待客人时那样庄重严肃。

10·25 见齐衰[1]者，虽狎[2]，必变。见冕者与瞽者[3]，虽亵[4]，必以貌。凶服[5]者式[6]之。式负版者[7]。有盛馔[8]，必变色而作[9]。迅雷风烈必变。

【注释】

[1]齐衰：zīcuī，指丧服。[2]狎：音xiá，亲近、接近义，如《韩非子·南面》："狎习于乱而容于治，故郑人不能归。"[3]瞽者：盲人，指乐师。[4]亵：音xiè，亲近、得宠的，如《礼记·檀弓下》："调也，君之亵臣也"；又义为接近，如《广雅》："亵，狎也。"后来的用法多为轻慢、轻佻地亲近。[5]凶服：丧服。[6]式：通轼，古代车辆前部的横木。以手抚轼，为古人表示尊敬的礼节，如《书·武成》："释箕子囚，封比干墓，式商容闾"；《周礼·考工记·舆人》："一在前，二在后，以揉其式。"这里作动词用。当遇见地位高的人或其他需尊敬的人时，驭手身子向前微俯，伏在横木上，以示尊敬或者同情，是一种礼节。[7]负版者：背负国家图籍的人。时无纸，用木版来书写，故称"版"。[8]馔：音zhuàn，饮食。盛馔，盛大的宴席。[9]作：站起来。

【新译】

（孔子）看见穿丧服的人，即使是关系非常亲密的，也一定要使自己的态度变得严肃庄重起来。看见当官的和盲人，即使是经常聚在一起的熟人，也一定要变动适当的容貌（诸译皆为礼貌，但古代貌字不同于现代的礼貌）。在乘车时遇见穿丧服的人，便俯身致意于车前横木上（以示同情）。遇见背负国家图籍的人，也这样做（以示对文明的敬意，有的注本特意强调负版者为贱，然此处强调的是对版的尊敬，而非表示对贱者的敬意）。（作客时，）如果有丰盛的筵席，就神色一变，并站起来以表示谢意。遇见迅雷大风，一定要改变神色（以示对上天的敬畏）。

10·26 升车，必正立，执绥[1]。车中，不内顾[2]，不疾言[3]，不亲指[4]。

【注释】

[1]绥：上车时扶手用的索带。[2]顾：回头看。[3]疾：本义快速；急速，如《礼记·乐记》："奋疾而不拔。"有人注为大声，不知所从何来。[4]不亲指：诸注者皆解为不用自己的手指划。古义中，指有指向、指定、指示之义，如《易·系辞上》："辞也者，各指其所也。"

【新译】

上车时，一定先直立站好，然后拉着扶手带上车。在车上，不回头，不与车夫快速说话，不干预车夫驾车（如果是亲自驾车，则是不分出手来指画，后三句大概是关乎驾车安全的规则）。

10·27 色斯举矣[1]，翔而后集[2]。曰："山梁雌雉[3]，时哉时哉！[4]"子路共[5]之，三嗅而作[6]。

【注释】

[1]色：《说文》："色，颜气也"；《周礼·疾医》："五气五色。"举：《说文》："举，对举也。"此指鸟飞起时两翼对举。[2]翔而后集：飞翔一阵，然后落到树上。鸟群停在树上叫"集"。如《说文》："集，群鸟在木上也"；《尔雅》："集，会也。"[3]山梁：一说山涧中的桥，一说水上架木作渡，一说山脊，当以后说为好，雌雉：母野鸡。[4]时哉时哉：得其时呀！得其时呀！这是说野鸡时运好，能自由飞翔，自由落下。[5]共：诸注同"拱"。[6]三嗅而作：嗅应为狊字之误。狊，音jù，一为犬视貌，二为鸟张两翅貌。一本作"戛"字，指鸟的长叫声。

【常译】

雉鸟发现气氛不对，就飞了起来，盘旋后又一起停在树上，孔子说："这些山梁上的雉，真是得其时呀！真是得其时呀！"子路听了，就向它们拱拱手，群雉便叫了几声飞走了（便展开翅膀飞走了）。

先进篇第十一

11·1 子曰:"先进[1]于礼乐,野人[2]也;后进[3]于礼乐,君子[4]也。如用之,则吾从先进。"

【注释】

[1]先进:指先在礼乐方面取得进步而后再做官的人。[2]野人:乡野平民。[3]后进:先做官然后才在礼乐方面取得进步的人。[4]君子:这里指统治者和官员。

【新译】

孔子说:"先学习礼乐并取得进步而后再做官的人,是(原来没有爵禄的)乡野平民;先当官然后再学习礼乐并有所进步的人,是君子。如果要选用人才,那我会选用先学习礼乐的人。"

11·2 子曰:"从我于陈、蔡[1]者,皆不及门[2]也。"

【注释】

[1]陈、蔡:均为春秋时国名。[2]不及门:门,这里指受教的场所。不及门,是说不在跟前受教,即不得相见的意思。

【常译】

孔子说:"曾跟随我从陈国到蔡地去并一起经历磨难的学生,现在都不在我身边受教了。"

【论析】

公元前489年,孔子和他的学生从陈国到蔡地去。途中被陈国的人所包围,绝粮7天,许多学生饿得不能行走。当时子路、子贡、颜渊等人都誓死追随他。公元前484年孔子回到鲁国以后,子路、子贡等都先后离开了他,而颜回则死了。所以,这句话是孔子想念他们而说的。

11·3 德行[1]:颜渊、闵子骞、冉伯牛、仲弓。言语[2]:宰我、子贡。政事[3]:冉有、季路。文学[4]:子游、子夏。

【注释】

[1]德行:指能实行孝悌、忠恕等孔子所推行的仁义道德。[2]言语:指善于辞令,能办理外交事务。[3]政事:指善长从事政治事务。[4]文学:指通晓、善讲诗书礼乐等古代文献。

【常译】

德行方面出色的有:颜渊、闵子骞、冉伯牛、仲弓。辞令方面出色的有:宰我、子贡。政事方面出色的有:冉有、季路。通晓文献知识的有:子游、子夏。

11·4 子曰:"回也非助我者也,于吾言无所不说。"

先进篇第十一

【新译】

孔子说:"颜回不是帮助我的人,而是继承我的人,他对我说的话没有不心悦诚服的。"

11·5 子曰:"孝哉闵子骞!人不间[1]于其父母昆[2]弟之言。"

【注释】

[1]间:本义空隙、间隙,拓展义为挑拨,使人不和,如《史记·屈原贾生列传》:"谗人间之";又拓展义为隔阂、嫌隙、异变等,如《国语·越语下》:"时将有反,事将有间。"有注者以间为非难、批评、挑剔,我没有见到这样的古例。[2]昆:哥哥,兄长。

【常译】

孔子说:"孝顺啊闵子骞!人们对他的父母兄弟所称赞他的话,都没有什么异议。"

【再译】

孔子称赞说:"真是孝顺啊闵子骞!别人不能对他的父母兄弟挑拨离间。"

【三译】

孔子称赞说:"真是孝顺啊闵子骞!别人传播他父母昆弟的话也不能让他有隔阂和嫌隙。"

11·6 南容三复白圭[1],孔子以其兄之子妻之。

【注释】

[1]白圭:白圭指《诗经·大雅·抑之》的诗句:"白圭之玷,尚可磨也,斯言之玷,不可为也,"意思是白玉上的污点还可以磨掉,我们的

言行中若有毛病，就无法挽回了，告诫人们要慎言。

【常译】

南容反复诵读"白圭之玷，尚可磨也；斯言之玷，不可为也。"的诗句。孔子认为他能够慎言，就把侄女嫁给了他。

11·7 季康子问："弟子孰为好学？"孔子对曰："有颜回者好学，不幸短命死矣，今也则亡。"

【常译】

季康子问孔子："你的学生中谁比较好学？"孔子回答说："有一个叫颜回的学生很好学，不幸短命死了。现在再也没有像他那样好学的了。"

11·8 颜渊死，颜路[1]请子之车以为之椁[2]。子曰："才不才，亦各言其子也。鲤[3]也死，有棺而无椁。吾不徒行以为之椁。以吾从大夫之后[4]，不可徒行也。"

【注释】

[1]颜路："颜无繇（yóu），字路，颜渊父，也是孔子的学生，生于公元前545年。[2]椁：音guǒ，古人所用棺材，内为棺，外为椁。[3]鲤：孔子的儿子，字伯鲁，死时50岁，时孔子70岁。[4]从大夫之后：跟随在大夫们的后面，意即当过大夫。孔子在鲁国曾任司寇，是大夫一级的官员。

【常译】

颜渊死了，（他的父亲）颜路请求孔子卖掉自己的车驾，给颜渊买个外椁。孔子说："（虽然颜渊和鲤）一个有才一个无才，但各自都是自己的儿子。我的儿子孔鲤死的时候，也是有棺无椁，我并没有卖掉自己的车驾去步行而给他买椁。因为我还当过大夫，是不可以步行的。"

11·9 颜渊死，子曰："噫！天丧予！天丧予！"

【常译】
颜渊死了，孔子说："唉！是老天爷葬送我（的道、希望）呀！是老天爷葬送我（的道、希望）呀！"

11·10 颜渊死，子哭之恸[1]。从者曰："子恸矣。"曰："有恸乎？非夫[2]人之为恸而谁为？"

【注释】
[1]恸：此指哀伤过度，过于悲痛。[2]夫：音fú，指示代词，此处指颜渊。

【常译】
颜渊死了，孔子哭得极其悲痛。跟随孔子的人说："您悲痛过度了！"孔子说："我有悲伤过度了吗？我不为这个人而悲伤过度，又为谁而悲伤过度呢？"

11·11 颜渊死，门人欲厚葬[1]之，子曰："不可。"门人厚葬之。子曰："回也视予犹父也，予不得视犹子也[2]。非我也，夫[3]二三子也。"

【注释】
[1]厚葬：本义丰厚，有注者注为隆重地安葬，不符本义。[2]予不得视犹子也：我不能把他当亲生儿子一样看待。[3]夫：语助词，是。

【常译】

颜渊死了,孔子的弟子们想要厚葬他。孔子说:"不可以。"但弟子们仍然隆重地安葬了他。孔子说:"颜回把我当父亲一样看待,我却不能把他当亲生儿子一样看待(像伯鲁那样安葬)。这不是我的过错,是那些学生们干的呀。"

11·12 季路问事鬼神。子曰:"未能事人,焉能事鬼?"曰:"敢[1]问死。"曰:"未知生,焉知死?"

【注释】

[1]敢:以卑触尊时常用的语气词,有斗胆、请见谅的意思。

【常译】

季路问怎样去事奉鬼神。孔子说:"都还没能事奉好人,怎么能事奉好鬼呢?"季路说:"请问死是怎么回事?"(孔子回答)说:"都还不知道活着的道理,怎么可能去弄明白死呢?"

11·13 闵子侍侧,訚訚如也;子路,行行[1]如也;冉有、子贡,侃侃如也。子乐。"若由也,不得其死然。"

【注释】

[1]行行:《说文》:"行,人之步趋也。"此以行行喻刚健貌。

【常译】

闵子骞侍立在孔子身旁,是一派和悦而温顺的样子;子路则是一副刚强的样子;冉有、子贡则是温和快乐的样子。孔子很高兴了,但孔子又说:"像仲由这样,只怕不得好死吧!"

11·14 鲁人[1]为长府[2]。闵子骞曰:"仍旧贯[3],如之何？何必改作？"子曰："夫人不言，言必有中[4]。"

【注释】

[1]鲁人：这里指鲁国的当权者。[2]为，诸注释为改建，未见有古例。府：藏财货、兵器等的仓库叫"府"，长府是鲁国的国库名。[3]贯：诸注家释为事，例。仍旧贯：沿袭老样子。我没见到其他的古例。贯本义为穿钱的绳子，此处当是用喻。[4]中：射箭中的曰中。

【常译】

鲁国翻修长府的国库。闵子骞道："照老样子怎么样？何必要改建呢？"孔子道："这个人平日不大说话，一说话就说到要害上。"

【再译】

鲁国人想要重新搞一个国库，闵子骞说："还用旧绳子穿钱就行了，不可以吗？何必要改作呢？"孔子评论说："这个人平常不大发言，一发言就切中要害。"

11·15 子曰："由之瑟[1]奚为于丘之门[2]？"门人不敬子路。子曰："由也升堂矣，未入于室[3]也。"

【注释】

[1]瑟：音sè，一种古乐器，与古琴相似。[2]奚：为什么。为：作，此指弹琴。[3]升堂入室：堂是正厅，室是内室。后人用此形容学问的境界。但考此句，孔子是因为门人不敬子路才为子路说话的，显然不是在说子路的学问如何。

【新译】

孔子说："仲由弹瑟，为什么要在我这里弹呢？"孔子的学生们因此都不尊敬子路。孔子便说："仲由只是在我的正厅里谈的，没有进到我的内室（因此不算多么违礼）。"

11·16 子贡问:"师与商[1]也孰贤?"子曰:"师也过[2],商也不及[3]。"曰:"然则师愈[4]与?"子曰:"过犹不及。"

【注释】

[1]师与商:师,颛孙师,即子张。商,卜商,即子夏。[2]过:过度。[3]不及:不足、不够。[2]愈:胜过,强些。

【新译】

子贡问孔子:"子张和子夏二人谁更贤能呢?"孔子回答说:"子张处事有些过度,子夏则有些不足。"子贡说:"那么是子张好一些吗?"孔子说:"过分和不足都一样不是适当(中和完美)的。"

11·17 季氏富于周公[1],而求也为之聚敛[2]而附益[3]之。子曰:"非吾徒也。小子鸣鼓而攻之[4]可也。"

【注释】

[1]季氏富于周公:季氏比周朝初期的鲁侯周公还要富有。[2]聚敛:积聚和收集钱财,即现代说的搜刮。[3]附:本义附着,拓展义为增益、附加,如《荀子·礼论》:"刻死而附生谓之墨,刻生而附死谓之惑。"

【常译】

季氏比周朝的始祖周公还要富有,而冉求还帮他四入搜刮来增加他的钱财。孔子说:"他已经不是我的学生了,你们可以大张旗鼓地去攻击他了!"

11·18 柴[1]也愚[2],参也鲁[3],师也辟[4],由也喭[5]。

先进篇第十一

【注释】

[1]柴：高柴，字子羔，孔子学生，比孔子小30岁，公元前521年出生。[2]愚：《说文》："愚，戆也。"此处的愚指憨厚。[3]鲁：一说迟钝，亦有说任性率真。[4]辟：音pì，偏，偏激，邪。[5]喭：音yàn，鲁莽，粗鲁，刚猛。

【常译】

高柴的缺点是愚直，曾参的缺点是迟钝，颛孙师的缺点是偏激，仲由的缺点是鲁莽。

11·19 子曰："回也其庶[1]乎，屡空[2]。赐不受命，而货殖[3]焉，亿[4]则屡中。"

【注释】

[1]庶：庶几，相近、差不多。此指颜渊的学问道德接近于完善。[2]空：贫困、匮乏。[3]货殖：做买卖。[4]亿：同"臆"，猜测，估计。

【常译】

孔子说："颜回的学问和道德都接近于完善了吧，可是他常常贫困。端本赐不听命运的安排，去做买卖，他猜测行情往往都猜中。"

11·20 子张问善人[1]之道，子曰："不践迹[2]，亦不入于室[3]。"

【注释】

[1]善人：本质善良的人。[2]践迹：迹：脚印。踩着前人的脚印走。[3]入于室：比喻学问和修养达到了精深地步。此迹、室之注，采自诸家，然前后之言不一致，善人之善与学无关，难道善人就不能达到学

问的最高境界了吗？此殊难合理解释。

【常译】

子张问善人之道，孔子说："他不沿着前人的脚印走，他的学问和修养也不到家。"

11·21 子曰："论笃是与[1]，君子者乎？色庄者乎？"

【注释】

[1]论笃是与：论，言论。笃，厚实、结实、真实。与，赞许。意思是对说话笃实诚恳的人表示赞许。

【常译】

孔子说："听到有人的言论笃实诚恳就应该表示赞许，但还应看他是真的君子呢？还是伪装庄重的人呢？"

11·22 子路问："闻斯行诸[1]？"子曰："有父兄在，如之何其闻斯行之？"冉有问："闻斯行诸？"子曰："闻斯行之。"公西华曰："由也问闻斯行诸，子曰，'有父兄在'；求也问闻斯行诸，子曰，'闻斯行之'。赤也惑，敢问。"子曰："求也退，故进之；由也兼人[2]，故退之。"

【注释】

[1]诸："之乎"二字的合音。[2]兼人：好勇过人。

【新译】

子路问："听到后就行动起来吗？"孔子说："有父兄在，你怎么能听到就行动起来呢（意谓先请教父兄长者，不得擅专）？"冉有问:"听到后就行动起来吗?"孔子说:"听到了就要行动起来。"公西华说:"仲由问您'听到后就行动起来吗?'您回答说'有父兄健在',冉求问您'听到后就行动起来吗?'您回答'听到后就要行动起来'。我感到困惑,敢再问个明白。"孔子说:"冉求的性情总是退缩,所以我鼓励他前进;仲由好勇过人,所以我约束他不要冒失。"

11·23 子畏于匡,颜渊后。子曰:"吾以女为死矣。"曰:"子在,回何敢死?"

【常译】

孔子在匡地受到当地人围困,颜渊在他之后才逃出来。孔子说:"我以为你已经死了呢。"颜渊说:"夫子还活着,我怎么敢死呢(我怎么敢不侍奉夫子呢)?"

11·24 季子然[1]问:"仲由、冉求可谓大臣与?"子曰:"吾以子为异之问,曾[2]由与求之问。所谓大臣者,以道事君,不可则止。今由与求也,可谓具臣[3]矣。"曰:"然则从之[4]者与?"子曰:"弑父与君,亦不从也。"

【注释】

[1]季子然:鲁国季氏的同族人。[2]曾:乃。[3]具:《说文》:"具,供置也";《广韵》:"具,备也,办也。"此处的具可能与器有着相近的意思。[4]之:代名词,这里指季氏,当时冉求和子路都是季氏的家臣。

【新译】

季子然问:"仲由和冉求可以算是大臣吗?孔子说:"我以为你是问别人,原来是问由和求呀。所谓的大臣是能够用道来事奉君主的,如果不能行道，他宁肯辞职不干。现在由和求这两个人，只能算是器具那样的臣子罢了。"季子然说："那么他们是一味听从的臣吗？"孔子说："像杀父亲、杀君主这样的事，他们也是不会跟着干的（这样的底线还是有的）。"

11·25 子路使子羔为费宰。子曰："贼[1]夫人之子[2]。"子路曰："有民人焉，有社稷[3]焉，何必读书，然后为学？"子曰："是故恶[4]夫佞者。"

【注释】

[1]贼：害。[2]夫人之子：指子羔。[3]社稷：社，土地神。稷，谷神。这里"社稷"指祭祀土地神和谷神的地方，即社稷坛。古代国都及各地都设立社稷坛，分别由国君和地方长官主祭，故社稷成为国家政权的象征。

【常译】

子路让子羔去做费地的长官。孔子说："这简直是害人子弟（子羔没有学成学业，所以孔子这样说）。"子路说："那个地方有老百姓，有社稷，治理百姓和祭祀神灵都是学习，难道一定要读书才算学习吗？"孔子说："所以我厌恶那些花言巧语狡辩的人（此指子路的辩解）。"

11·26 子路、曾皙[1]、冉有、公西华侍坐。子曰："以吾一日长乎尔，毋吾以也[2]。居[3]则曰：'不吾知也！'如或知尔，则何以哉[4]？"子路率尔[5]而对曰："千乘之国，摄[6]乎大国之间，加之以师旅，因之以饥馑，由也为之，比及[7]三年，可使有勇，且知方也[8]。"夫子哂[9]之。"求，尔何如？"对曰："方六七十[10]，如[11]五六十，求也为之，比及三年，可使足民。如其礼乐，以俟君子。""赤，尔何如？"对曰："非曰能之，愿学焉。宗庙之事[12]，如会同[13]，端章甫[14]，愿为小相[15]焉。""点，尔何如？"鼓瑟希[16]，铿尔，舍瑟而作[17]，对曰："异乎三子者之撰。"子曰："何伤乎？亦各言其志也。"曰："莫[18]春者，春服既成，冠者[19]五六人，童子六七人，浴乎沂[20]，风乎舞雩[21]，咏而归。"夫子喟然叹曰："吾与点也！"三子者出，曾晳后。曾晳曰："夫三子者之言何如？"子曰："亦各言其志也已矣。"曰："夫子何哂由也？"曰："为国以礼。其言不让，是故哂之。"唯[22]求则非邦也与？""安见方六七十如五六十而非邦也者？""唯赤则非邦也与？""宗庙会同，非诸侯而何？赤也为之小，孰能为之大？"

【注释】

[1]曾晳：名点，字子晳，曾参的父亲，也是孔子的学生。[2]以吾一日长乎尔，毋吾以也：虽然我比你们的年龄稍长一些，也不敢自以为是。[3]居：平日。[4]则何以哉：何以，即何以为用。[5]率尔：轻率、急切。[6]摄：迫于、夹于。[7]比及：比，音bì。等到。[8]方：办法、方法。[9]哂：音shěn，讥讽地微笑。[10]方六七十：纵横各六七十里。[11]如：《说文》："如，从随也。"此处注家多解为或者。[12]宗庙之事：指祭祀之事。[13]会同：诸侯会见。[14]端章甫：端，古代礼服的名称。章甫，古代礼帽的名称。[15]相：赞礼人，司仪。[16]希：同"稀"，指弹瑟的速度放慢，节奏逐渐稀疏。[17]作：站起来。[18]莫：同"暮"。[19]冠者：成年人。古代子弟到20岁时行冠礼，表示已经成年。[20]浴乎沂：沂，水名，发源于山东南部，流经江

苏北部入海。在水边洗头面手足。[21]舞雩：雩，音yú。地名，原是祭天求雨的地方，在今山东曲阜。[22]唯：语首词，没有什么意义。也与：语气助词，表疑问。

【常译】

有一次，子路、曾皙、冉有、公西华四个人陪孔子坐着。孔子说："我年龄比你们大一些，却也不敢自以为是。我平时总是说：'没有人了解我呀！'假如有人了解你们，请你们去做官，那你们要怎样去做呢？"子路赶忙回答："一个一千辆兵车的国家，夹在大国中间，常常受到别国侵犯，国内又闹饥荒，这样的情况下，让我去治理，只需要三年，就可以使百姓勇敢善战，国家懂得强国的方法。"孔子听了，微微一笑。孔子又问："冉求，你会怎么样呢？"冉求答道：国土有六七十里或五六十里见方的国家，让我去治理，三年以后，就可以使百姓得到饱暖。至于说这个国家的礼乐教化，就只能等君子来施行了。"孔子又问："公西赤，你会怎么样？"公西赤答道："我不敢说能做好，而是愿意去学习。在宗庙祭祀的活动中，在同别国的盟会中，我愿意穿着礼服，戴着礼帽，做一个小小的赞礼人。"孔子又问："曾点，你怎么样呢？"这时曾点将弹瑟的声音放慢，接着"铿"的一声，离开瑟站起来，回答说："我想的和他们三位不一样。"孔子说："那又有什么关系呢？也就是各人讲自己的志向而已。"曾皙说："暮春三月，穿上春天的衣服，我和五六位成年人，六七个少年，去沂河里洗洗澡，在舞雩台上吹吹风，然后一路唱着歌走回来。"孔子长叹一声说："我和曾点在一起（此是孔子自觉不能再出仕的叹息）。"等子路、冉有、公西华三个人都出去了，曾皙问孔子说："他们三人讲的怎么样？"孔子说："也就是各自谈谈自己的志向罢了。"曾皙说："夫子为什么要笑仲由呢？"孔子说："治理国家要讲求礼让之道，可是他说话一点也不懂得谦让，所以我要笑他。"曾皙又问："那么冉求讲的不是治理国家吗？"孔子说："有谁说六七十里或五六十里见方的地方就不是国家呢？"曾皙又问："那公西赤讲的不是治理国家吗？"孔子说："宗庙祭祀和诸侯会盟，这不是诸侯的事又是什么？像赤这样的人如果只能做一个小相，那谁又能做大相呢？"

颜渊篇第十二

12·1 颜渊问仁。子曰:"克己复礼[1]为仁。一日克己复礼,天下归仁焉[2]。为仁由己,而由人乎哉?"颜渊曰:"请问其目[3]。"子曰:"非礼勿视,非礼勿听,非礼勿言,非礼勿动。"颜渊曰:"回虽不敏,请事[4]斯语矣。"

【注释】

[1]克己复礼:克己,克制自己。《说文》:"复,往来也。从彳,复声。"《易·复》:"反复其道。"复有回归的意思。复礼,使自己的言行回归于礼的要求。[2]归仁:也是回来的意思,如《广雅》:"归,返也";西周金文《矢(zhé)令彝》:"明公归自王。"此处可解作归于。[3]目:鱼网的孔眼称目,如《韩非子·外储说右下》:"善张网者,引其纲,不一一摄万目而后得";由此喻再拓展出细目、要目等意思。

如：《小尔雅·广诂》："目，要也。"此可指具体的条目，克己复礼为纲，后面孔子说的为目。[4]事：从事，遵从、遵照。

【新译】

颜渊问仁。孔子说："克制自己的欲望和言行，一切思想言行都回归于仁道，符合于礼的标准和要求，这就是仁。一旦你这样做了，天下的一切事物就都归向于仁了。实践仁德，完全在于自己，难道还在于别人的影响吗？"颜渊说："请问实行仁的条目。"孔子说："不合于礼的不要看，不合于礼的不要听，不合于礼的不要说，不合于礼的不要做。"颜渊说："我虽然愚笨，也会遵从您的教诲去做。"

12·2 仲弓问仁。子曰："出门如见大宾，使民如承大祭[1]；己所不欲，勿施于人；在邦无怨，在家无怨[2]。"仲弓曰："雍虽不敏，请事斯语矣。"

【注释】

[1]大：地位尊崇曰大。出门如见大宾，使民如承大祭：出门办事时就好像要跟大宾相见一样恭谨，役使百姓要像进行大祭时那样恭敬严肃。[2]邦：诸侯统治的国家。家：卿大夫统治的封地。

【新译】

仲弓问仁。孔子说："出门办事时就如同去接待地位尊贵的宾客那样恭敬谨慎，使唤百姓时要如同进行重大的祭祀一样认真严肃。自己不愿意承受的，就不要强加于别人；要做到在朝廷上没有仇怨；在卿大夫的封地里也没有仇怨。"仲弓说："我虽然笨拙，也要遵从您的教诲去做。"

12·3 司马牛[1]问仁。子曰："仁者，其言也讱[2]。"曰："其言也讱，斯[3]谓之仁已乎？"子曰："为之难，言之得无讱乎?"

【注释】

[1]司马牛:姓司马名耕,字子牛,孔子的学生。[2]讱:音rèn,如《说文》:"讱,顿也。"这里引申为说话谨慎。[3]斯:就。

【常译】

司马牛问仁。孔子说:仁人说话是很慎重难以出口的。"司马牛说:"说话慎重难以出口,这就称作仁了吗?"孔子说:"做起来很困难,说起来能不慎重吗?"

12•4 司马牛问君子。子曰:"君子不忧不惧。"曰:"不忧不惧,斯谓之君子已乎?"子曰:"内省不疚,夫何忧何惧?"

【常译】

司马牛问君子之道。孔子说:"君子既不为自己忧愁,也不对他人恐惧。"司马牛说:"不忧愁,不恐惧,这样就可以称作君子了吗?"孔子说:"只要自己向内省视自己时,可以问心无愧,那还会有什么忧愁和恐惧呢?"

12•5 司马牛忧曰:"人皆有兄弟,我独亡。"子夏曰:"商闻之矣:死生有命,富贵在天。君子敬而无失,与人恭而有礼,四海之内,皆兄弟也。君子何患乎无兄弟也?"

【常译】

司马牛忧愁地说:"别人都有兄弟,唯独我没有。"子夏说:"我听说:'死生有命数的,富贵在于天意。'君子只要对待职事严肃认真,不出差错,对待他人恭敬合礼,那么,天下人就都成为自己的兄弟了。君子何必为没有兄弟而忧虑呢?"

12•6 子张问明:子曰:"浸润之谮[1],肤受之愬[2],不行焉,可谓明也已矣。浸润之谮,肤受之愬,不行焉,可谓远[3]也已矣。"

【注释】

[1]明:本义光亮,与暗相对,拓展义为显明、明确,如《荀子•成相》:"君法明,伦有常。"此指明慧而不被蒙蔽。谮,音zèn,谗言。这是说像水那样一点一滴地渗进来的谗言,不易觉察。[2]肤受之愬:愬,音sù,诬告。这是说像皮肤感觉到疼痛那样的诬告,即直接的诽谤。[3]远:远表距离,喻于他事则谓所能达者远。

【新译】

子张问明智。孔子说:"那些像水润物一样暗中挑拨难以发觉的坏话,和那些像切肤之痛一样直接的诽谤,到你这里都行不通,那你就可以算是明智的了。那些像水润物一样暗中挑拨难以发觉的坏话,和那些像切肤之痛一样直接的诽谤,到你这里都行不通,那你可以算是有远见的了。"

12•7 子贡问政。子曰:"足食,足兵,民信之矣。"子贡曰:"必不得已而去,于斯三者何先?"曰:"去兵。"子贡曰:"必不得已而去,于期二者何先?"曰:"去食。自古皆有死,民无信不立。"

【常译】

子贡问怎样治理国家。孔子说,"粮食充足,军备和士兵充足,老百姓信任统治者。"子贡说:"如果不得不去掉一项,那么在三项中可先去掉哪一项呢?"孔子说:"去掉军备和士兵。"子贡说:"如果不得不再去掉一项,那么剩下的两项中去掉哪一项呢?"孔子说:"去掉粮食。自古以来人总会死亡,如果老百姓对统治者不信任,那么国家就不能存在。"

【论析】

足食者,儒家所不能也;足兵者,儒家所不能也。夫去兵,则国必亡,虽足食何以存乎?去食,则民无所生,生之不存,信何在乎?

12·8 棘子成[1]曰:"君子质而已矣,何以文为?"子贡曰:"惜乎夫子之说君子也!驷不及舌[2]。文犹质也,质犹文也,虎豹之鞟[3]犹犬羊之鞟。"

【注释】

[1]棘子成:卫国大夫。古代大夫都可以被尊称为夫子。[2]驷:四匹马驾的车,及:赶得上。驷不及舌是说四匹马拉的车也不如语言快速。[3]鞟:音kuò,去掉毛的皮,即革。

【新译】

棘子成说:"君子只要具有内在的好品质就行了,要那些表面的文采(亦指仪式形式等)干什么呢?"子贡说:"真是遗憾啊!夫子您竟这样评论君子。所谓四匹马也没有语言快速(此指文采的重要性)。本质就像文采,文采就像本质,都是同等重要的。去掉了毛的虎、豹皮,跟去掉了毛的犬、羊皮就没什么区别了(此言君子去掉了文采,跟乡野鄙夫就只有地位的区别而没有内在的区别)。"

12·9 哀公问于有若曰:"年饥,用不足,如之何?"有若对曰:"盍彻乎[1]?"曰:"二[2],吾犹不足,如之何其彻也?"对曰:"百姓足,君孰与不足?百姓不足,君孰与足?"

【注释】

[1]盍彻乎:盍,何不。彻:周法,什一而税,谓之彻。[2]二:抽取十分之二的税。

【常译】

鲁哀公问有若说:"遭了饥荒,国家用度不足,怎么办?"有若回答:"为什么不实行彻法,只向百姓抽十分之一的田税呢?"哀公说:"现在抽十分之二,还是不够用,这样的情况,还怎么能实行彻法呢?"有若说:"如果百姓的用度够,您又怎么会不够呢?如果百姓的用度不够,您又怎么能够呢?"

【论析】

儒家对于国事,其实并不是太懂,有些建言,没有放在国家大环境下考察,可能仅是出于主观的美好想象。

12·10 子张问崇德[1]辨惑[2]。子曰:"主忠信,徙义[3],崇德也。爱之欲其生,恶之欲其死,既欲其生,又欲其死,是惑也。'诚不以富,亦祇以异。'[4]"

【注释】

[1]崇:使之崇,可作使动用法,也可以作动词用。[2]惑:糊涂、难以理解辨明的,如《吕氏春秋·察今》:"不亦惑乎。"[3]徙:见前注。[4]诚不以富,亦祇以异:《诗经·小雅·我行其野》篇的最后两句。此诗表现了一个被遗弃的女子对其丈夫喜新厌旧的愤怒情绪。这两句的

本义是:"实在不是因为那个新人富有,只不过是你觉得一时新鲜罢了。"

【新译】

子张问怎样提高道德修养水平和辨别是非迷惑的能力。孔子说:"以忠信为宗并坚守之,行为向义靠近,这就能提高道德修养水平了。爱他了,就希望他生机勃勃,恨他了,就恨不得让他立即去死,既要他活,又要他死,这就是迷惑(不要被欲所左右从而产生自我矛盾,这样就不会有惑了)。正如《诗》所说的:'实在不是因为那个新人富有,只不过是你觉得一时新鲜罢了'(此是孔子建议杜绝那些不是出于理性的考虑而是发自感性的行为)。"

12•11 齐景公[1]问政于孔子。孔子对曰:"君君、臣臣、父父、子子。"公曰:"善哉!信如君不君,臣不臣,父不父,子不子,虽有粟,吾得而食诸?"

【注释】

[1]齐景公:名杵臼,音chǔjiù,齐国国君,公元前547年至公元前490年在位。

【常译】

齐景公问孔子政事。孔子说:"做君主的要像君主的样子,做臣子的要像臣子的样子,做父亲的要像父亲的样子,做儿子的要像儿子的样子。"齐景公说:"讲得好呀!如果君不像君,臣不像臣,父不像父,子不像子,那样就算有粮食,我能吃得上吗?"

颜渊篇第十二

12·12 子曰："片言[1]可以折狱[2]者，其由也与[3]？"子路无宿诺[4]。

【注释】

[1]片言：诉讼双方中一方的言辞，古时也叫"单辞"。[2]折狱：狱，案件。即断案。[3]其由也与：大概只有仲由吧。[4]宿：久。宿诺：拖了很久而没有兑现诺言。

【新译】

孔子说："只听了单方面的供词而不需要双方对质，就可以明断是非判决案件的，大概只有仲由吧。"子路承诺的事情从来不会久拖。

12·13 子曰："听讼[1]，吾犹人也。必也使无讼[2]乎！"

【注释】

[1]讼：音sòng，诉讼。听讼：审理诉讼案件。[2]使无讼：使人们没有诉讼之事。

【常译】

孔子说："审理诉讼，我同别人的感受是一样的。一定要使这个世界不再有诉讼的事发生！"

12·14 子张问政。子曰："居之无倦，行之以忠。"

【新译】

子张问政事。孔子说："居于官位从不懈怠，行使职能一贯忠诚。"

12·15 子曰:"博学于文,约之以礼,亦可以弗畔矣夫!"[1]

【注释】

[1]本章重出,见《雍也》篇第27章。

12·16 子曰:"君子成人之美[1],不成人之恶[2]。小人反是。"

【注释】

[1]美:天地间一切宜人之事物和思想言行。如《管子·五行》:"然后天地之美生";《荀子·王霸》:"其民愿,其俗美。"在华夏文明时代,美与恶是阴阳哲学对。[2]恶:不好、凶狠等天地间一切不宜人之事物和思想言行。如《灵枢·本脏》:"厚薄美恶皆有形";恶向于人事,一般指过失、过错,如《说文》:"恶,过也";《左传·定公五年》:"吾以志前恶";恶又与善为阴阳哲学对。如《易·象传》:"君子之遏恶扬善。"

【新译】

孔子说:"君子成全别人的美善(合法宜人之好事),而不助长别人的恶(违法伤人之恶事)。小人则与此相反。"

12·17 季康子问政于孔子。孔子对曰:"政者正[1]也。子帅以正,孰敢不正?"

【注释】

[1]正:守一而止为正。又恰当(正当)相合而不偏移为正,如《论语·乡党》:"席不正不坐";《吕氏春秋·君守》:"有绳不以正";

《后汉书·皇后纪序》:"虽成败事异,而同居正号者,竝列于篇";《论语·子路》:"名不正则言不顺。"

【常译】

季康子问孔子如何治理国家。孔子回答说:"政就是正(合于道而无偏移)的意思。您带头走正道而不偏移,那么还有谁敢不走正道呢?"

12·18 季康子患盗[1],问于孔子。孔子对曰:"苟子之不欲[2],虽赏之不窃。"

【注释】

[1]盗:本义为偷窃,如《说文》:"盗,私利物也";《荀子·脩身》:"窃货曰盗";《庄子·山水》:"君子不为盗,贤人不为窃。"盗义拓展为抢劫财物的人、强盗,如《诗·大雅·桑柔》:"职盗为寇。"即专门偷盗的人称为寇,后以盗指民众作乱。[2]欲:欲的本义为男女性爱,如《黄帝内经》:"以欲竭其精";《说文》:"欲,贪欲也";《荀子·正名》:"欲者,情之应也。"后欲义拓展为爱好、喜爱,如《增韵》:"欲,爱也";《论衡·案书》:"人情欲厚恶薄。"欲义再拓展为个人私欲,如《庄子·则阳》:"故卤莽其性者,欲恶之孽,为性萑苇蒹葭。"欲义再拓展为渴望、希望、意图,如《孟子》:"天下之欲疾其君者,皆欲赴诉于王";《论语·子路》:"无欲速,无见小利。欲速,则不达";《论语·微子》:"欲洁其身而乱大伦。"欲义再拓展为想、愿意,如《史记·魏公子列传》:"晋鄙……曰:'……今单车来代之,何如哉?'欲无听。"古代的欲字与德字、道字等字都不是单一的意思,而是蕴含众多层面之义的一个哲学概念,此处的欲为君主之欲,季康子为鲁国三桓之一,并且他活着时是鲁国权力的实际掌控者,所以他的欲望,虽然不完全等同于君主之欲,但却也接近之了,显

然不能用贪图财物来简单解释，诸如声色犬马、宫室楼阁、名位、征伐掠夺、赋敛、宴聚等，都属于古代欲的范畴，而季康子与孔子的这段对话，是论政的，怎么可以解释成个人的贪财利呢？而且古代盗的形成，最主要的因素是战争，其次才是赋敛，至于季康子的个人贪财利，显然是与百姓无关的。只有这种贪财利与赋敛联系起来，才跟百姓为盗有关。

【新译】

季康子以百姓盗乱为患，问孔子怎么办。孔子回答说："假如你自己能克制欲望，不使泛滥，即使你用赏赐鼓励百姓去偷窃，也没有人会做的。"

12•19 季康子问政于孔子曰："如杀无道[1]，以就有道[2]，何如？"孔子对曰："子为政，焉用杀？子欲善而民善矣。君子之德风[3]，人小之德草，草上之风，必偃[4]。"

【注释】

[1]无道：指无道悖乱的人。[2]有道：指合于道的人。[3]德：德性，古代的德是一个哲学意义深厚的字，诸注家译为品德，不当。风：如风。[4]偃：仰倒。如《说文》："偃,僵也。"按，伏而覆曰仆，仰而倒曰偃；如《广雅》："偃,仰也"；《书•金縢》："天大雷电以风，木尽偃。"必偃：必偃之。此处的偃为动词，令之偃的意思。

【新译】

季康子问孔子政事，说："如果杀掉无道的人来成全有道的人，怎么样？"孔子说："您治理政事，还用得着杀戮的手段吗？如果您渴望善，老百姓就会跟着您成就善。君子的德性好比风，小民的德性好比草，风在草上，一定能将草吹倒。"

12·20 子张问:"士何如斯[1]可谓之达[2]矣?"子曰:"何哉,尔所谓达者?"子张对曰:"在邦必闻[3],在家必闻。"子曰:"是闻也,非达也。夫达也者,质直而好义,察言而观色,虑以下人[4]。在邦必达,在家必达。夫闻也者,色取仁而行违,居之不疑。在邦必闻,在家必闻。"

【注释】

[1]何如:怎样、怎么,斯:代词,某个样。[2]达:通达,显达。达与碍对、与穷对。[3]闻:听说、知道。如《孟子·滕文公上》:"闻君行仁政。"此处的闻是广为人知的意思。[4]下:与上为阴阳哲学对,本义表位置在下,此为处下,动词。下人:对人谦恭有礼、自处下位。

【新译】

子张问:"士怎么样才可以叫作通达?"孔子说:"你所说的通达具体是什么意思?"子张答道:"在国君的朝廷里必定广为人知,在大夫的封地里也必定广为人知。"孔子说:"这只是有名声,算不上通达。所谓达,那是要品质正直而爱好义,善于察觉并揣摩别人的话语,观察别人的脸色,凡事仔细考虑从而谦恭待人、自处下位。这样的人,无论是在国君的朝廷还是大夫的封地里都会通达无碍。至于那些有虚假名声的人,只是在外表上装出的仁的样子,而在行动上却违背了仁,自己还以仁人自居而不知惭愧。但他无论在国君的朝廷里还是在大夫的封地里都必定会有名声。"

12·21 樊迟从游于舞雩之下,曰:"敢问崇德、修慝[1]、辨惑。"子曰:"善哉问!先事后得[2],非崇德与?攻其恶,无攻人之恶,非修慝与?一朝之忿[3],忘其身，以及其亲，非惑与？"

【注释】

[1]修慝：慝：音tè，本义隐心、阴存邪念。如《尔雅》："崇谗慝也。"释文："慝，言隐匿其情以饰非"；《周礼·环人》："察军慝。"注："慝，阴奸也"；《左传·僖公十五年》："于是展氏有隐慝焉。"注："阴恶，非法之行。"此指隐恶、阴邪、阴奸等；修：整治、修治，如《史记·货殖列传》："管子修之。"有注修为改正的，不当。[2]先事后得：先致力于做事，把利益、利禄放在后面。[3]忿：忿怒，气愤。

【新译】

樊迟陪着孔子游行在舞雩台下，说："敢问怎样提高品德修养？怎样修治自己的邪念？怎样辨别迷惑？"孔子说："好啊！你这个问题，先努力做事，然后才有所收获，这不就是提高品德了吗？攻治自己的恶，而不是去攻击别人的恶，这不就是修治自己的邪念了吗？由于一时气愤，就忘记了自身的安危，以至于牵连自己的父母亲人，这不就是迷惑吗？"

12·22 樊迟问仁。子曰："爱人。"问知。子曰："知人。"樊迟未达。子曰："举直错诸枉[1]，能使枉者直。"樊迟退，见子夏曰："乡[2]也吾见于夫子而问知，子曰：'举直错诸枉，能使枉者直'，何谓也？"子夏曰："富[3]哉言乎！舜有天下，选于众，举皋陶[4]，不仁者远[5]矣。汤[6]有天下，选于众，举伊尹[7]，不仁者远矣。"

【注释】

[1]举直错诸枉：见2·19注。[2]乡：音xiàng。同"向"，过去、刚才。[3]富：《说文》："富，备也。一曰厚也"；《中庸》："尊为天子。富有四海之内。宗庙飨之。子孙保之。"富通常指丰富、充足、充裕、多等义。此处的富为含义丰富。[4]皋陶：gāoyáo，传说中舜时掌管刑法的大臣。[5]远：动词，疏远义。[6]汤：商朝的第一个君主，名履。[7]伊尹：汤的宰相，曾辅助汤灭夏兴商。

【新译】

樊迟问仁。孔子说："爱人。"樊迟问智，孔子说："了解人。"樊迟未能通达明白。孔子说："选拔正直的人来治理邪曲的人，这样就能使邪曲者归于正直。"樊迟退出来，见到子夏说："刚才我见到老师，问他什么是智，他说'选拔正直的人来治理邪曲的人，这样就能使邪曲者归于正直。这是什么意思？"子夏说："这话说得多么义理丰富呀！比如，在舜有天下时，他从众人中挑选人才，把皋陶选拔出来，不仁的人就被疏远了。汤有天下时，在众人中挑选人才，把伊尹选拔出来，不仁的人就被疏远了。"

12·23 子贡问友。子曰："忠告而善道[1]之，不可则止，毋自辱也。"

【注释】

[1]善：好的、恰当的、对的，道：导。亦可解为说。

【常译】

子贡问朋友。孔子说："忠诚地劝告他，恰当地引导他，如果不听就停止，不要自取其辱。"

12·24 曾子曰:"君子以文会友,以友辅仁。"

【常译】

曾子说:"君子以文章学问来结交朋友,依靠朋友帮助自己践行、推行仁德之道。"

子路篇第十三

13·1 子路问政。子曰:"先之劳之[1]。"请益[2]。曰:"无倦[3]。"

【注释】

[1]先:在前、向前,如《说文》:"先,前进也";屈原《九歌·国殇》:"旌蔽日兮敌若云,矢交坠兮士争先。"拓展义为最前面的、时间上最早的,如《庄子·刻意》:"不为福先,不为祸始。"再拓展义为在前面进行引导、引领,现代解释的动词有前导、前驱等,名词则有引导者、引领者、先行者、榜样等,如《韩非子·五蠹》:"以为民先。"劳:劳作、工作,此处为使动用法:使之劳。[2]益:增加,请益:请多讲一些、请再讲一些。[3]无:使动用法:使之无。无倦:杜绝厌倦,杜绝松懈、杜绝懈怠。

【新译】

子路问怎样管理政事。孔子说:"做事一定要抢在老百姓之前,做开拓者、引领者，要使老百姓勤于劳作。"子路请求多讲一点。孔子说："要杜绝懈怠。"

13·2 仲弓为季氏宰，问政。子曰："先有司[1]，赦小过，举贤才。"曰："焉知贤才而举之？"曰："举尔所知。尔所不知，人其舍诸[2]？"

【注释】

[1]有司：古代负责具体事务的官吏。[2]诸："之乎"二字的合音。

【常译】

仲弓做了季氏的家臣，问怎样管理政事。孔子说："把事情做在你同事的前面，不要计较他们的小过错，选拔贤才来任职做事。"仲弓又问："怎样知道是贤才而把他们选拔出来呢？"孔子说："选拔你所能认知到的，至于你不知道的贤才，别人难道还会埋没他们吗？"

13·3 子路曰："卫君[1]待子为政，子将奚[2]先？"子曰："必也正名[3]乎！"子路曰："有是哉，子之迂[4]也！奚其正？"子曰："野哉，由也！君子于其所不知，盖阙[5]如也。名不正则言不顺，言不顺则事不成，事不成则礼乐不兴，礼乐不兴则刑罚不中[6]，刑罚不中，则民无所措手足。故君子名之必可言也，言之必可行也。君子于其言，无所苟[7]而已矣。"

【注释】

[1]卫君：卫出公，名辄，卫灵公之孙。其父蒯聩被卫灵公驱逐出

国,卫灵公死后,蒯辄继位。其父蒯聩要回国争夺君位,遭到蒯辄拒绝。孔子所说的正名,其实就是主张蒯聩代替儿子成为国君。[2]奚:音xī,语气词,用如胡、何。[3]正名:即正名分、名位。[4]迂:《说文》:"迂,僻也。"此指不顺人情。[5]阙:同"缺",存疑的意思。[6]中:音zhòng,得当。[7]苟:苟且,马马虎虎。

【常译】

子路(对孔子)说:"卫国国君期待您去治理国家,您打算先从哪些事情做起呢?"孔子说:"首先必须正名位。"子路说:"有这样做的吗?您想得太不合时宜太不顺人情了。这名怎么正呢?"孔子说:"仲由,真粗鄙啊。君子对于他所不知道的事情,应该采取存疑的态度。名分不正,言语政令就不顺当合理,言语政令不顺当合理,事情就办不成。事情办不成,礼乐也就不能兴起。礼乐不能兴起,刑罚的执行就不会得当。刑罚不得当,百姓就不知怎么办才好。所以,君子一定要先确定名和位,必须能够说得合法合理,这样说出来才一定能行得通。君子对于自己的言行,是从来不马马虎虎对待的。"

13·4 樊迟请学稼。子曰:"吾不如老农。"请学为圃[1]。曰:"吾不如老圃。"樊迟出。子曰:"小人哉,樊须也!上好礼,则民莫敢不敬,上好义,则民莫敢不服;上好信,则民莫敢不用情[2]。夫如是,则四方之民襁[3]负其子而至矣,焉用稼?"

【注释】

[1]圃:音pǔ,菜地,引申为种菜。[2]情:情实。用情:以真心实情来对待。[3]襁:音qiǎng,背婴孩的背篓。

【常译】

樊迟向孔子请教种庄稼的事。孔子说:"我不如老农。"樊迟又请教如何种菜。孔子说:"我不如老菜农。"樊迟退出以后,孔子说:"樊迟真是一个小人啊。在上位者只要重视礼,那么老百姓就不敢不敬畏;在上位者只要重视义,那么老百姓就不敢不服从;在上位的人只要重视信,那么老百姓就不敢不用真心实情来对待你。只要做到这样,四面八方的老百姓就会背着自己的小孩来投奔,哪里用得着自己去种庄稼呢?"

13·5 子曰:"诵诗三百,授之以政,不达[1];使于四方,不能专对[2]。虽多,亦奚以[3]为?"

【注释】

[1]达:通达。此指会运用《诗》里的方法把事情办好。[2]专对:独立对答。[3]以:用。

【常译】

孔子说:"诵习《诗经》,让他处理政务,却不能把事办好;让他当外交使节,不能独立地应对交涉;这样即使背得很多,又有什么用呢?"

13·6 子曰:"其身正,不令而行;其身不正,虽令不从。"

【常译】

孔子说:"自身行于正道,即使不发布命令,老百姓也会自发地去干;自身不行正道,即使发布命令,老百姓也不会服从。"

13·7 子曰:"鲁卫之政,兄弟也。"

【常译】

孔子说:"鲁和卫两国的政事,就像兄弟(的政事)一样。"

13·8 子谓卫公子荆[1]:"善居室[2]。始有,曰:'苟[3]合[4]矣'。少有,曰:'苟完[5]矣。'富有,曰:'苟美矣。'"

【注释】

[1]卫公子荆:卫国大夫,字南楚,卫献公的儿子。吴国有名的君子季札曾将他列为吴国的君子,从此文来看,孔子也是赞同公子荆为一个君子的。[2]居:积储,如《国语·晋语》:"假贷居贿";《汉书·张汤传》:"居物致富。"善居室:善于居家过日子、善于积储房舍。[3]苟:姑且、暂且、轻率的、不讲究的,如《国语·鲁语》:"且苟而赋";诸葛亮《出师表》:"苟全性命于乱世,不求闻达于诸侯";又义差不多即可。[4]合:闭、对拢,如《说文》:"合,合口也。"诸注家皆注为给、足够等意。[5]完:《说文》:"完,全也。"此指完备、完成。

【常译】

孔子谈到卫国的公子荆时说:"他善于居家理财。刚开始有一点,他说:'差不多就够了。'稍为多一点时,他说:'这差不多就算是完备了。'更多一点时,他说:'这差不多可以算是完美了'。"

【再译】

孔子谈到卫国的公子荆时说:"他善于治家宅,刚开始的时候有一点,他说'差不多就可以闭拢了(拢则无法再扩建)。'过一阵又增多了,他说'这差不多就完成了。'等到非常多了,他说'这差不多就算完美了。'"

13•9 子适卫，冉有仆[1]。子曰："庶矣哉！"冉有曰："既庶[2]矣，又何加焉？"曰："富之。"曰："既富矣，又何加焉？"曰："教之。"

【注释】

[1]仆：仆从，如《说文》："僕，给事者。"仆与夫、御相连，则为驾车的人，如《诗•小雅•出车》："召彼仆夫。"而仆御则是驾车之仆夫的专门称呼，可见此处的仆，为给事者、仆从、服侍者的意思，诸注家多引以上《诗经》的案例注仆为驾车，是不准确的，因为《出车》一诗是召仆为御，这不代表仆就是御，比如孔子说自己愿意执辔驾车，如果孔子自己驾车，显然只能说是御，则不能说成是仆，所以召仆驾车，不能说仆就是御，同理，如果没有马车，而召仆夫做其他的，如挑，不能因此注解仆为挑担，如果仆夫还能做建筑（古版），也不能因此注解仆为版筑，更不能因此注解仆为版户（古代的建筑户口）。因为仆从、给事不仅仅要驾车，还包括其他事情的服务。[2]庶：众多，如《说文》："庶，屋下众也"；《诗•大雅•卷阿》："既庶且多。"

【新译】

孔子到卫国去，冉有作为他的仆侍。孔子说："人口真多呀！"冉有说："人口已经很多了，接下来该做什么呢？"孔子说："要使他们富起来。"冉有说："富起来以后又还能做些什么？"孔子说："要对他们进行教化。"

【论析】

此段讲的是治国的次序，先庶之，再富之，再教之。

13•10 子曰："苟有用我者，期月[1]而已可也，三年有成。"

【注释】

期月：一说期同朞，音jī，义为时间周而复始。如朞日，即三百六十五日。如《素问·天元纪大论》："运气运行，各终朞日，非独主时也"；唐高宗《定明堂规制诏》（《全唐文》卷一三）："一朞有四时……一朞十有二月"

【常译】

孔子说："如果有君主用我来治理国家，一周年便可以搞出个样子，三年就会有所成就。"

13·11 子曰："善人为邦百年，亦可以胜残去杀矣。诚哉是言也！"

【常译】

孔子说："善人治理国家，如果能经过一百年的不间断，也就可以消除残暴，废弃刑罚杀戮了。这话真对呀！"（此孔子盖言德治不易，需要百年时间才能实现，在历史上，善人为邦百年，几乎是只有三皇五帝时期才有的事。）

13·12 子曰："如有王者，必世而后仁。"

【常译】

孔子说："如果有王者兴起，也一定需要三十年的时间才能实现仁政。"

【论析】

就算是王者治理国家也需要三十年的时间才能初步实现仁政。而胜残去杀则需要百年不间断的治理，固见仁政善政实现之难。

13·13 子曰："苟正其身矣，于从政乎何有？不能正其身，如正人何？"

【常译】

孔子说："如果端正了自身的行为，使之事于道，那再去管理政事还有什么困难呢？如果不能端正自身，又怎么可能使别人端正呢？"

13·14 冉子退朝。子曰："何晏[1]也？"对曰："有政。"子曰："其事也？如有政，虽不吾以，吾其与闻之。"

【注释】

[1]晏：通"旰"（音gàn）。迟、晚义，如《吕氏春秋·慎小》："二子待君，曰晏。"高诱注："晏，暮也"；《楚辞·离骚》："及年岁之未晏兮。"

【新译】

冉求退朝回来比较晚了，孔子说："你为什么回来得这么晚？"冉求说："有政事。"孔子说："那只是一般的事务吧（那只是家事吧？此处孔子有可能以为冉有处理的仅是大夫家的私事）？如果有政事，虽然国君不用我了，我也会知道的。"

13·15 定公问："一言而可以兴邦，有诸？"孔子对曰："言不可以若是，其几也[1]。人之言曰：'为君难，为臣不易。'如知为君之难也，不几乎一言而兴邦乎？"曰："一言而丧邦，有诸？"孔子对曰："言不可以若是其几也。人之言曰：'予无乐乎为君，唯其言而莫予违也。'如其善而莫之违也，不亦善乎？如不善而莫之违也，不几乎一言而丧邦乎？"

【注释】

[1]言不可以若是，其几也。诸本皆作"言不可以若是其几也"，不作句读。言不可以若是：话不可以像（定公所言）这样理解。其几：其代指言，几为先机、概要、关键、机变、灵活等义。如《易·系辞传》："几者，动之微，吉之先见者也"；《书·皋陶谟》："一日二日万几"；《易·系辞》："君子见几而作，不俟终日。"此处可做机变讲。另，几也有接近、达到义，如《尔雅》："几，近也"；《易·小畜》："月几望"；《礼记·乐记》："知乐则几于礼矣。"此处接近义也讲得通。此文的前后文句对比来看，几是接近的意思可能会更合理。

【新译】

鲁定公问："一句话就可以使国家兴盛，有这样的事吗？"孔子答道："不可能有这样的事，但有近乎于这种效果的话（话不可以这样理解，而应该灵活变通地来理解）。有人说：'做君难，做臣不易。'如果君主和臣子都知道了做君的难（从而勤勉政事），这不近乎于一句话就可以使国家兴盛吗？"鲁定公又问："一句话可以亡国，有这样的话吗？"孔子回答说："不可能有这样的事，但有近乎于这种效果的话（话不可以这样理解，而应该灵活变通地来理解）。有人说过：'我做君主并没有什么其他可高兴的，而只在于我所说的话没有人敢于违抗。'假如君主说得对而没有人违抗，不也很好吗？但假如他说得不对却没有人违抗，那不就近乎于一句话可以亡国吗？"

13·16 叶公问政。子曰："近者悦，远者来。"

【常译】

叶公问孔子政事。孔子说:"使近处的人心悦,使远处的人来归附。"

13·17 子夏为莒父[1]宰,问政。子曰:"无欲速,无见小利。欲速则不达,见小利则大事不成。"

【注释】

[1]莒父:莒,音jǔ。鲁国城邑,为古代东夷大国莒国的都城所在地,在今山东省莒县境内。

【常译】

子夏做莒父的主官,问孔子政事。孔子说:"不要求快,也不要看重小利。求快往往反而达不到目的,贪求小利则导致大事做不成。"

13·18 叶公语孔子曰:"吾党有直躬者[1],其父攘羊[2],而子证[3]之。"孔子曰:"吾党之直者异于是:父为子隐,子为父隐,直在其中矣。"

【注释】

[1]躬:身,直躬者:正直的人。[2]攘:偷、盗窃,如《孟子·滕文公下》:"请损之,月攘一鸡,以待来年,然后已。"[3]证:或作证明、告发。

【常译】

叶公告诉孔子说:"我家乡有个正直的人,他的父亲偷了人家的羊,他告发(证实)了父亲的行为。"孔子说:"我家乡里正直的人不是这个样子的:如果有这样的事发生,父亲会为儿子隐瞒,儿子会为父亲隐瞒。这样正直才会在其中了。"

【论析】

古代的大家都是赞成孔子的,如:《庄子·盗跖》:"直躬证父,尾生溺死,信之患也。"《吕氏春秋·当务》:"直躬之信,不若无信。"都以为直躬之信是愚信。这显然是一个矛盾的命题。这种做法显然是韩非子等法家所反对的。儒家有些做法是不利于社会进步的,如果这一章再加上,子劝父改其过,那才能算是儒家伦理的完美。

13·19 樊迟问仁。子曰:"居处恭,执事敬,与人忠。虽之夷狄,不可弃也。"

【常译】

樊迟问仁。孔子说:"平常闲居在家时要谨记恭记(不能因为闲居就放纵),履责办事要敬重认真,对待人要忠心诚意。这些品质,即使是到了夷狄那样的不化之地,也不可以背弃。"

13·20 子贡问曰:"何如斯可谓之士[1]矣?"子曰:"行己有耻,使于四方,不辱君命,可谓士矣。"曰:"敢问其次。"曰:"宗族称孝焉,乡党称弟焉。"曰:"敢问其次。"曰:"言必信,行必果[2],硁硁[3]然小人哉!抑亦可以为次矣。"曰:"今之从政者何如?"子曰:"噫!斗筲之人[4],何足算也?"

【注释】

[1]士:士在周代贵族中位于最低层。此后,士成为古代社会知识分子的通称。[2]果:果断、坚决、果敢。[3]硁硁:音kēng,象声词,敲击石头的声音。如《史记·乐书》:"石声硁。"这里引申为像石块那样坚硬。[4]斗筲之人:筲,音shāo,竹器,容一斗二升。比喻器量狭小的

人、胸无大志的人。

【常译】

子贡问道:"怎样才可以称得上是士?"孔子说:"自己在做事时有知耻之心、不行羞耻之事,出使四方各国,能够不令君主交付的使命受辱,这可以叫作士。"子贡说:"敢问次一等的呢?"孔子说:"宗族中的人普遍称赞他有孝德,乡党们称他懂得尊敬兄长。"子贡又问:"敢问再次一等的呢?"孔子说:"说到一定做到,做事一定坚持到底,像石头那样硬的是小人啊。但这样的人(虽是小人)也可以说是再次一等的士了。"子贡说:"那么现在的执政者,您看怎么样(算是哪个层次的士呢)?"孔子说:"唉!这些只知斗筲之利(如刘备时求田问舍典故)、胸无大志、器量狭小的人,哪里能数得上呢?"

13·21 子曰:"不得中行[1]而与之,必也狂狷[2]乎!狂者进取,狷者有所不为也。"

【注释】

[1]中行:合乎中道而行。[2]狷:音juàn,从上下文意来看为拘谨、有所不为义。

【新译】

孔子说:"我找不到那懂得奉行中道的人一起做事,只能与狂者、狷者相交往了。狂者敢作敢为、有进取之心,狷者洁身自爱,对有些事是不肯干的。"

13·22 子曰:"南人有言曰:'人而无恒,不可以作巫医[1]。'善夫!""不恒其德,或承之羞。"[2]子曰:不占[3]而已矣。"

【注释】

[1]巫医：用卜筮为人治病的人，周前巫与医是不分家的。此句所说的恒，乃是指巫医所应恒守特殊的职业要求。[2]不恒其德，或承之羞：此二句引自《易经·恒卦·爻辞》。[3]占：占卜。

【新译】

孔子说："南方人有句话说：'人如果做事没有恒心（人如果不能始终如一的坚持己分），就不能当巫医。'这句话说得真是好啊！""人不能长久地保持自己已有的美好的德行，就免不了要遭受耻辱。"孔子说："（这句话是说，没有恒心的人）用不着去占卦了（占了也没有用处）。"

13·23　子曰："君子和[1]而不同[2]，小人同而不和。"

【注释】

[1]和：不同的东西和谐地配合叫作和，各方面之间彼此不同。[2]同：相同的东西相加或改变自己与人相混同，叫作同。各方面之间完全相同。

【新译】

孔子说："君子讲求和谐却不会失去自我被人同化，更不会与人同流合污，小人只求完全一致，排斥异己而不讲求协调。"

13·24　子贡问曰："乡人皆好之，何如？"子曰："未可也。""乡人皆恶之，何如？"子曰："未可也。不如乡人之善者好之，其不善者恶之。"

【新译】

子贡问孔子说："全乡人都喜欢、赞扬他，这个人怎么样呢？"

孔子说："这还不能肯定。"子贡又问孔子说："全乡人都厌恶、憎恨他，这个人怎么样？"孔子说："这也是不能肯定的。这样的（判断标准）不如全乡的好人都喜欢他，全乡的坏人都厌恶他（那样的判断标准）。"

13·25 子曰："君子易事[1]而难说[2]也。说之不以道，不说也；及其使人也，器之[3]。小人难事而易说也。说之虽不以道，说也；及其使人也，求备焉。"

【注释】

[1]易事：易于与人相处共事。[2]难说：难于取得他的欢喜。[3]器之：量才使用。

【常译】

孔子说："为君子办事很容易（此与小人相对，指君子不苛责），但很难取得他的喜悦。不按正道去讨他的喜欢，他是不会高兴的。当君子使用人的时候，总是量才而用人；为小人办事是很难的，但要取得他的欢喜则是容易的。不按正道去讨他的喜欢，他也会喜欢。但等到他使用人的时候，却总是吹毛求疵、求全责备。"

13·26 子曰："君子泰而不骄，小人骄而不泰。"

【常译】

孔子说："君子能够安静坦然却不会傲慢无礼，小人傲慢无礼而不能安静坦然。"

13·27 子曰："刚、毅、木、讷近仁。"

【新译】

孔子说:"刚强正直、果敢坚毅、迟钝朴实、少言谨慎,这四种品德接近于仁。"

13·28 子路问曰:"何如斯可谓之士矣?"子曰:"切切偲偲[1],怡怡[2]如也,可谓士矣。朋友切切偲偲,兄弟怡怡。"

【注释】

[1]切:本义摩擦、接触,如《广雅》:"切,摩也";《史记·扁鹊仓公传》:"不待切脉。"切又有深、深切义,如《汉书·霍光传》注:"切,深也。"切又有严厉义,如《文子·上礼》:"故为政以苛为察,以切为明……大败大裂之道也。"偲,音cāi,《说文》:"偲,强力也。从人,思声。一说"思"为"腮"省,意为"腮帮丰满""络腮胡子","人"与"腮"省联合起来表示"长着络腮胡须的美男子"。如《诗经·齐风·卢令》:"卢重鋂,其人美且偲。"此处偲注家以为是有才能义。又音sī,今之注家多注偲为勉励、督促、诚恳的样子。不知所从何来。
[2]怡怡:音yí,和义,如《说文》:"怡,和也";《书·金縢传》:"公乃为诗以怡王。"郑注:"悦也(此处为使动用法,使之怡)";《礼记·内则》:"下气怡色。"注:"悦也。"统观诸义,怡为因内中和而外显和气、亲切的样子。

【新译】

子路问孔子道:"怎样才称得上是士呢?"孔子说:"深入交往、互相勉励督促,相处和气亲切,这样就可以算是士了。朋友之间要密切交往、互相督促勉励,兄弟之间要和气亲切。"

13·29 子曰:"善人教民七年,亦可以即戎矣。"

【新译】

孔子说:"善人教练百姓要用七年的时间,然后才可以叫他们去当兵打仗(孔子之所以说要练兵七年,是本着仁义之心,一定要训练有素了才可以让民众上战场)。"

13·30 子曰:"以不教民战,是谓弃之。"

【新译】

孔子说:"用那些没有经过严格训练的百姓去参战,这就叫抛弃他们的性命。"

宪问篇第十四

14•1 宪[1]问耻。子曰："邦有道，谷[2]；邦无道，谷，耻也。""克伐[3]怨、欲，不行焉，可以为仁矣？"子曰："可以为难矣，仁则吾不知也。"

【注释】

[1]宪：姓原名宪，孔子的学生。[2]谷：做官者的俸禄，代指做官。[3]克：诸注家注为好胜，然不见有古例，考克义，有能、胜义，如《康熙字典》："又《玉篇》，胜也。《左传•僖公四年》：'以此攻城，何城不克?'"克又有胜过、不中义，如《书•洪范》："二曰刚克，三曰柔克。""沉潜刚克高明柔克。"而此处的刚克柔克就有过度、过胜的意思。伐：一义自表、自夸。如《论语•公冶长》："愿无伐善，无施劳"；《史记•屈原贾生列传》："每一令出，平伐其功。"伐一义为攻伐，如《说文》："伐，击也"；《广雅》："伐，杀也"；

《左传·庄公十年》:"齐师伐我";《左传·庄公二十九年》:"凡师有钟鼓曰伐,无曰侵。"诸注家以克为好胜,以伐为自夸,伐有自夸义,古例如上,但克为好胜义,古例则无,如刚克,注克为好胜,则柔克何解?刚强者好胜易解,柔顺者好胜就不合逻辑了。故诸注皆以此句之句读为:克、伐、怨欲不行焉。而本书句读如上文,亦可句读为:克伐,怨欲不行焉。如伐为自夸讲,则亦可句读为:克伐、怨、欲,不行焉。但自表自夸,与仁不仁是没有直接的因果关系的,所以此处列出几种句读法,读者善自思之。

【新译】

原宪问孔子耻。孔子说:"国家有道时,做官拿俸禄;国家无道时,却还做官拿俸禄,这就是可耻。"原宪又问:"能够克制自表自夸、怨恨、贪欲,使自己的行为杜绝这三者,这样可以算做到仁了吧?"孔子说:"这可以说是很难得的、很难做到的,但至于是不是称得上仁,那我就不知道了。"

14·2 子曰:"士而怀居[1],不足以为士矣。"

【注释】

[1]怀:思念、留恋。如《说文》:"怀,思念也";《诗·周南·卷耳》:"嗟我怀人。"居,家居。怀居指留恋家居的安逸生活。

【常译】

孔子说:"如果身为士却还留恋家庭的安逸生活,那就不配做士了。"

14·3 子曰:"邦有道,危[1]言危行;邦无道,危行言孙[2]。"

【注释】

[1]危：在高处而畏惧。如《说文》："危，在高而惧也"；义为恐惧、忧惧如《战国策·西周策》："窃为君危之。"诸注家解危为正、直，实不知所从来。[2]孙：同"逊"。

【新译】

孔子说："国家有道，要言多有危、行如临危；国家无道，要行如临危，说话更要谦虚谨慎。"

14·4 子曰："有德者必有言，有言者不必有德。仁者必有勇，勇者不必有仁。"

【常译】

孔子说："有德的人，一定有弘扬德的言论，而有言论的人却不一定有德。仁人一定具有勇敢的品质，但勇敢的人不一定都具有仁德。"

14·5 南宫适[1]问于孔子曰："羿[2]善射，奡荡[3]舟[4]，俱不得其死然。禹稷[5]躬稼而有天下。"夫子不答。南宫适出。子曰："君子哉若人！尚德哉若人！"

【注释】

[1]南宫适：孔子学生，即南容。[2]羿：音yì，夏代有穷国的国君，善于射箭，曾夺夏太康的王位，后被其臣寒浞所杀。[3]奡：音ào，寒浞的儿子，后来为夏少康所杀。[4]荡舟：奡力大，善水战。[5]禹稷：禹，夏朝的开国之君，治水有功，注重发展农业。稷，周朝的祖先，又为谷神，教民众种植庄稼。

【常译】

南宫适问孔子："羿善于射箭，奡善于水战，最后却都不得好死。

禹和稷都亲自种植庄稼发展生产，却得到了天下。"孔子没有回答，南宫适出去后，孔子才说："这个人真是个君子呀！这个人真崇尚尊重于德。"

14·6 子曰："君子而不仁者有矣夫，未有小人而仁者也。"

【常译】

孔子说："君子中没有仁德的人，这种情况是有的，而小人中有仁德的人，这种情况是没有的。"

14·7 子曰："爱之，能勿劳乎？忠焉，能勿诲乎？"

【新译】

孔子说："爱他，能不为他而操劳吗（能不叫他勤劳工作吗）？忠于他，能不对他实行教诲吗？"

【论析】

《国语·鲁语下》载："夫民劳则思，思则善心生；逸则淫，淫则忘善，忘善则恶心生。"故爱之则劳之。

14·8 子曰："为命[1]，裨谌[2]草创之，世叔讨论之[3]，行人[4]子羽[5]修饰之，东里[6]子产润色之。"

【注释】

[1]命：指国家的政令，有注家说外交辞令，然外交辞令似不能称为命。[2]裨谌：音bìchén，人名，郑国大夫。[3]世叔：即子太叔，名游吉，郑国的大夫。子产死后，继子产为郑国宰相。讨：《说文》："讨，

245

治也。"论：议论、分析和说明事理。如《说文》："论，议也"；《周礼·考工记》："坐而论道。"论亦可解为研究、探讨，如《韩非子·五蠹》："论世之事。"论又通"纶"，为治理义，如《易·屯》："云雷屯，君子以经论。"[4]行人：官名，掌管朝觐聘问，即外交事务。[5]子羽：郑国大夫公孙挥的字。[6]东里：地名，郑国大夫子产居住的地方。

【新译】

孔子说："郑国发表的国家命令公文，一般是由裨谌起草创作，世叔议论分析、提出意见并治理敲订，然后再由外交官子羽加以改正修饰，而由子产作最后的词语润色。"

14·9 或问子产。子曰："惠人也。"问子西[1]。曰："彼哉！彼哉！"问管仲。曰："人也[2]。夺伯氏[3]骈邑[4]三百，饭疏食，没齿[5]无怨言。"

【注释】

[1]子西：春秋时有三个子西。[2]人也：即此人也。有注家注为人才。[3]伯氏：齐国的大夫。[4]骈邑：地名，伯氏的采邑。[5]没齿：死。

【常译】

有人问子产是个怎样的人。孔子说："是个宽厚慈惠的人。"又问子西。孔子说："他呀！他呀！（此似是无可置评之义，亦即应是无善可陈，无恶可伐）"又问管仲。孔子说："这个人呀，他把伯氏骈邑的三百家夺走，使得伯氏终生只能吃粗茶淡饭，却直到老死也没有怨言。"

14·10 子曰："贫而无怨难，富而无骄易。"

【常译】

孔子说:"贫穷而能够没有怨恨,这是很难做到的,富裕而不骄傲,还是相对容易的。"

14·11 子曰:"孟公绰[1]为赵魏老[2]则优[3],不可以为滕薛[4]大夫。"

【注释】

[1]孟公绰:鲁国大夫,属于孟孙氏家族。[2]老:《说文》:"老,考也。七十曰老";《礼记·曲礼》:"七十以上曰老。"古时对某些臣僚的尊称,如:《仪礼·聘礼》:"授老币。"《注》老宾之臣。又《疏》谓:大夫家臣称老;《礼·曲礼》国君不名卿老。《注》谓卿老亦卿也;又《礼·王制》:"天子之老。"《注》谓老谓上公;故古之上公、上卿、大夫、大夫家臣等俱可称老。故注家多注此老为大夫家臣,如杨伯峻引《史记·仲尼弟子列传》以为孟公绰为孔子所敬之人,既为孔子所敬之人,孔子不当言其才具仅为家臣。[3]优:本义富足、多、足够,如《说文》:"优,饶也。一曰倡也。"按,倡者本训,饶者假借。又拓展为优厚义,如《诗·小雅·信南山》:"益之以霡霂,既优既渥,既沾既足,生我百谷";《国语·周语》:"布施优裕。"其义再拓展为优待,如《南齐书·武帝纪》:"今区寓宁晏,庶绩咸熙,念勤简能,宜加优奖。"[4]滕薛:滕,诸侯国家,在今山东滕县。薛,诸侯国家,在今山东滕县东南一带。

【新译】

孔子说:"孟公绰如果去做晋国赵氏、魏氏的臣老,就会得到厚待了,像他这样的人不应该做滕、薛这样的小国的大夫。"

14·12 子路问成人[1]。子曰:"若臧武仲[2]之知,公绰之不欲,卞庄子[3]之勇,冉求之艺,文之以礼乐,亦可以为成人矣。"曰:"今之成人者何必然?见利思义,见危授命,久要[4]不忘平生之言,亦可以为成人矣。"

【注释】

[1]成:(德性)有所成。[2]臧武仲:鲁国大夫臧孙纥,他逃到齐国后,能预见到齐庄公会被杀,于是设法辞去庄公赏赐他的田地,从而免祸。[3]卞庄子:鲁国卞邑大夫,《荀子·大略篇》及《韩诗外传》都记载有他刺虎的事迹。[4]要:一说旧约,要:诸注家注为长久处于穷困中,然我未见有古例。考要简要、要点、纲要义,如《荀子》:"故明主好要,而暗主好详";《商君书》:"故其治国也,察要而已矣。"又要古义为计数的簿书,如《周礼》:"大役与虑,事属其植。受其要,以待考而赏诛。"郑玄注:"要者,簿书也。考,谓考较其功。"故要可以从记数之簿书拓展出铭记、谨记之义。

【新译】

子路问怎样做才是一个(德性)有所成的人。孔子说:"如果具有臧武仲那样有先见之明的智慧,又孟公绰那样能克制自己欲望的美德,又具有卞庄子的勇敢,再加上像冉求那样多才多艺,再用礼乐加以修饰美化,也就可以算是一个有所成的人了。"孔子又说:"现在的有所成的人何必一定要这样高的要求呢?只要能见到财利能想到义,然后以义决定取舍,遇到危险能为国家而接受任命,长久地铭记不忘自己一生的诺言(不忘记自己一生的诺言,并长久地以之为自己言行的纲要),这样的人也可以算是一位(德性)有所成的人。"

14·13 子问公叔文子[1]于公明贾[2]曰:"信乎,夫子[3]不言,不笑,不取乎?"公明贾对曰:"以[4]告者过也。夫子时然后言,人不厌其言;乐然后笑,人不厌其笑；义然后取，人不厌其取。"子曰："其然？岂其然乎！"

【注释】

[1]公叔文子：卫国大夫公孙拔，卫献公之子。谥号"文"。[2]公明贾：姓公明字贾。卫国人。[3]夫子：指公叔文子。[4]以：以之，指上面说的"夫子不言，不笑，不取"。

【新译】

孔子向公明贾问到公叔文子，说："确实吗？夫子他不说、不笑、不取钱财？"公明贾回答道："这是这样告诉你话的那个人的过错。夫子他到该说时才会说，因此别人不厌恶他的话；大家都感到快乐时才会笑，因此别人不厌恶他的笑；合于义的财利他才取，因此别人不厌恶他取。"孔子说："是这样？果然是这样呀！"

14·14 子曰："臧武仲[1]以防求为后于鲁，虽曰不要[2]君，吾不信也。"

【注释】

[1]臧武仲因得罪孟孙氏曾逃离鲁国，后来回到防邑，他向鲁君要求，以立臧氏之后为卿大夫作为条件，换取自己离开防邑。孔子这是想要挟君主，犯有不忠的大罪。此事在《春秋》书中有记载。[2]要：通约，有所倚仗而强求。可释为胁迫、要挟。如《左传·襄公九年》："明神洋蠲要盟。"

【常译】

孔子说："臧武仲凭借防邑为条件，请求鲁君将他的后代立为卿大夫，虽然有人说他不是要挟君主，但我不相信。"

14·15 子曰:"晋文公[1]谲[2]而不正,齐桓公[3]正而不谲。"

【注释】
[1]晋文公:姓姬名重耳,春秋时期有作为的政治家,春秋五霸之一。公元前636-前628年在位。[2]谲:音jué,欺诈、欺骗、权诈、玩弄手段。如《说文》:"谲,权诈也";《广雅》:"谲,欺也";《韩非子·定法》:"而奸臣犹有所谲其辞矣。"[3]齐桓公:姓姜名小白,春秋时期有作为的政治家,著名的霸主之一。公元前685-前643年在位。

【常译】
孔子说:"晋文公权诈欺人而不正直,齐桓公正直而不权诈欺人。"

【论析】
孔子一贯主张"礼乐征伐自天子出,"对时人的违礼行为一概加以指斥。晋文公在称霸后召见周天子,这对孔子来说是不可接受的。而齐桓公打着"尊王"的旗号称霸,孔子认为他的做法符合于礼,是正的。

14·16 子路曰:"桓公杀公子纠[1],召忽[2]死之,管仲不死。"曰:"未仁乎?"子曰:"桓公九合诸侯[3],不以兵车[4],管仲之力也。如其仁[5],如其仁。"

【注释】
[1]公子纠:桓公兄,与桓公争位,被桓公所杀。[2]召忽:管仲和召忽最开始都是公子纠的家臣,公子纠被杀后,召忽自杀尽忠,而管仲归服于齐桓公,并当上齐国的宰相。[3]九合诸侯:指齐桓公多次召集诸侯盟会。[4]不以兵车:即不用武力。[5]如其:像这样。

【常译】

子路说:"齐桓公杀死公子纠,召忽自杀以殉,管仲却没有以死尽忠。管仲不能算是仁吧?"孔子说:"桓公多次召集各诸侯国的盟会,尊王攘夷,却不需要动用武力,这都是管仲的力量啊。像这样是仁,像这样是仁。"

14·17 子贡曰:"管仲非仁者与?桓公杀公子纠,不能死,又相之。"子曰:"管仲相桓公,霸诸侯,一匡天下,民到于今受其赐。微[1]管仲,吾其被发左衽[2]矣。岂若匹夫匹妇之为谅[3]也,自经[4]于沟渎[5]而莫之知也。"

【注释】

[1]微:无,没有。[2]被发左衽:被,同"披"。衽,衣襟。"被发左衽"是当时的夷狄之俗。[3]谅:为众人所相信为谅,如《说文》:"谅,信也";《方言一》:"众信曰谅";《礼记·内则》:"请肆简谅";这里指小节小信。[4]经:上吊、缢死,如《公羊传·昭公十三年》:"灵王经而死";《史记·田单传》:"经其颈于树枝。"[5]渎:小沟渠。

【新译】

子贡问:"管仲不能算是仁人了吧?齐桓公杀了公子纠,他不能为公子纠殉死,却反而做了齐桓公的宰相。"孔子说:"管仲辅佐桓公,称霸于诸侯,匡正了天下,老百姓到了今天还承其余泽恩赐。如果没有管仲,恐怕我们也要披散着头发,衣襟向左开了(没有管仲,齐鲁会被夷狄所灭,而我们就会如同夷狄)。他哪能像普通百姓那样恪守小节,自杀在小山沟里,而谁也不知道呀(什么影响、意义、价值都没有)。"

14·18 公叔文子之臣大夫僎[1]与文子同升诸公[2]。子闻之,曰:"可以为文矣。"

【注释】

[1]僎：音xún，人名。公叔文子的家臣。[2]公：一指君王，如《左传•庄公十年》："十年春,齐师伐我,公将战。"一指公爵，如《公羊传》："公，爵名，五等之首曰公；其余大国称侯；小国称伯、子、男"；《诗•小雅•白驹》："尔公尔侯,逸豫(快乐)无期。"诸注家将公注解为公室、公家，是不对的。将升诸公解释为僎由家臣升为大夫，与公叔文子同位，也是不对的，因为此句很明白地说了"公叔文子之臣大夫僎"，则是在大夫僎得到公爵之前，本身就是大夫。

【常译】

公叔文子的家臣大夫僎和文子一起晋升为公爵。孔子知道了这件事以后说："（他死后）可以给他'文'的谥号了（他称得上是文了）。"

14•19 子言卫灵公之无道也，康子曰："夫如是，奚而不丧？"孔子曰："仲叔圉[1]治宾客，祝鮀治宗庙，王孙贾治军旅，夫如是，奚其丧？"

【注释】

[1]仲叔圉：圉，音yǔ，即孔文子。他与后面提到的祝鮀、王孙贾都是卫国的大夫。

【常译】

孔子说起卫灵公的无道之处，季康子说："既然如此，为什么他却没有败亡呢？"孔子说："卫国有仲叔圉治理宾客，祝鮀管理宗庙祭祀，王孙贾统率军队，像这样，又怎么会败亡呢？"

14·20 子曰:"其言之不怍[1],则为之也难。"

【注释】

[1]怍:音zuò,惭愧。如《说文》:"怍,惭也。从心,作省声";《礼记·曲礼》:"容无怍";《礼记·祭义》:"孝子临尸而不怍";《公羊传·宣公六年》:"灵公心怍焉。"诸注家解为"那人大言不惭,那实行起来就不易了。"或解为"如果大言不惭,那实现这些话也就难了。"在逻辑上都不通。

【新译】

孔子说:"如果讲到仁义之道时不知道惭愧(因不合于、未达到仁义而惭愧),那么想要实现仁义之道也就很难了。"

14·21 陈成子[1]弑简公[2]。孔子沐浴而朝,告于哀公曰:"陈恒弑其君,请讨之。"公曰:"告夫三子[3]。"孔子曰:"以吾从大夫之后[4],不敢不告也。君曰'告夫三子'者。"之[5]三子告,不可。孔子曰:"以吾从大夫之后,不敢不告也。"

【注释】

[1]陈成子:即陈恒,齐国大夫,又叫田成子。他以大斗借出,小斗收进的方法收敛百姓,于公元前481年,杀死齐简公,夺取政权。[2]简公:齐简公,姓姜名壬。公元前484-前481年在位。[3]三子:指鲁国权臣季孙、孟孙、叔孙三家。[4]从大夫之后:孔子曾任过大夫职,但此时已经去官家居,所以说从大夫之后。[5]之:动词,往。

【常译】

陈成子杀了齐简公,夺取了齐国政权。孔子斋戒沐浴以后,上朝去见鲁哀公,报告说:"陈恒把他的君主杀害了,请国君出兵讨伐他。"

253

哀公说:"你去报告那三位吧。"孔子说:"因为我曾经做过大夫,所以不敢不来报告,可君主您却说'告诉那三位'!"孔子到季孙、孟孙、叔孙三家那里去报告,但三家却不同意,孔子说:"因为我曾经做过大夫,所以不能(敢为谦辞)不来报告呀!"

【论析】

孔子在政治方面,多形式主义而不考虑实际,鲁国政权旁落,哀公怎么可能作主呢?齐强而鲁弱,三大夫又怎么可能同意呢。孔子是知道这一点的,知其不可而为之,可能孔子只是为了当时后世的礼之名而进行的抗争吧。

14•22 子路问事君。子曰:"勿欺也,而犯[1]之。"

【注释】

[1]犯:本义侵犯、侵害,如《说文》:"犯,侵也";拓展义为违背、违反、违犯,如《周礼•大司马》:"犯令陵政则杜之。"此处可解作冒犯其意、违背其意。

【新译】

子路问事奉君主。孔子说:"不能够欺诈、欺瞒他,但可以违背他不合于礼义的命令和旨意,可以冒犯他进行劝谏。"

14•23 子曰:"君子上达[1],小人下达。"

【注释】

[1]达:本义通,如《广雅》:"达,通也。"古今注者以为达有两义,一为上达于道,下达于器(农工商等业);一说上达为向上长进,日进乎高明,下达则沉沦向下,日究乎污下。

【新译】

孔子说:"君子在上等的层面通达,小人在下等的层面通达。"

14·24 子曰:"古之学者为己,今之学者为人。"

【常译】

孔子说:"古代的人学习是为了提高自己的学识,而现在的人学习却是为了给别人看到。"

【新译】

孔子说:"古代的人学习,是为了完善自己的德性,提高自己的认知境界和能力,现在的人学习,则是为了替别人效力(孔子经常说的君子不器,就是这个意思),以获得地位和利益名声。"

14·25 蘧伯玉[1]使人于孔子,孔子与之坐而问焉。曰:"夫子何为?"对曰:"夫子欲寡其过而未能也。"使者出,子曰:"使乎!使乎!"

【注释】

[1]蘧伯玉:蘧,音qú。人名,卫国的大夫,名瑗,孔子到卫国时曾经住在他的家里。

【常译】

蘧伯玉派使者去拜访孔子。孔子给使者座位并请他坐下,然后问道:"夫子(蘧伯玉)最近都在做什么?"使者回答说:"夫子(蘧伯玉)想要减少自己的错误,但未能做到。"使者走了以后,孔子说:"好一位使者啊,好一位使者啊(对此使者很是赞叹)!"

14·26 子曰:"不在其位,不谋其政。"曾子曰:"君子思不出其位。"

【常译】
孔子说:"不在那个职位,就不要考虑、参与那个职位该考虑的事情。"曾子说:"君子考虑问题,从来不超出自己的职责范围。"

14•27 子曰:"君子耻其[1]言而[2]过[3]其行。"

【注释】
[1]耻其:指下文的"言而过其行"。[2]而:一说用法同之,此为语气词,无义。若有义,却字尚可。[3]过:过于,超过于、盖过于。

【常译】
孔子说:"君子认为说得多而做得少是可耻的行为。"
【新译】
孔子说:"君子以此为耻:言语盖过行为(诸如多说少做,做小言大,言而不行……)。"

14•28 子曰:"君子道者三,我无能焉:仁者不忧,知者不惑,勇者不惧。"子贡曰:"夫子自道也。"

【新译】
孔子说:"君子之道有三,我未能做到:仁德的人不为自己忧虑(注家多解为不忧愁,然仁者不为天下忧乎?又如《易》所谓:"作易者,其有忧患乎?"仁者怎么可能没有忧患呢?只是仁者不为自己而忧罢了),聪明的人不会被他人迷惑,勇敢的人不会有所畏惧。"子贡说:"这正是老师对自我的表述啊!"

14·29 子贡方人[1]。子曰:"赐也贤乎哉[2]?夫我则不暇[3]。"

【注释】

[1]方:一义辨别,如《国语·楚语下》:"民神杂糅,不可方物";一义为品类、类别,如《楚辞》:"室家遂宗,食多方些。"诸注者多注为评论、诽谤别人。恐不确,若子贡诽谤别人,孔子又怎么会不严厉批评,而只是说他有闲。[2]赐也贤乎哉:反问语气,批评子贡还不够贤能。[3]暇:空闲、闲暇,如《说文》:"暇,闲也";暇亦做动词,义如使自己闲、闲散等,如《书·无逸》:"不敢自暇自逸。"

【新译】

子贡有一段时间喜欢去辨别、评价(今之说法为品鉴)他人。孔子说:"赐啊,你真的已经很贤良了吗(你贤良到不需要进步了吗?竟然有工夫去干这些)?我可没有闲工夫去辨识(像我就不会将时间花在这上面)、评论别人(我自己觉得自己还不够贤良,还需要多花时间学习、修炼,何况是你端木赐呢,就更不应该浪费时间干这些了)。"

14·30 子曰:"不患人之不己知,患其不能也。"

【常译】

孔子说:"不担心别人不知道自己,只担心自己没有这个本事。"

【再译】

孔子说:"不担心别人不知道自己,担心他没有知道自己的途径和机会。"

14·31 子曰:"不逆诈[1],不亿[2]不信,抑亦先觉者,是贤乎!"

【注释】

[1]逆：本义方向相反，与"顺"相对：如迎，是与来人方向相反而行，人来我迎。如《说文》："逆,迎也。关东曰逆,关西曰迎"；《左传·成公十四年》："宣公如齐逆女"；《国语·周语上》："上卿逆于境。"那么逆有顺着来向反而行之的喻义，所以逆拓展有预先揣度、猜测义，如《康熙字典》："又《玉篇》度也，谓先事预度之也。"[2]亿：同"臆"，猜测、幻想。亿又有料度、揣摩义，如《康熙字典》："又料度也。《左传·襄二十五年》：不可亿逞。《论语》：亿则屡中。"

【新译】

孔子说："不去预先揣测别人是否欺诈，也不去猜测、揣摩别人是否信，然而却能事先觉察别人的欺诈和不信，这就是贤能了吧。"

14·32 微生亩[1]谓孔子曰："丘，何为是[2]栖栖[3]者与？无乃为佞乎？"孔子曰："非敢为佞也，疾固[4]也。"

【注释】

[1]微生亩：鲁国人。[2]是：如此。[3]栖栖：音xī，忙碌不安貌，如：《诗·小雅·六月》："六月栖栖，戎车既饬。"。[4]疾：轻微的小病叫疾，如《说文》："疾,病也。"泛指病，拓展为弊病，又拓展为痛恨、厌恶、憎恨，如《书·君陈》："尔无忿疾于顽"；《论语·季氏》："疾夫舍曰欲之而必为之辞"；《孟子·梁惠王上》："疾其君者。"固：一说疾病经久难治的。后作"痼"，如《礼记·月令》："季冬行春令，则国多固疾"；《汉书·王商传》："太后前闻商有女，欲以备后宫，商言有固疾。"然考此固，或为经久的、结实难去的之义，如《小尔雅·广诂》："固,久也"；《国语·晋语六》："臣固闻之。"固本义为四塞，如《说文》："固,四塞也。"以此四塞义拓展为固

陋，如《论语·述而》："奢则不逊，俭则固，与其不逊也宁固。"综上诸义，疾固有两解，见下译。

【新译】

微生亩对孔子说："孔丘，你为什么这样忙碌不安地四处奔波游说呢？你难道不是在花言巧语取悦他人吗？"孔子回答说："我不是敢于花言巧语取悦他人，只是痛恨那些固陋不化的人（是因为这些国家的弊病积累得太久了，我只是痛恨这些国家那些经久难治的弊病）。"

14·33 子曰："骥[1]不称其力，称其德也。"

【注释】

[1]骥：千里马。古代称善跑的马为骥。

【新译】

孔子说："千里马值得称赞的并不是它日行千里的气力，而是要称赞它肯于日行千里的勤勉与坚毅之品德。"

14·34 或曰："以德报怨，何如？"子曰："何以报德？以直报怨，以德报德。"

【常译】

有人说："用恩德来报答怨恨，怎么样？（这是老子的话，见《道德经》）"孔子说："那样的话，又用什么来报答恩德呢？应该是用正直来报答怨恨，用恩德来报答恩德。"

14·35 子曰："莫我知也夫！"子贡曰："何为[1]其莫知子也？"子曰："不怨天，不尤[2]人。下学而上达[3]，知我者其天乎！"

【注释】

[1]何为：为什么，有的注家释为怎么能说，两注意义相差极大。[2]尤：过失，罪过。如《诗·小雅·四月》："废为残贼，莫知其尤。"作动词用则为以为罪、以为过，直接的释义就是以人为过，以人为罪，以现代的语法拓展其义则为怪罪、责怪、怨恨。[3]下学上达：古注家谓下学学人事，上达达天命。此以人为下，而兴学，学有所成而上达于天，故天知之。

【新译】

孔子说："没有人知我啊！"子贡说："为什么会没有人知您呢？"孔子说："我不去怨恨天命，也不去怪罪他人，我下学而通知礼乐感悟天道，因此而能上达于天，能知我的只有上天了呀！"

14·36 公伯寮[1]愬[2]子路于季孙。子服景伯[3]以告，曰："夫子固有惑志于公伯寮，吾力犹能肆诸市朝[4]。"子曰："道之将行也与，命也；道之将废也与，命也。公伯寮其如命何！"

【注释】

[1]公伯寮：姓公伯名寮，字子周，孔子的学生，曾任季氏的家臣。[2]愬：音sù，同"诉"，告发，诽谤。同"诉"。本义诉说、倾诉，如《诗经·柏舟》："薄言往愬"；此义稍拓展则为告诉，申诉。孟子《齐桓晋文之事》："天下之欲疾其君者，皆欲赴愬与王。"义再拓展则为告发，再拓展则为诬告、诽谤等义。[3]子服景伯：鲁国大夫，姓子服名伯，景是他的谥号。[4]肆诸市朝：古时处死罪人后暴尸示众。

【常译】

孔子的学生公伯寮向季孙告发（此应为诬告）子路。鲁大夫子服景伯把这件事告诉给了孔子，并且说："季孙氏已经被公伯寮迷惑了心志，我的力量还能够把公伯寮杀了，把他暴尸于市。"孔子说："道能够得到推行，是由天命决定的；道将会被废弃，也是天命所决定的。公伯寮能把天命怎么样呢（杀了公伯寮也没有用）？"

14•37 子曰："贤者辟[1]世，其次辟地，其次辟色，其次辟言。"子曰："作者七人[2]矣。"

【注释】

[1]辟：同"避"，躲避。[2]七人：即伯夷、叔齐、虞仲、夷逸、朱张、柳下惠、少连。

【常译】

孔子说："贤人躲避动荡的社会，第一等的是能够隐居，次一等的是躲避到另外一个地方去，再次一点的是躲避别人难看的脸色，再次一点的躲避别人难听的话。"孔子又说："能够这样做的已经有七个人了。"

14•38 子路宿于石门[1]。晨门[2]曰："奚自？"子路曰："自孔氏。"曰："是知其不可而为之者与？"

【注释】

[1]石门：地名。鲁国都城的外门。[2]晨门：早上看守城门的人。

【常译】

子路夜里在石门住宿，早晨时司门的人问他："你从哪里来？"子路说："从孔氏那里来。"司门的人说："是那个明知做不到却还要坚决地去做的人吗？"

14•39 子击磬[1]于卫，有荷蒉[2]而过孔氏之门者，曰:"有心哉,击磬乎!"既而曰:"鄙哉!硁硁[3]乎!莫己知也,斯己而已矣。深则厉[4],浅则揭[5]。"子曰:"果哉!末[6]之难[7]矣。"

【注释】

[1]磬:音qìng,一种打击乐器的名称。[2]荷蒉:荷,肩扛。蒉,音kuì,草筐,肩背着草筐。[3]硁硁:音kōng,击磬的声音,见前注。[4]厉:河岸,水旁、水边,如《诗•卫风•有狐》:"有狐绥绥,在彼淇厉。"一义为带,或专指衣带的下垂部分,如《小尔雅•广服》:"带之垂者谓之厉";《诗•小雅•都人士》:"垂带而厉";《左传•桓公二年》:"鞶厉游缨。"诸注家注深则厉为:穿着衣服涉水过河。是不正确的解释,考《诗•邶风•匏有苦叶》的诗句:"匏有苦叶,济有深涉。深则厉,浅则揭。前句有匏字,匏为葫芦,是古代的涉水工具,厉为衣带,意思很明确,就是说当涉深水时,要用衣带将葫芦绑在身上。[5]揭:举起。如《说文》:"揭,高举也。"《战国策•齐策四》:"揭其剑。"拓展义有露出、向上翘、掀起,如《诗•大雅•荡》:"颠沛之揭,本实未有害,根本先拨";《战国策》:"唇揭者甚齿塞。"[6]末:通莫,义无。[7]难:质问,又辩论为难。

【新译】

孔子在卫国,一次正在敲击磬,有一位背扛草筐的人从门前走过,说:"这个击磬的人有心思啊!"紧接着他又说:"声音硁硁的,真鄙陋不化呀,既然没有人了解自己,那就只为自己就是了。(好像涉水一样)水深就用衣带绑着葫芦过河,水浅就举着衣服趟过去。"孔子说:"说得真干脆呀,没有什么能够问难他的了。"

14•40 子张曰:"书云:'高宗[1]谅阴[2],三年不言。'何谓也?"子曰:"何必高宗?古之人皆然。君薨[3]，百官总己以听于冢宰[4]三年。"

【注释】

[1]高宗：商王武宗。[2]谅阴：一说古时天子守丧之称，一说为沉默不言。[3]薨：音hōng，周代时诸侯死称薨。[4]冢宰：官名，相当于后世的宰相。

【常译】

子张说："《尚书》上说，'高宗守丧，三年不谈政事。'这是什么意思？"孔子说："不仅仅是高宗，古时的人都这样。国君死了，新君守孝，朝廷百官全部都要听命于冢宰三年。"

14·41 子曰："上好礼，则民易使也。"

【常译】

孔子说："在上位的人如果爱好礼，那么百姓就容易使用了。"

14·42 子路问君子。子曰："修己以敬。"曰："如斯而已乎？"曰："修己以安人[1]。"曰："如斯而已乎？"曰："修己以安百姓[2]。修己以安百姓，尧舜其犹病诸[3]？"

【注释】

[1]安人：使上层人物安乐。[2]安百姓：使老百姓安乐。[3]诸：之，指以上的"修己以安百姓"，病诸：以之为病，即在这方面还不足、不够的意思。

【常译】

子路问君子。孔子说："用诚敬的方法来进行自我修养。"子路说："像这样就够了（已为停止义，拓展义为无可进、满足）吗？"孔子说："修养自己而安乐他人。"子路说："这样就够了吗？"孔子说："修养自己而安乐天下的百姓。修养自己而安乐天下的百姓，就算是尧舜恐怕也难于做到吧？"

14·43 原壤[1]夷俟[2]。子曰："幼而不孙弟[3]，长而无述焉，老而不死，是为贼。"以杖叩其胫[4]。

【注释】

[1]原壤：鲁国人，孔子的旧友，应是孔子理论的反对者。他母亲死了，孔子去帮他治丧，他却站在棺上大声歌唱，应是一位傲视礼法与孔子唱反调的人，但从文中来看，却是孔子比较密切的朋友。[2]夷：有解为傲慢，如《荀子》："由礼则雅，不由礼则夷固僻违，庸众而野。"然此处之夷，解为傲慢为孤例，若解为东夷之固（东夷之民的固陋），与下文的僻违讲为僻远之违背，更讲得通。又有注家解夷为箕踞（双腿分开而坐）。不知所从何来，如《庄子·至乐》："庄子妻死，惠子吊之，庄子则方箕踞鼓盆而歌。"成玄英疏："箕踞者，垂两脚如簸箕形也"；又《战国策·燕策》：箕踞而骂。然只见用箕踞而不见用夷。俟，音sì，等待。[3]孙弟：同逊悌。[4]胫：小腿，即从膝盖到脚跟的部分，或专指小腿骨。

【新译】

原壤以夷民之态（或衣服、或举止等如夷）等待孔子。孔子忍不住骂他说："你年幼的时候，不讲孝悌，长大了，又没有什么值得一提的成就，现在很老了却偏偏不死，你真是个恶贼。"一边说着，一边用杖敲他的小腿。

14·44 阙党[1]童子将命[2]。或问之曰:"益者与?"子曰:"吾见其居于位[3]也,见其与先生并行也。非求益者也,欲速成者也。"

【注释】

[1]阙党:即阙里,据说某个时间段是孔子家住的地方。[2]将:本义为手持、把持、把握,拓展为扶进。如《广雅》:"将,扶也";《诗·小雅·无将大车》:"无将大车";《诗·大雅·桑柔》:"天不我将";晋·干宝《搜神记》:"将雌剑往。"将命:持命、奉命。如:《仪礼·聘礼》:"将命于朝。"此拓展其义为持一方之命传于另一方,即传讯的意思。[3]居于位:指童子与长者同坐。

【常译】

阙里有一个童子,来向孔子传话。有人问孔子:"这是个求上进的孩子吗?"孔子说:"我看见他(与成年人一起)坐在座位上,又看见他和长辈并肩而行,他不是个要求上进的孩子,只是个急于求成的人。"

卫灵公篇第十五

15·1 卫灵公问陈[1]于孔子。孔子对曰:"俎豆[2]之事,则尝闻之矣;军旅之事,未之学也。"明日遂行。

【注释】

[1]陈:同"阵",古军队作战时,要先布列阵势,先阵而后战。[2]俎豆:俎,音zǔ。俎豆是古代盛食物的器皿,被用作祭祀时的礼器。孔子以此代指礼仪之事。

【常译】

卫灵公向孔子问军队列阵之法。孔子回答说:"祭祀礼仪方面的事情,我还听说过;用兵打仗的事,我从来就没有学过。"第二天,孔子就离开了卫国(孔子反对战争,道不同不相为谋,故第二天就离开)。

15·2 在陈绝粮,从者病,莫能兴。子路愠见曰:"君子亦有穷乎?"子曰:"君子固穷[1],小人穷斯滥[2]矣。"

【注释】

[1]固:一义久,如《小尔雅·广诂》:"固,久也";《国语·晋语六》:"臣固闻之。"一义坚定,如《管子·洁法》:"上无固植,下有疑心。"此为坚守不变义。固穷的意思,诸注家解为固守穷困、安守穷困,不妥,此固穷与后面的滥穷是一样的用法,是固于穷、滥于穷的意思,也就是说,君子在穷困时能固守、坚持自己的理想、自己的道。[2]滥:本义为水泛滥状,如《说文》:"滥,泛也";《荀子·子道》:"江出于岷山,其始出也,其源可以滥觞。"滥又通"歛"。贪欲、卑污义,如《吕氏春秋》:"虞公滥于宝于马。"滥拓展义有过度、超过限度、漫无准则、胡乱、失去原则、超过应有标准、无所不用其极等义,如《周书·程典》:"生穑省用,不滥其度";《诗·商颂·殷武》:"不僭不滥。"

【新译】

(孔子一行)在陈国断了粮食,随从的人有的饿病了,起不了身。子路很恼怒地来见孔子,说道:"君子也有穷困到毫无办法的时候吗?"孔子说:"君子虽然身陷穷困,但还是坚持不变自己的理想和道义;而小人一遇到穷困就会滥无原则、无所不用其极(什么行为都会发生)。"

15·3 子曰:"赐也!女以予为多学而识之者与?"对曰:"然,非与?"曰:"非也。予一以贯之。"

【新译】

孔子说:"赐啊!你认为我是学习得多了才一一弄懂并记住的吗?"子贡答道:"是啊,难道不是这样吗?"孔子说:"不是的。我是用一个根本把它们贯彻始终的。"

15•4 子曰："由！知德者鲜矣。"

【常译】
孔子说："由啊！真正懂得德的人太少了。"

15•5 子曰："无为而治[1]者，其舜也与？夫[2]何为哉？恭己正南面而已矣。"

【注释】
[1]无为而治：国家的统治者看似无所作为，而国家却治理得非常好。[2]夫：代词，他。

【常译】
孔子说："能够无所作为而令天下得到大治的人，大概只有舜吧？他做了些什么呢？他只是庄严端正地坐在朝廷的王位上就实现大治了。"

15•6 子张问行[1]。子曰"言忠信，行笃敬，虽蛮貊[2]之邦，行矣。言不忠信，行不笃敬，虽州里[3]，行乎哉？立则见其参[4]于前也，在舆则见其倚于衡[5]也，夫然后行。"子张书诸绅[6]。

【注释】
[1]行：通达的意思。[2]蛮貊：古人对少数民族的贬称，蛮在南，貊，音mò，在东北方。[3]州里：五家为邻，五邻为里。五党为州，二千五百家。此州里指华夏国内。[4]参：有注者注解为列、显现，未能见其出处，今以参（shēn）宿解之。[5]衡：车辕前端的横木。如《庄子•

马蹄》:"加之以衡扼。"[6]绅:为古人深衣用大带束腰后,垂下的带头部分。

【新译】

子张问如何才能到处都行得通。孔子说:"说话一定要忠信,行事一定要笃敬,这样即使是到了蛮貊地区,也能行得通。说话不忠信,行事不笃敬,就是在本乡本土,难道能行得通吗?站着,就仿佛看到忠信笃敬这几个字就像参宿那样显现在自己的面前,坐车,就好像看到这几个字倚在车辕前的横木上一样,当你做到这样了(须臾不离于前的程度),就能使自己到处行得通。"子张把这些话写在腰间的大带上。

15·7 子曰:"直哉史鱼[1]!邦有道,如矢[2];邦无道,如矢。君子哉蘧伯玉!邦有道,则仕;邦无道,则可卷[3]而怀之[4]。"

【注释】

[1]史鱼:卫国大夫,名鰌,字子鱼,他多次向卫灵公推荐蘧伯玉,临死前嘱咐儿子,不要"治丧正室",以此劝告卫灵公进用蘧伯玉,斥退奸宠弥子瑕,古人称此为"尸谏"。[2]如矢:矢,箭,形容其直。如矢是指喻,此处有两义,一是指自己的意志和言行如箭射出,绝不回头、改变方向,一是指自己的言行如同箭一样直而不会弯曲。[3]卷:动词,同"捲"。[4]怀之:以之入怀,一般以怀之表深藏之义。

【新译】

孔子说:"史鱼真是正直不移啊!国家有道,他的言行像箭一样直而不改;国家无道,他的言行也像箭一样直而不改。蘧伯玉也真是一位君子啊!国家有道他就出来做官兴利,国家无道他就(辞退官职)把自己的主张深藏于心中。

15•8 子曰："可与言而不与之言，失人；不可与言而与言，失言。知者不失人，亦不失言。"

【新译】

孔子说："可以同一个人谈话，却没有同他谈，这就是于人有失；不可以同一个人谈话，却同他谈了，这就是于言有失。有智慧的人既不会失之于人，也不会失之于言。"

15•9 子曰："志士仁人，无求生以害仁，有杀身以成仁。"

【新译】

孔子说："有远大志向的士和具有仁德的人，是不会贪求生而去损害仁的，他们宁可杀身也要实现对自己远大理想的追求。"

15•10 子贡问为仁。子曰："工欲善其事，必先利其器。居是邦也，事其大夫之贤者，友其士之仁者。"

【常译】

子贡问怎样实行仁德。孔子说："工匠想把活做好，就必须先让自己的工具更锋利。住在一个国家中，就要先事奉这个国家的大夫中贤能者，并与这个国家的士人中的具备仁德者交朋友。"

15•11 颜渊问为邦。子曰："行夏之时[1]，乘殷之辂[2]，服周之冕[3]，乐则韶舞[4]。放[5]郑声[6]，远[7]佞人。郑声淫，佞人殆[8]。"

【注释】

[1]夏之时:夏代的历法,便于农业生产,此历法即今之农历,始自黄帝,又称黄历。[2]殷之辂:辂,音lù,一说古代车辕上用来挽车的横木,或者古时候用的一种大车。一说是天子所乘的车。殷代的车是木制成,比较朴实且实用。[3]周之冕:周代的帽子,周代的文化特点是更富文采,周代的帽子比夏商要华美好看。[4]韶舞:舜时的舞乐,孔子认为是尽善尽美的。[5]放:《说文》:"放,逐也";拓展义为舍弃、废置,如《小尔雅》:"放,弃也。"此处两义都讲得通,都可拓展为禁绝、排斥、远离等义。[6]郑声:郑国的乐曲,孔子认为郑声淫逸。[7]远:远离。[8]殆:危险。

【新译】

颜渊问怎样治理邦国。孔子说:"采用夏代的历法以合于时,乘殷代的车子以利于行,戴周代的礼帽以利于礼,奏舜帝所制的《韶》乐以尽善尽美。一定要禁绝(放逐)郑国的乐曲,疏远那些花言巧语、隐词狡辩的人。因为郑国的乐曲浮靡淫逸而不正,佞人则会带来危险。"

15·12 子曰:"人无远虑,必有近忧。"

【常译】

孔子说:"一个人如果没有对长远的考虑,就一定会有近在眼前的忧患。"

15·13 子曰:"已矣乎!吾未见好德如好色者也。"

【新译】

孔子说:"算了吧,我从来没有见过像好色那样爱好德的人(这样我的道怎么能推行呢)。"

15·14 子曰:"臧文仲其窃位[1]者与!知柳下惠[2]之贤而不与立也。"

【注释】

[1]窃位:身居官位而谋己私利称为窃位、不当属己而强得之为窃。[2]柳下惠:春秋中期鲁国大夫,姓展名获,字禽,又叫展季,他受封的地名是柳下,惠是他的私谥(据《列女传》载:惠是由他的妻子倡异而给他的非国家授予的谥号,故为私谥),所以,人称其为柳下惠。

【常译】

孔子说:"臧文仲是一个窃居官位的人吧!他明明知道柳下惠是个难得的贤人,却不愿举荐他一起做官。"

15·15 子曰:"躬[1]自厚而薄责于人,则远怨矣。"

【注释】

[1]躬:本义指自身、自己,拓展其义则为亲身、亲自,如《仪礼·士昏礼记》:"已躬命之。"注:"犹亲也";《诗·卫风·氓》:"静言思之,躬自悼之。"又可为动词,义为:稍微向前弯身,以表尊敬,如《管子·霸形》:"桓公变躬迁席,拱手而问曰:'敢问何谓其本?'"变躬,是改变身体姿态的意思,此即曲身拱手以示敬意。

【新译】

孔子说:"对于自己要自己加强要求(弯下自己的身子,以更谦卑的姿态对待自己,多进行自我反省、自我责备),对于别人要减少责备和挑剔,这样就可以避免别人的怨恨了。"

15·16 子曰:"不曰'如之何[1],如之何'者,吾末[2]如之何也已矣。"

【注释】

[1]如之何：怎么办的意思。[2]末：莫：不能、无，这里指没有办法。

【常译】

孔子说："对那些遇事时从来不问自己'该怎么办，该怎么办'的人，我对他也是不知该怎么办才好。"

15•17 子曰："群居终日，言不及义，好行小慧，难矣哉！"

【常译】

孔子说："大家聚在一起的时候，一整天所说的话都不合时宜，却又专喜卖弄小聪明，这种人（想要有所成）难了。"

15•18 子曰："君子义以为质，礼以行之，孙以出之，信以成之。君子哉！"

【新译】

孔子说："君子以义（义者宜，此即合乎道德仁义之原则及事物原理规律）作为内在的本质和根本，用礼加以推行，用谦逊的语言来表达，用信来成就，这就是君子啊。"

15•19 子曰："君子病无能焉，不病人之不己知也。"

【常译】

孔子说："君子只担忧自己没有才能，不担忧别人不知道自己（见前注译)。"

15•20 子曰:"君子疾没世[1]而名不称焉。"

【注释】

[1]没:沉没水中不复见为没,拓展其义为死亡不复见世,没世:死亡之后。

【常译】

孔子说:"君子需要担心的是在死亡以后他的名字不为人们所称颂。"

15•21 子曰:"君子求诸己,小人求诸人。"

【新译】

孔子说:"君子求之于自己(内求),小人求之于别人(外求)。"

15•22 子曰:"君子矜[1]而不争,群而不党。"

【注释】

[1]矜:音jīn,谨守、慎重,如《汉书•冯参传》:"参为人矜严,好修容仪";《大戴礼记•小辨》:"矜行以事君。"亦有解为庄重者,然庄与重同意,未如慎重多义也。

【常译】

孔子说:"君子慎重谨守而不与别人争权夺利,合群而不去结党营私。"

15•23 子曰:"君子不以言举人,不以人废言。"

【新译】

孔子说:"君子不凭一个人说的几句话就举荐他(而要查其言,观其行),也不会因为一个人的其他情况(有注者以为人品不好,然其他情况如恩怨、亲疏等也是重要的因素)而不采纳他适宜的话。"

15·24 子贡问曰:"有一言而可以终身行之者乎?"子曰:"其恕乎!己所不欲,勿施于人。"

【新译】

子贡问孔子问道:"有没有仅仅一个字却足以终身奉行的呢?"孔子回答说:"那就是恕吧!凡自己所不愿意承受的,就不会去强加给别人。"

15·25 子曰:"吾之于人也,谁毁谁誉?"如有所誉者,其有所试矣。斯民也,三代之所以直道而行也。"

【新译】

孔子说:"我对于别人,谁被我诋毁而谁又被我赞誉?如果被我有所赞誉的,一定是曾经考验(历史验证)过他的。像我这样的毁誉标准,夏商周三代的人都是这样做的,所以三代都能履直道而行。"

15·26 子曰:"吾犹及史之阙文[1]也,有马者借人乘之[2],今亡矣夫。"

【注释】

[1]阙:一义去除,如《周礼》:"以待会而考之,亡者阙之。"此义拓展为削减、毁坏,如《左传·成公十三年》:"又欲阙翦我公室,倾覆我社稷";《汉书》:"阙更减赋,尽休力役。"以名词则为豁口、

空缺，如《列子·汤问》："昔者女娲氏炼五色石以补其阙。"此义拓展则为缺失、丢失，如阙文。此处孔子所言及的阙文，有诸种，一是漏失，也就是漏记的史实，一是削减，也就是被官府为禁止、掩盖某些史实而进行削减的记载，一是有疑而不定，故缺而不记的史实。[2] 有马者借人乘之：多有注家认为此句系错出，亦有解释为：有马的人自己不会调教，而靠别人训练。都不合于逻辑。

【新译】

孔子说："今时的我还能触及（听说、看）到那些历史记载中不可见到的史实，一个人有马自己不能骑，借给别人骑难道不很好吗（史实不就像借出去的马，是给人以借鉴、令人能以史为鉴的吗）？从我之后，这些阙失的史实就会真正消亡了吧（这种借马与人的精神也就消亡了吧？自己不想让别人知道的史实，不愿留给他人做借鉴）？"

【再译】

孔子说："今时的我还能触及（听说、看）到那些历史记载中不可见到的史实。（这些史实）就好像一个人把自己的马借给别人骑去了，结果马丢了（今亡矣夫），从我之后，这些阙失的史实（像是借出去后丢失了的马）就会真正消亡了吧？"

15·27 子曰："巧言乱德。小不忍则乱大谋。"

【常译】

孔子说："花言巧语会败坏一个人的德行，对小事情不能忍就会打乱大的谋划。"

15·28 子曰："众恶之，必察焉；众好之，必察焉。"

【常译】

孔子说:"如果大家都厌恶一个人,那就必须要认真考察一下事情的原委了;如果大家都喜欢一个人,那也一定要认真考察一下事情的原委。"

15·29 子曰:"人能弘道,非道弘人。"

【常译】

孔子说:"人能够使道发扬光大,而不是道使人的名声利益扩大。"

15·30 子曰:"过而不改,是谓过矣。"

【常译】

孔子说:"有了过错却不去改正,这才真叫错了。"

15·31 子曰:"吾尝终日不食,终夜不寝,以思,无益,不如学也。"

【常译】

孔子说:"我曾经整天不吃饭,彻夜不睡觉,用全部精神去思考,结果没有什么收获,不如去学习为好。"

15·32 子曰:"君子谋道不谋食。耕也,馁[1]在其中矣;学也,禄[2]在其中矣。君子忧道不忧贫。"

【注释】

[1]馁：音něi，饥饿。[2]禄：做官的俸禄。

【新译】

孔子说："君子只谋求于道，而不谋求衣食。农夫努力耕田，饿肚子的命运就在这耕中；而努力学习，则得到俸禄不饿肚子的命运在其中。君子所担心的是道能不能行，而不会担心自己贫穷。"

15·33 子曰："知及之[1]，仁不能守之；虽得之，必失之；知及之，仁能守之，不庄以涖[2]之，则民不敬。知及之，仁能守之，庄以涖之，动之不以礼，未善也。"

【注释】

[1]知及之：知，同"智"。之，有说是指百姓，有说是指国家。[2]涖：音lì，临、到、官吏到任，执行职务或临朝治理政事。

【常译】

孔子说："凭借聪明才智足以得到（达到）它，但不具有仁德就不能保持它，这样即使得到，也一定会丧失。凭借聪明才智足以得到（达到）它，也具备仁德可以保持它，但不用严肃庄重的态度来对待，那么百姓就会不敬；聪明才智足以得到它，具备仁德可以保持它，又能用严肃庄重的态度来对待，但行动时不能合于礼，那也是不完善的。"

15·34 子曰："君子不可小知[1]而可大受[2]也，小人不可大受而可小知也。"

【注释】

[1]知：主持、管理，如《国语·越语上》："有能助寡人谋而退吴者，吾与之共知越国之政。"[2]受：受本义为相交付，如《说文》："受，相付

也。"王筠曰："手部授，人部付，皆曰'予也'。今以付说受，则是受授同字矣。"受也具有授的义，亦即古字受同时有接受、授予、交给、交予等义。如《周礼•天官•司书》："受其币"；《战国策•齐策》："群臣吏民能面刺寡人之过者，受上赏"；《仪礼•特牲馈食礼》："主妇拜受爵"；《仪礼•乡饮酒礼》："若有诸公大夫则使人受俎如宾礼"；《管子•君臣上》："以劳受禄，则民不幸生"；《论衡•自然》："受以王命，委以王事"；《韩非子•外储说左上》："因能而受官。"

【常译】

孔子说："对君子，是不能让他们主管那些小事情的，而可以授予他们重大的使命。对小人，是不能让他们承担重大使命的，但却可以让他们做那些小事情。"

15•35 子曰："民之于仁也，甚于水火。水火，吾见蹈而死者矣，未见蹈仁而死者也。"

【常译】

孔子说："百姓们对于仁（的需要），比对于水火（的需要）更迫切。可我只见过人在水火中而死的，却没有见过实行仁而死的。"

【新译】

孔子说："普通百姓不能理解仁，所以视仁比水火更甚（畏水火）。可我只见过有人在水火中死去的，却没见过有人因为行仁道而死去的。"

15•36 子曰："当仁，不让于师。"

【常译】

孔子说："在仁德之前，就是老师，也不需要同他谦让。"

15·37 子曰:"君子贞[1]而不谅。"

【注释】

[1]贞:贞操、节操。旧称女子"贞节",如《周书·谥法》:"清白守节曰贞。"又义忠诚,如《韩非子·难三》:"不贰者,则是贞于君也。"又说假借为"正"、为"定",具端方正直义,如《易·乾》:"元、亨、利、贞";《书·禹贡》:"厥赋贞。"传:"正也";《周礼·大祝》:"求永贞。"

【新译】

孔子说:"君子清白守道、端方正直,而不去追求被他人赞许为信的虚名。"

15·38 子曰:"事君,敬其事而后其食[1]。"

【注释】

[1]食:食禄,俸禄。

【常译】

孔子说:"事奉君主,要先认真办事,然后才考虑到俸禄。"

15·39 子曰:"有教无类。"

【常译】

孔子说:"人人都可以接受教育,不分品类。"

15·40 子曰:"道不同,不相为谋。"

【常译】

孔子说:"所信奉的道不同,就不要共同谋事。"

15·41 子曰:"辞达而已矣。"

【常译】

孔子说:"言辞,只要能表达出意思就可以了(不需再加文饰了)。"

15·42 "师冕[1]见,及阶,子曰:"阶也。"及席,子曰:"席也。"皆坐,子告之曰:"某在斯,某在斯。"师冕出,子张问曰:"与师言之道与?"子曰:"然,固相[2]师之道也。"

【注释】

[1]师冕:这位乐师的名字是冕。[2]固:久有的、本有的,相:帮助。

【常译】

乐师冕来见孔子,走到台阶沿,孔子说:"这儿是台阶。"走到坐席旁,孔子说:"这是坐席。"等大家都坐下来,孔子告诉他:"某某在这里,某某在这里。"师冕走了以后,子张就问孔子:"这就是与乐师谈话的方法(方式)吗?"孔子说:"是呀,这久远以来就是帮助乐师的方法(方式)。"

季氏篇第十六

16·1 季氏将伐颛臾[1]。冉有、季路见于孔子曰："季氏将有事[2]于颛臾。"孔子曰："求！无乃尔是过与？夫颛臾，昔者先王以为东蒙主[3]，且在城邦之中矣，是社稷之臣也。何以伐为？"冉有曰："夫子欲之，吾二臣者皆不欲也。"孔子曰："求！周任[4]有言曰：'陈力就列[5]，不能者止。'危而不持，颠而不扶，则将焉用彼相[6]矣？且尔言过矣，虎兕[7]出于柙[8]，龟玉毁于椟[9]中，是谁之过与？"冉有曰："今夫颛臾，固而近于费[10]。今不取，后世必为子孙忧。"孔子曰："求！君子疾夫舍曰欲之而必为之辞。丘也闻有国有家者，不患寡而患不均，不患贫而患不安[11]。盖均无贫，和无寡，安无倾。夫如是，故远人不服，则修文德以来之。既来之，则安之。今由与求也，相夫子，远人不服而不能来也，邦分崩离析而不能守也；而谋动干戈于邦内。吾恐季孙之忧，不在颛臾，而在萧墙[12]之内也。"

【注释】

[1]颛臾：音zhuānyú，鲁国的附属国，在今山东省费县西。[2]事：军事行动。[3]东蒙主：东蒙，蒙山。主，主官，一说主持祭祀的人。[4]周任：人名，周代史官。[5]陈力就列：陈力，发挥能力，按才力担任适当的职务。[6]相：搀扶盲人的人叫相，这里是辅助的意思。[7]兕：音sì。雌性犀牛。[8]柙：音xiá，用以关押野兽的木笼。[9]椟：音dú，匣子。[10]费：季氏的采邑。[11]贫、寡，有注家以为这两个字的顺序是错误的，实际不错。[12]萧墙：照壁屏风，指宫廷之内、鲁国内部。案，鲁君所用的屏风称萧墙，取萧字的肃杀意。三家擅权，鲁君不满，季孙恐颛臾兴而助鲁君，故先伐之，孔子言及萧墙，有警告季孙的意思。

【新译】

季氏将要讨伐颛臾。冉有、子路去见孔子说："季氏将要出兵攻打颛臾了。"孔子说："冉求，这难道不是你的过错吗？颛臾是以前周天子册封的主持东蒙祭祀的主官，而且在鲁国的疆域之内，是国家的臣属啊，有什么理由要讨伐它呢？"冉有说："季孙大夫想要攻打，我们两个做臣的都不愿意。"孔子说："冉求，周任有句话说：'能够出力做好才去担任这个职务，要是做不好就要辞职。'有了危险却不去扶助，跌倒了却不去搀扶，那还用你们这辅助的人干什么呢？而且你说的话是错的。老虎、犀牛（凶恶坏德之喻）从笼子里跑出来伤人（喻季孙），龟甲、玉器（美好之喻）在匣子里却毁坏了（喻颛臾），这是谁的过错呢（谁把老虎放出来伤害美玉呢）？"冉有说："颛臾的城墙很坚固（喻颛臾势力强），而且离费邑很近。如果现在不把它夺取过来，将来一定会成为子孙（季孙之子孙）的忧患。"孔子说："冉求，君子最痛恨的就是那种不肯实说自己贪求而一定要找出各种理由来为之辩解的做法。我听说，对于诸侯和大夫，不以财富资源少为患，而以财富分配不均为患；不以国家贫穷为患，而以国家不安定为患。这是因为财富平均了，也就没有所谓的贫穷了；大家和睦了，就不会感到财富资源少；国家安定了，也就没有倾覆的危险了。因为这样（因为这个道理），所以如果远方的人不肯归服，就用仁、义、礼、乐等文德来招徕他们；他们已经来了，就用这些文德让他们安心地长久住下去。现在，仲由和冉求你们两个人辅助季氏，远方的人不肯归服，而你们不能招徕他们；邦国内民心离散，你们也不能保全，反而策划在国内使用武力内斗。我只怕季孙的忧患不在颛臾，而是在自己的内部呢！"

16·2 孔子曰："天下有道，则礼乐征伐自天子出；天下无道，则礼乐征伐自诸侯出。自诸侯出，盖十世希不失矣；自大夫出，五世希不失矣；陪臣执国命，三世希不失矣。天下有道，则政不在大夫。天下有道，则庶人不议。"

【常译】

孔子说："天下有道时，制作礼乐和征伐都由天子作主决定；天下无道时，制作礼乐和征伐，就由诸侯作主决定了。由诸侯作主决定这些事，大概最多经过十代就会垮台；而由大夫决定这些事（此指鲁国三家），最多经过五代就会垮台。而陪臣决定国家的政事，那么最多三代就会垮台。当天下有道时，国家政权就不会落在大夫手中。当天下有道时，老百姓也就不会非议国家的政治了。"

16·3 孔子曰："禄之去公室五世[1]矣，政逮[2]于大夫四世[3]矣，故夫三桓[4]之子孙微矣。"

【注释】

[1]禄：俸禄，此指鲁国的国家权柄。五世：指鲁国宣公、成公、襄公、昭公、定公五世。[2]逮：及。[3]四世：指季孙氏文子、武子、平子、桓子四世。[4]三桓：鲁国仲孙、叔孙、季孙都出于鲁桓公，所以叫三桓。

【常译】

孔子说："鲁君失去国家的权柄已经有五代了，而政权落在大夫之手也已经四代了，所以三桓的子孙很快也就要衰微了。"

16·4 孔子曰："益者三友，损者三友。友直，友谅[1]，友多闻，益矣。友便辟[2]，友善柔[3]，友便佞[4]，损矣。"

【注释】

[1]谅：诚信。[2]便：本义方便、便利，如《说文》："便，安也。人有不便更之。从人，从更，会意。"《礼记·表记》："故自谓便人。"释文："谓便习也。"拓展义为便于、惯于。又一义为善辩。辟：诸注通僻：偏僻、偏远、很少有人去的，如《楚辞·涉江》："虽僻远其何伤"；《吕氏春秋·慎行》："而荆僻也。"此义拓展则为邪僻不正义，如《诗·大雅·板》："民之多僻。"[3]善柔：善于以柔媚取悦人。[4]便佞：惯于花言巧语。

【常译】

孔子说："有益的朋友有三种，有害的交友有三种。与正直的人交朋友，与诚信的人交朋友，与多闻博见的人交朋友，会有益于自己。同惯于走邪道的人交朋友，同善于取悦他人、阿谀奉承的人交朋友，同惯于花言巧语的人交朋友，会有损于自己。"

16·5 孔子曰:"益者三乐,损者三乐。乐节礼乐[1],乐道人之善,乐多贤友,益矣。乐骄乐[2],乐佚[3]游,乐晏乐[4],损矣。"

【注释】

[1]节礼乐:孔子主张用礼乐来节制人。[2]骄乐:骄纵不知节制的乐。[3]佚:同"逸"。[4]晏乐:沉溺于宴饮取乐。

【新译】

孔子说:"有益的喜好有三种,有害的喜好有三种。以节制礼乐为乐,以称道别人的善为乐,以有许多贤德之友为乐,这会有益于自己。以骄纵逸乐为乐,以散漫闲游为乐,以宴席酒肉为乐,这会有损于自己。"

16·6 孔子曰:"侍于君子有三愆[1]:言未及之而言谓之躁,言及之而不言谓之隐,未见颜色而言谓之瞽[2]。"

【注释】

[1]愆:音qiān,过失。[2]瞽:音gǔ,盲人。

【常译】

孔子说:"侍奉君子有三种过失:还没有谈到某件事时就抢先说,这是急躁;已经谈到某件事的时候你却不说,这叫隐瞒;不看君子的脸色却贸然地说话;这是没眼色(睁眼瞎)。"

16·7 孔子曰:"君子有三戒:少之时,血气未定,戒之在色;及其壮也,血气方刚,戒之在斗;及其老也,血气既衰，戒之在得。"

【常译】

孔子说："君子有三种事情要深以为戒：年少的时候，血气还不成熟，要戒除女色；等到壮年了，血气方刚，要戒除（与人）争斗；等到老年，血气已经衰弱了，要戒除贪得。"

16·8 孔子曰："君子有三畏：畏天命，畏大人，畏圣人之言。小人不知天命而不畏也，狎大人，侮圣人之言。"

【常译】

孔子说："君子有三件敬畏的事情：敬畏天命，敬畏地位高贵的人，敬畏圣人的话。小人不懂得天命因而并不敬畏，他不尊重地位高贵的人，轻侮圣人的话。"

16·9 孔子曰："生而知之者，上也；学而知之者，次也；困而学之，又其次也；困而不学，民斯为下矣。"

【新译】

孔子说："生来就知道的人，是最上等的人；经过一段学习以后才知道的人，是次一等的人；遇到了困难再去学习的人，是又次一等的人；遇到了困难却还不肯学习，这就是为什么百姓会处在最下层的原因了。"

16·10 孔子曰："君子有九思：视思明，听思聪，色思温，貌思恭，言思忠，事思敬，疑思问，忿思难，见得思义。"

【新译】

孔子说："君子有九种思考：看的时候，要思考看得是否清楚透彻；听的时候，要思考是否听得清楚明白；对自己的脸色，要思考是否温和端庄，对自己的容貌，要思考是否谦恭；言谈的时候，要思考是否忠诚如一；办事的时候，要思考是否敬重严肃；遇到疑问，要思考如何向别人询问；忿怒的时候，要思考发怒可能引起的后患，见到利益时，要思考获取它是否合乎义的准则。"

16·11 子曰："见善如不及，见不善如探汤。吾见其人矣，吾闻其语矣。隐居以求其志，行义以达其道。吾闻其语矣，未见其人也。"

【常译】

孔子说："看到善的行为，就好像自己还达不到，看到不善的行为，就好像把手伸到开水中一样（赶快避开）。我见到过这样的人，也听到过这样的话。以隐居避世来实现自己的情志，依照义而贯彻实现自己的道。我听到过这种话，却没有见到过能这样的人。"

16·12 齐景公有马千驷，死之日，民无德而称焉。伯夷叔齐饿死于首阳之下，民到于今称之。其斯之谓与？

【常译】

齐景公有马四千匹，在他死的时候，百姓们没有觉得他有什么德行可以称颂。伯夷、叔齐饿死在首阳山下，百姓们到现在还在称颂他们。

说的就是这个意思吧。

16·13 陈亢[1]问于伯鱼曰:"子亦有异闻[2]乎?"对曰:"未也。尝独立,鲤趋而过庭。曰:'学诗乎?'对曰:'未也'。'不学诗,无以言。'鲤退而学诗。他日又独立,鲤趋而过庭。曰:'学礼乎?'对曰:'未也'。'不学礼,无以立。'鲤退而学礼。闻斯二者。"陈亢退而喜曰:"问一得三。闻诗,闻礼,又闻君子之远[3]其子也。"

【注释】

[1]陈亢:亢,音gāng,即陈子禽。[2]异闻:这里指不同于对其他学生所讲的内容。[3]远:音yuàn,不亲近,不偏爱。

【新译】

陈亢问伯鱼:"你在老师那里也听到过什么特别的教诲吗?"伯鱼回答说:"没有呀。有一次父亲他独自站在堂上,我快步从庭里走过,他说:'学《诗》了吗?'我回答说:'没有学。'他说:'不学诗,就无法更好地言辞。'我回去就学《诗》。又有一天,他又独自站在堂上,我快步从庭里走过,他说:'学礼了吗?'我回答说:'没有。'他说:'不学礼就无法立身。'我回去就学礼。我就听到过这两件事。"陈亢回去高兴地说:"我提一个问题,却得到三方面的收获,听了关于《诗》的道理,听了关于礼的道理,又听了君子不偏爱自己儿子的道理。"

16·14 邦君之妻,君称之曰夫人,夫人自称曰小童;邦人称之曰君夫人,称诸异邦曰寡小君;异邦人称之亦曰君夫人。

【常译】

　　国君的妻子，国君称她为夫人，而夫人自称为小童，国人则称她为君夫人；对他国人则称她为寡小君，而他国人也称她为君夫人。

阳货篇第十七

17·1 阳货[1]欲见孔子，孔子不见，归孔子豚[2]。孔子时其亡[3]也，而往拜之，遇诸涂[4]。谓孔子曰："来！予与尔言。"曰："怀其宝而迷其邦[5]，可谓仁乎？"曰："不可。""好从事而亟[6]失时，可谓知乎？"曰："不可。""日月逝矣，岁不我与[7]。"孔子曰："诺，吾将仕矣。"

【注释】

[1]阳货：又叫阳虎，季氏家臣。[2]归孔子豚：归，通馈，音kuì，赠送。如《左传·闵公二年》："归公乘马，祭服五称。"豚，音tún，小猪。赠给孔子一只熟小猪。[3]时其亡：等他外出的时候。《孟子·滕文公下》记载，古礼"大夫有赐于士，不得受于其家，则往拜其门"，阳货趁孔子不在家送礼，是为了让孔子到自己家门回拜，

而孔子回拜时则趁阳货不在家。这是孔子不想与阳货有交往。[4]遇诸涂：涂，同"途"，道路。在路上遇到了他。[5]迷其邦：听任国家迷乱。[6]亟：屡次，如《左传·隐公元年》："亟请于武公，公弗许。"[7]与：在一起，等待的意思。

【常译】

阳货想见孔子，孔子拒不相见，于是他便赠送给孔子一只熟小猪，想要孔子回礼时拜见他。孔子则在打听到阳货不在家时，前往阳货家拜谢，想不到却在半路上遇见了。阳货对孔子说："来，我有话要跟你说。"（孔子走过去。）阳货说："把自己的本领藏起来而听任国家迷乱，这可以叫作仁吗？"（孔子回答）说："不可以。"（阳货）说："喜欢参与政事而又屡次错过机会，这可以说是智吗？"（孔子回答）说："不可以。"（阳货）说："日月流逝，年岁是不会等待我的。"孔子说："好吧，我将要去做官了。"

17·2 子曰："性相近也，习相远也。"

【常译】

孔子说："人先天的本性是相近的，但因后天的习染不同却相差甚远。"

17·3 子曰："唯上知与下愚不移。"

【常译】

孔子说："只有最上等的智者与最下等的愚者是改变不了的。"

17·4 子之武城[1]，闻弦歌[2]之声。夫子莞尔而笑，曰："割鸡焉用牛刀？"子游对曰："昔者偃也闻诸夫子曰：'君子学道则爱人，小人学道则易使也。'"子曰："二三子！偃之言是也。前言戏之耳。"

【注释】

[1]武城：鲁国的一个小城，当时子游是武城宰。[2]弦歌：弦，指琴瑟。以琴瑟伴奏歌唱。

【常译】

孔子到武城，听见（子游）弹琴唱歌的声音。孔子微笑着说："杀鸡何必用宰牛的刀呢（治理一个小小的武城，还需要乐吗）？"子游回答说："以前我听先生说过，'君子学习了道（此或专指礼乐）就会爱人，小人学习了道（礼乐）就容易使用。'"孔子说："弟子们，言偃的话是正确的。我刚才说的话，只是开个玩笑而已。"

17·5 公山弗扰[1]以费畔，召，子欲往。子路不悦，曰："末之也已[2]，何必公山氏之之也[3]。"子曰："夫召我者，而岂徒[4]哉？如有用我者，吾其为东周乎[5]？"

【注释】

[1]公山弗扰：人名，又称公山不狃，字子洩，季氏的家臣。[2]末之也已：末，无。之，到、往。末之，无处去。已，止，算了。[3]之之也：有注家谓第一个"之"字是助词，后一个"之"字是动词，去到的意思，我以为第一个之是结构助词的。[4]徒：独，仅仅。如《史记·廉颇蔺相如列传》："徒以吾两人在。"[5]吾其为东周乎：为东周，建造一个东方的周王朝，在东方复兴周礼。

【新译】

公山弗扰据费邑反叛，来召孔子，孔子准备前去。子路不高兴地说："实在没有地方去就算了，为什么一定要去公山弗扰那里呢？"孔子说:"他来召我,难道我就仅仅是为了赴召而赴召吗?如果有人用我,我就要在东方复兴周礼,建设一个东方的西周。"

17·6 子张问仁于孔子。孔子曰:"能行五者于天下为仁矣。""请问之。"曰:"恭、宽、信、敏、惠。恭则不侮,宽则得众,信则人任焉,敏则有功,惠则足以使人。"

【新译】

子张向孔子问仁。孔子说:"能够实行五种德性。就是仁人了。"子张说:"请问是哪五种。"孔子说:"庄重恭敬、宽厚、守信诚实、勤敏、慈惠。庄重恭敬就不致遭受侮辱,宽厚待人就会得到众人的拥护,守信诚实就能得到别人的任用,勤敏就会提高工作效率从而建立功业,慈惠就能够使用他人。"

17·7 佛肸[1]召,子欲往。子路曰:昔者由也闻诸夫子曰:'亲于其身为不善者,君子不入也。'佛肸以中牟[2]畔,子之往也,如之何?"子曰:"然,有是言也。不曰坚乎,磨而不磷[3];不曰白乎,涅[4]而不缁[5]。吾岂匏瓜[6]也哉?焉能系[7]而不食?"

【注释】

[1]佛肸:音bì xī,晋国大夫范氏家臣,中牟城地方官。[2]中牟:地名,在晋国,约在今河北邢台与邯郸之间。[3]磷:从他注为损伤。此句与下句俱为倒装。[4]涅:一种矿物质,可用作颜料染衣服。[5]缁:音zī,黑色。[6]匏瓜:葫芦中的一种,味苦不能吃。[7]系:音jì,结、打扣。

【新译】

佛肸召孔子去,孔子想要前往。子路说:"从前我听先生说过:'亲自做坏事的人那里,君子是不去的。'现在佛肸据中牟反叛,你却要去奉召,这怎么对得上那句话呢?"孔子说:"是的,我有过这样的话。但你还听过这样的话吧:'能说它不坚硬吗?磨它也不会损坏。能说它不洁白吗?染它也不会变黑(此谓孔子即便到了坏人那里做事,也一样坚持正行,不会被恶所染)。'我难道是个苦味的葫芦吗?怎么就能只挂在那里而不能给人吃呢(意谓诸侯虽敬而不用)?"

17·8 子曰:"由也,女闻六言六蔽矣乎?"对曰:"未也。""居[1],吾语女。好仁不好学,其蔽也愚[2];好知不好学,其蔽也荡[3];好信不好学,其蔽也贼[4];好直不好学,其蔽也绞[5];好勇不好学,其蔽也乱;好刚不好学,其蔽也狂。"

【注释】

[1]居:坐。[2]愚:受人愚弄。[3]荡:动、摇动、震动,如《庄子·庚桑楚》:"此四六者不荡,胸中则正";《荀子·劝学》:"天下不能荡也";《吕氏春秋·季春纪》:"以荡上心。"又义为放纵、放荡、摇摆不定,如《左传·庄公四年》:"余心荡";《淮南子·俶真》:"德荡者其行伪";《书·毕命》:"以荡陵德";《传》:"放荡也。"[4]贼:指杀害、伤害,如《左传·宣公二年》:"贼民之主,不忠";《左传·昭公十四年》:"杀人不忌为贼";《史记·龟策列传》:"寒暑不和,贼气相奸。"[5]绞:急切,如《曾子·侈靡》:"至言往至绞。"注:"谓急也";《论语·泰伯》:"直而无礼则绞。"郑注:"绞,急也";《左传·昭公元年》:"叔孙绞而婉。"注:"切也。"

【新译】

孔子说:"由呀,你听说六德和六种弊病了吗?"子路回答说:"没有。"孔子说:"坐下,我告诉你。爱好仁德却不爱好学习,它的弊病是容易受人愚弄;爱好智慧却不爱好学习,它的弊病是行为放纵没有规矩、不合礼法;爱好诚信却不爱好学习,它的弊病是不明是非,容易伤害他人乃至亲人;爱好直率却不爱好学习,它的弊病是急躁而不沉稳;爱好勇敢却不爱好学习,它的弊病是会引发混乱乃至犯上作乱;爱好刚强却不爱好学习,它的弊病是狂妄自大。"

17·9 子曰:"小子何莫学夫诗。诗,可以兴[1],可以观[2],可以群[3],可以怨[4]。迩[5]之事父,远之事君;多识于鸟兽草木之名。"

【注释】

[1]兴:《说文》:"兴,起也。"一说是诗的比兴,即由此而引发彼,有激发义。[2]观:观察了解天地万物与人间万象。观有观察、审视、审察等义,如《说文》:"观,谛视也";《广雅·释诂一》:"观,视也";《庄子·人间世》:"观者如市";《战国策·秦策》:"由此观之,王之蔽甚矣";《左传·僖公二十三年》:"吾观晋公子之从者,皆足以相国。"观亦通"劝",如:观王(劝说帝王)。[3]群:相聚为群,名词则为群体、团体义,如《说文》:"群,辈也。"《国语·周语》:"兽三为群";《诗·小雅·吉日》:"或群或友。"动词为聚集,如《荀子·非十二子》:"而群天下之英杰。"[4]怨:怨恨、仇恨,如《说文》:"怨,恚也。"一说怨为讽谏上级,只是未见他例,在此取用此说。[5]迩:音ěr,近。

【常译】

孔子说:"年轻后生们为什么不学习《诗》呢?学《诗》可以兴起志气和趣味,可以观察审视天地万物及人间的盛衰与得失,可以聚合成群，可以使人懂得怎样去讽谏上级。近可以用来事奉父母，远可以事奉君主；还可以多知道一些鸟兽草木的名称。"

17•10 子谓伯鱼曰："女为《周南》《召南》[1]矣乎？人而不为《周南》《召南》，其犹正墙面而立[2]也与？"

【注释】

[1]《周南》《召南》：《诗经·国风》中的第一、二两部分篇名。周南和召南都是地名。这是当地的民歌。[2]正墙面而立：面向墙壁站立着。

【常译】

孔子对伯鱼说："你学习《周南》和《召南》了吗？一个人如果不学习《周南》《召南》，那就像面对墙壁而站着一样（无趣）吧？"

17•11 子曰："礼云礼云，玉帛云乎哉？乐云乐云，钟鼓云乎哉？"

【常译】

孔子说："礼呀礼呀，难道只是说的玉帛之类的礼器吗？乐呀乐呀，难道只是说的钟鼓之类的乐器吗？"

17•12 子曰："色厉而内荏[1]，譬诸小人，其犹穿窬[2]之盗也与？"

【注释】

[1]色厉内荏：厉，严肃、威严、凶猛等义，荏，本指草木柔弱，拓展义可为柔弱、怯弱、软弱、虚弱等。[2]窬：音yú，《说文》："窬，穿木户也。"此指为洞。

【常译】

孔子说："有的人外表严厉凶猛而内心软弱，如果以小人作比喻，他就像是挖墙洞的小偷吧？"

17·13 子曰："乡愿，德之贼也。"

【新译】

孔子说："穷乡僻里（未接受道德教化的）的欲愿，就好比是破坏道德的贼。"

17·14 子曰："道听而涂说，德之弃也。"

【常译】

孔子说："在路上听到传言（不辨真伪是非）就到处去传播，这是被德所抛弃的。"

17·15 子曰："鄙夫可与事君也与哉？其未得之也，患得之。既得之，患失之。苟患失之，无所不至矣。"

【常译】

孔子说："可以和一个鄙陋的人一起事奉君主吗？（是不可以的）他在没有得到官位时，总是担心得不到。已经得到了，又总是怕失去它。如果一个鄙陋的人担心失掉官职，那就没有什么事情是他做不出来的了。"

17·16 子曰:"古者民有三疾,今也或是之亡也。古之狂[1]也肆[2],今之狂也荡[3];古之矜也廉[4],今之矜也忿戾[5];古之愚也直,今之愚也诈而已矣。"

【注释】

[1]狂:狂妄自大,愿望太高。[2]肆:自由、放任、开放恣意,如《庄子·缮性》:"故不为轩冕肆志";《庄子·天下》:"深闳而肆。"[3]荡:放荡而违礼。[4]廉:正直、刚直、品行方正等义,如《广雅》:"廉,棱也。"按,凡棱利之义,实借为也;《考工记·弓人》:"紾而博廉。"注:"严利也";《吕氏春秋·孟秋》:"其器廉以深。"注:"利也,象金断割";《荀子·不苟》:"廉而不刿。"[5]戾:《说文》:"戾,曲也。从犬,出户下身曲戾也";《吕氏春秋》:"饮必小咽,端直无戾。"又义乖张、违逆,如:《字林》:"戾,乖背也。"又拓展义灾,如《诗·小雅·节南山》:"降此大戾。"又义为暴戾不仁,如:《韩非子·五蠹》:"诛严不为戾。"

【新译】

孔子说:"古代人有三种毛病,现在的人恐怕连这三种毛病也不是原来的样子了。古代的狂者不过是愿望太高故而放任自恣于自己的志向,而当今之人的狂妄却是放荡违礼、不合规矩;古代那些骄傲矜持的人不过是过于刚直方正、严利不苟,现在那些骄傲的人却是乖违正道、暴戾不仁;古代那些愚笨的人不过是过于直率不曲阿机变,而现在那些看似愚笨的人却是假装愚笨而进行欺诈啊!"

17·17 子曰:"巧言令色,鲜矣仁。"[1]

【注释】

[1]本章已见于《学而篇》第一之第三章,此处系重出。

17·18 子曰:"恶紫之夺朱[1]也,恶郑声之乱雅乐也,恶利口之覆邦家者。"

【注释】

[1]紫之夺朱,春秋时,鲁桓公和齐桓公都喜欢紫衣,《左传》载哀公十七年卫浑良夫紫衣狐裘而被罪,可能那时紫色已代替朱色变成诸侯衣的正色了。在孔子看来,这是破坏了周礼的事情。

【常译】

孔子说:"我厌恶用紫色取代红色来破坏礼法,厌恶用郑国的淫乐扰乱雅乐,厌恶用伶牙俐齿花言巧语而颠覆国家的人。"

17·19 子曰:"予欲无言。"子贡曰:"子如不言,则小子何述焉?"子曰:"天何言哉?四时行焉,百物生焉,天何言哉?"

【新译】

孔子说:"我想不再发表言论了。"子贡说:"您如果不说话,那么我们这些学生还传述什么呢?"孔子说:"天何尝说话呢?天不说话,四季照常运行,百物照常生长。天何曾说过什么话呢?"

17·20 孺悲[1]欲见孔子,孔子辞以疾。将命者出户,取瑟而歌,使之闻之。

【注释】

[1]孺悲:鲁国人,鲁哀公曾派他向孔子学礼。

【常译】

孺悲想要见孔子,孔子以有病为由推辞不见。传话的人刚出门,

（孔子）就取来瑟边弹边唱，（特意）让孺悲听到。

【论析】

特意让孺悲知道自己不肯见他，必是欲以此令孺悲知其过失。

17·21 宰我问："三年之丧，期已久矣。君子三年不为礼，礼必坏；三年不为乐，乐必崩。旧谷既没，新谷既升，钻燧改火[1]，期[2]可已矣。"子曰："食夫稻[3]，衣夫锦，于女安乎？"曰："安。""女安则为之。夫君子之居丧，食旨[4]不甘，闻乐不乐，居处不安，故不为也。今女安，则为之！"宰我出，子曰："予之不仁也！子生三年，然后免于父母之怀，夫三年之丧，天下之通丧也。予也有三年之爱于其父母乎？"

【注释】

[1]钻燧改火：古人钻木取火，四季所用的木头不同，谓"春取榆柳之火，夏取枣杏之火，季夏取桑柘之火，秋取柞楢之火，冬取槐檀之火。"每年轮一遍，叫改火。[2]期：音 jī，一年。[3]食夫稻：古代北方少种稻米，故大米很珍贵。这里是说吃好的。[4]旨：本指进食用的小勺子，拓展其义指"食物"，再拓展其义为甜美，此指吃好的食物。

【常译】

宰我问："服丧三年，时间是不是太长了。君子如果三年不习练礼仪，礼仪必然会败坏了；如果三年不演奏音乐，那音乐也就荒废了。旧的谷物吃完，新谷就升仓了，钻燧取火的木头也轮过了一遍，丧礼是不是有一年的时间就可以了。"孔子说："（才一年的时间，）你就吃开了大米饭，穿起了锦缎衣，这样你心安吗？"宰我说："我心安。"孔子说："既然你心安，那你就那样去做吧！君子守丧，即便吃到美味心中也不会觉得香甜，即便听到音乐心中也不会觉得快乐，即便住在家里心中也不会觉得舒服，所以才不肯那样做。如今你既然觉得心安，你就那样去做吧！"宰我出去后，孔子说："宰予真是不仁啊！小孩生下来，到三岁时才能够离开父母的怀抱。现在服丧三年，这是天下通行的丧礼。像宰我这样的人，他对他的父母难道就不能有三年的爱吗？"

【论析】

在这一段中，孔子与宰我的矛盾已经正面化、公开化了。宰我明确反对孔子对西周礼制的坚持。

17·22 子路曰："饱食终日，无所用心，难矣哉！不有博弈者乎？为之，犹贤乎已。"

【常译】

孔子说："整天就知道吃饱了饭，却什么心思也不去用，这样（想要人生美满幸福）可就难办了呀（这样是不行的呀）！不是还有玩陆博和下围棋的游戏吗？就算干这个，也比闲着放逸无为的好。"

17·23 子路曰："君子尚勇乎？"子曰："君子义以为上。君子有勇而无义为乱，小人有勇而无义为盗。"

【新译】

子路说："君子崇尚勇敢吗？"孔子答道："君子以义作为更高尚的品德，将义放在勇的上面，用义主导勇，如果君子有勇而无义他就会作乱，如果小人有勇而无义他就会偷盗。"

17·24 子贡曰："君子亦有恶[1]乎？"子曰："有恶。恶称人之恶者，恶居下流[2]而讪[3]上者，恶勇而无礼者，恶果敢而窒[4]者。"曰："赐也亦有恶乎？""恶徼[5]以为知[6]者，恶不孙[7]以为勇者，恶讦[8]以为直者。"

【注释】

[1]恶：音wù，厌恶。[2]下流：下等的，在下的。[3]讪：shàn，诽谤。[4]窒：本义阻塞，如《说文》："窒,塞也"；《易•讼》："有孚窒"；《诗•豳风•七月》："穹窒熏鼠。"拓展其义为不通事理、不从教化。[5]徼：音jiǎo，窃取、抄袭，如《广韵》："徼,抄也。"[6]知：同"智"。[7]孙：同"逊"。[8]讦：音jié，攻击别人短处、揭发别人阴司。如《说文》："讦,面相斥罪相告讦也。"

【新译】

子贡说："君子也有厌恶的事吗？"孔子说："有厌恶的事。厌恶到处宣扬他人之恶的人，厌恶身居下位却喜欢诽谤在上位者的人，厌恶勇敢却不懂得用礼节制自己的人，厌恶刚强果敢却不通事理、不从教化的人。"孔子说："赐，你也有厌恶的事吗？"子贡说："我厌恶那些抄袭别人的智慧而显示自己智慧的人，厌恶那些把不谦虚当作勇敢的人，厌恶那些揭发别人的短处和隐私而自以为直率的人。"

17•25 子曰："唯女子与小人为难养也，近之则不孙，远之则怨。"

【常译】

孔子说："只有女子和小人是难以教养的，你若亲近他们，他们就会放肆无礼，你若同他们保持距离，他们就会抱怨怀恨。"

17•26 子曰："年四十而见恶焉，其终也已。"

【常译】

孔子说:"到了四十岁的时候还被人所厌恶,他这一生也就终结了。"(钱穆注:先生说:"年到四十,还是被人厌恶,这就怕无望了。"杨伯峻注:年到四十,却还被人厌恶,那他这一生也就完了。)

【再译】

年在四十,正是成德之年(一个人的成熟期,也是德行的成熟期),如果自身有恶行显现(看到自己还有恶:包括恶念、恶行、恶言),那么就一定要去除它,直到它消失才肯罢休。

【三译】

年在四十,正是成德之年(人生的成熟期,也是德行的成熟期),如果发现恶行和恶见,那就一定要去除它,与它斗争直到它消失才肯罢休。

【论析】

钱穆在解释本章时说:"本章或说乃孔子勉人及时迁善改过。正义曰:此章言人年四十犹为恶行,而见憎恶于人者,则是其终无善行也已。以其年在不惑,而犹为人所恶,必不能追改故也。"

年到四十还被人厌恶,那么这个人到死也不会再有善行了。这样的释义是何其的武断,被人厌恶可否视为一个人有没有善行的标准呢?请问世上有哪一个人不曾被人厌恶过呢?对这一点,古人早就已经举出一个很好的反证:《韩非子·难二》:"使文王所以见恶于纣者,以其不得人心耶,则虽索人心以解恶可也。纣以其大得人心而恶之。"纣王因为文王具有善行、得民心而厌恶他。仅举此一例,在逻辑上就可以完全证明以上解释的错误。

又《礼记》中曾子说:"三十、四十之闲而无蓺,即无蓺矣;五十而不以善闻矣;七十而无德,虽有微过,亦可以勉矣。"

曾子认为,人到七十了还没有德,虽然有些轻微的小过失,但依然是可以劝勉的！

而被人厌恶，恐怕连小过失都算不上吧？被人厌恶跟德行的好坏在逻辑上完全就不是正比关系。纣王厌恶文王，不代表文王德行不好，而秦始皇、秦二世都喜欢并信任赵高，也不代表赵高的德行就很好。

所以两千年来流传的将这句话视为是四十见恶不再有希望的解释，在义理上是根本讲不通的。

而且一个人将不被人厌恶看得那么重，难道要去谄媚讨好别人吗？

这种解释不但在义理上不通，在实际作用上简直就是教人如何放弃原则去讨别人欢心，在儒家看来，这是小人才会做的事情吧。而且这种解释还非常的专断：如果你到了四十还不让人喜欢，那你这一辈子也就完了。这样毫无逻辑的武断的解释实在令人感到不可思议。

另外，古来还流传一种解释，说这是孔子的自叹，因他不为诸侯所喜，所以认为自己的事业也就到此为止了。即便是从功利性的角度来解释这句话，被某个人或某些人厌恶跟事业的成败也不是决定性的关系，而相反，有人厌恶，反而说明事业的成功。

不管怎么说，四十而见恶都是不能与一个人一生的结果成为等量关系的。

以上解释中，对见恶都采用了厌恶的意思，对也已则采用了感叹助词的意思。

我们来看一下已的其它意思：止、罢了，如《诗·郑风·风雨》："鸡鸣不已。"传："已，止也"；《诗·小雅·南山有台》："德音不已。"传："已，止也。"已也做完成讲，如《广雅》："已，成也。"

终的意思是终了、结束、完结、尽头，如《广雅》："终，极也；终，穷也"；《左传·僖公二十四年》："妇怨无终。"

见恶确实有一个意思是被嫌憎，如《左传·哀公二十年》："黡也进不见恶，退无谤言。"但见恶还有另一种意思：看到坏的事物、行为。如：《左传·隐公六年》："为国家者，见恶，如农夫之务去草焉。芟夷蕰崇之，绝其本根，勿使能殖，则善者信矣。"

如果我们用这几个词意来组合解释的话，这句话就变成了这样的意思：

年在四十，正是成德之年（一个人的成熟期，也是德行的成熟期），如果自身有恶行显现（看到自己还有恶：包括恶念、恶行、恶言），那么就一定要去除它，直到它消失才肯罢休。

上面这一解释中，见恶是向内见，如果见恶是向外见，亦可讲得通：

年在四十，正是成德之年（人生的成熟期，也是德行的成熟期），如果发现恶行和恶见，那就一定要去除它，与它斗争直到它消失才肯罢休。

恐怕这样的解释才是正解吧？它也在讲劝人改过迁善，但这种解释在词义上完全契合，而在义理上也没有矛盾。

又，成德之年是朱子的说法，孔子或许未必这样认为。比如颜回不过二三十，却已经成德了。

微子篇第十八

18·1 微子[1]去之，箕子[2]为之奴，比干[3]谏而死。孔子曰："殷有三仁焉。"

【注释】

[1]微子：殷纣王同母兄长，见纣王无道，劝谏而不听，遂离开纣王。[2]箕子：箕，音jī。殷纣王叔父。他劝谏纣王，见王不听，便披发装疯，被降为奴隶。[3]比干：殷纣王叔父，屡次强谏，激怒纣王而被杀。

【常译】

微子离开了纣王，箕子做了他的奴隶，比干被他杀死了。孔子说："殷朝有三位仁者啊！"

18·2 柳下惠为士师[1]，三黜[2]。人曰："子未可以去乎？"曰："直道而事人，焉往而不三黜？枉道而事人，何必去父母之邦？"

【注释】

[1]士师：典狱官，掌管刑狱。[2]黜：罢免不用。

【常译】

柳下惠当典狱官，三次被罢免。有人说："你难道就不能离开鲁国吗？"柳下惠说："按直道事奉君主，到哪里不会被多次罢官呢（去别国依然行直道，遭遇会与在鲁国一样）？如果按曲道事奉君主，为什么一定要离开父母之国呢（按曲道事君，在鲁国一样吃得开）？"

18·3 齐景公待孔子曰："若季氏，则吾不能；以季、孟之间待之。"曰："吾老矣，不能用也。"孔子行。

【常译】

齐景公讲到对待孔子的礼节时说："像鲁君对待季氏那样，我做不到，我用介于鲁君对季氏和孟氏之间的待遇对待他。"后来他又说："我老了，不能任用你了。"孔子于是离开了齐国。

18·4 齐人归[1]女乐，季桓子[2]受之，三日不朝。孔子行。

【注释】

[1]归：同馈，赠送。[2]季桓子：鲁国宰相季孙斯。

【常译】

齐国人赠送了一些歌女给鲁国，季桓子接受了，沉溺在这些女乐当中，三天没有上朝。孔子于是离开了鲁国。

18·5 楚狂接舆[1]歌而过孔子曰:"凤兮凤兮!何德之衰?往者不可谏,来者犹可追[2]。已而已而!今之从政者殆而!"孔子下,欲与之言。趋而辟之,不得与之言。

【注释】

[1]楚狂接舆:一说楚国的狂人接孔子之车,此说法于文法上不通;一说楚国叫接舆的狂人;一说楚国狂人姓接名舆。[2]追:本义追逐、追赶,拓展义为追随,这是追往前的义,若追往后,则有能及、补救义,如《书·五子之歌》:"弗慎厥德,虽悔可追?";《素问·调经论》:"是谓追之。"再拓展则可为把握、掌控义。

【新译】

楚国的狂人接舆唱着歌从孔子的车旁走过,他唱道:"凤凰啊,凤凰啊,你的德运怎么这么衰弱呢?过去的早已经无可挽回了,未来的还来得及追赶、改正和把握。算了吧,算了吧。今天的执政者危乎其危!"孔子下车,想同他交谈,他却快步避开了,孔子没能够和他交谈。

18·6 长沮、桀溺[1]耦而耕[2]。孔子过之,使子路问津[3]焉。长沮曰:"夫执舆[4]者为谁?"子路曰:"为孔丘。"曰:"是鲁孔丘与?"曰:"是也。"曰:"是知津矣。"问于桀溺。桀溺曰:"子为谁?"曰:"为仲由。"曰:"是孔丘之徒与?"对曰:"然。"曰:"滔滔者天下皆是也,而谁以易之[5]?且而与其从辟[6]人之士也,岂若从辟世之士哉?"耰[7]而不辍。子路行以告。夫

微子篇第十八

子怃然[8]曰："鸟兽不可与同群，吾非斯人之徒与而谁与？天下有道，丘不与易也。"

【注释】

[1]长沮、桀溺：两位隐士，真实姓名和身世不详。[2]耦：ǒu，二人并肩，共同施力于耒耜，此指两个人在一起耕地。[3]问津：津，渡口。寻问渡口。[4]执舆：即执辔。[5]之：与。[6]辟：诸注皆以为同"避"。辟有屏除、排除、去除义。如《荀子·解蔽》："是以辟耳目之欲"；《墨子·尚贤上》："举公义，辟私怨。"[7]耰：音 yōu，古代的一种农具，弄碎土块，平整土地用。亦说播种后用耰翻土、盖土。[8]怃：《说文》："怃，爱也"；《尔雅》："怃，抚也。"历来注怃然为怅然、失意貌。然：认可义。如《史记·陈涉世家》："广以为然。"又为肯定的答复，如《广雅》："然，应也"；《论语·阳货》："子曰：'然'。"

【新译】

长沮、桀溺在一起耕种，孔子路过，便让子路去寻问渡口在哪里。长沮问子路："那个拿着缰绳的是谁？"子路说："是孔丘。"长沮说："是鲁国的孔丘吗？"子路说："是的。"长沮说："他早已知道渡口了。"子路只好再去问桀溺。桀溺说："你是谁？"子路说："我是仲由。"桀溺说："你是鲁国孔丘的门徒吗？"子路说："是的。"桀溺说："像洪水一般的坏东西到处都是，谁有能力去改变它呢？而且你们与其跟随那想要排除世人（排除世人的诸恶、诸不合礼）的人，为什么不跟着我们这些排除了社会的人呢？"说完，仍旧不停地做田里的农活（没有告诉子路津的位置，以此而见，前面长沮说孔子知道渡口可能是真实的话，亦即可能孔子跟他们两个是早就相识并相互了解的）。子路回来后把情况报告给孔子。孔子很失望地说（孔子以手抚车认可他们的话，但还是说）："人是不能与飞禽走兽合群共处的，如果不同那些世上的人群（在孔子看来违礼违道的诸侯和大夫们）打交道还能与谁打交道呢？如果天下有道，我就不会与你们一起来冀图改变这个世界了。"

18·7 子路从而后，遇丈人，以杖荷蓧[1]。子路问曰："子见夫子乎？"丈人曰："四体不勤，五谷不分[2]，孰为夫子？"植[3]其杖而芸。子路拱而立。止子路宿，杀鸡为黍[4]而食[5]之。见其二子焉。明日，子路行以告。子曰："隐者也。"使子路反见之。至，则行矣。子路曰："不仕无义。长幼之节，不可废也；君臣之义，如之何其废之？欲洁其身，而乱大伦。君子之仕也，行其义也。道之不行，已知之矣。"

【注释】

[1]蓧：音diào，竹编的农具，古注除草用。[2]四体不勤，五谷不分：一说这是丈人指自己。另一说是丈人责备子路。[3]植：立、树立，如《周礼·田仆》："令获者植旌"；一通置，义安置、安放，如：《书·金縢》："植璧秉珪。"[4]黍：音shǔ，黏小米。[5]食：音sì，拿东西给人吃。

【常译】

子路跟随孔子出行时，因事落在了后面，途中遇到一个老丈，用拐杖挑着除草的工具。子路问道："你看到我的老师吗？"老丈说："四体不知勤于劳作，五谷都不认得，谁是所谓的夫子？"说完，便将拐杖放在一边去除草。子路于是拱着手恭敬地站在一旁（子路听其言知非寻常，故拱而立）。后来老丈留子路到他家住宿，杀了鸡，做了小米饭给他吃，又叫两个儿子出来与子路见面认识。第二天，子路赶上孔子，把这件事向他做了报告。孔子说："这是个隐士啊。"叫子路回去再见他

微子篇第十八

（欲有所论）。子路到了那里，可老丈已经走了。子路说："不做官是不合适的。既然长幼之间的关系是不可能废弃的，那么君臣间的关系又怎么能够废弃呢？想要自身清白，却又破坏了根本性的君臣伦理关系。君子做官，只是为了实行他所遵从的义。至于此道的行不通，我们早就知道了。"

18·8 逸[1]民：伯夷、叔齐、虞仲[2]、夷逸、朱张、柳下惠、少连。子曰："不降其志，不辱其身，伯夷、叔齐与？"谓柳下惠、少连，"降志辱身矣，言中伦，行中虑，其斯而已矣。"谓虞仲、夷逸，"隐居放[3]言，身中清，废中权。""我则异于是，无可无不可。"

【注释】

[1]逸：本义逃散，拓展其义为隐逸、退出社会而隐居起来，一说同"佚"，散失、遗弃。[2]虞仲、夷逸、朱张、少连：此四人身世无从考，从文中意思看，当是没落贵族。[3]放：驱逐至远方，此指不再谈论世事。亦说放为放纵、放肆义。

【新译】

被时代所遗落的人才有：伯夷、叔齐、虞仲、夷逸、朱张、柳下惠、少连。孔子说："不肯降低自己的意志，不肯屈辱自己的身分，这说的是伯夷叔齐吧。"说柳下惠、少连是"被迫降低自己的意志，屈辱自己的身分，但说话合乎伦理，行为深思熟虑。也不过止于此了。"说虞仲、夷逸"过着隐居的生活，说话很随便（闭口不谈世事），他们能洁身自爱，离开官位也合乎权宜机变。""我却同他们不同，我可以这样做，也可以不这样做。"

18·9 大师挚[1]适齐，亚饭[2]干适楚，三饭缭适蔡，四饭缺适秦，鼓方叔[3]入于河，播鼗[4]武入于汉，少师[5]阳、击磬襄[6]入于海。

【注释】

[1]大师挚：大同"太"。太师是鲁国乐官之长，挚是人名。[2]亚饭、三饭、四饭：都是乐官名，古时天子诸侯用饭时需要奏乐。干、缭、缺是人名。[3]鼓方叔：击鼓的乐师名方叔。[4]鼗：音táo，小鼓。[5]少师：乐官名，副乐师。[6]击磬襄：击磬的乐师，名襄。

【常译】

太师挚到齐国去了，亚饭干到楚国去了，三饭缭到蔡国去了，四饭缺到秦国去了，打鼓的方叔到了黄河边，敲小鼓的武到了汉水边，少师阳和击磬的襄到了海滨。

18·10 周公谓鲁公[1]曰："君子不施[2]其亲，不使大臣怨乎不以[3]。故旧无大故，则不弃也。无求备于一人。"

【注释】

[1]鲁公：指周公的儿子伯禽，封于鲁。[2]施：诸说同"弛"，怠慢、疏远。[3]以：用。

【常译】

周公对鲁公说："君子不可疏远怠慢于他的亲属，不使大臣们抱怨不用他们。旧友老臣们如果没有大的过失和缘故，就不要抛弃他们。不要对一个人求全责备。"

18·11 周有八士[1]：伯达、伯适、伯突、仲忽、叔夜、叔夏、季随、季娲。

【注释】

[1]八士：本章中所说八士已不可考。

【常译】

周代有八个士：伯达、伯适、伯突、仲忽、叔夜、叔夏、季随、季娲。

子张篇第十九

19·1 子张曰:"士见危致命,见得思义,祭思敬,丧思哀,其可已矣。"

【新译】

子张说:"士在遇见危险时能献出自己的生命(为国为亲为义),看见有利可得时要考虑是否符合义,祭祀时要严肃恭敬,居丧时要哀伤,这样就可以了。"

19·2 子张曰:"执德不弘,信道不笃,焉能为有?焉能为亡?"

【新译】

子张说:"执着德却不能使德性发扬光大,信仰道却不够忠实坚定,（这样的人）怎么能说他有德有道,又怎么说他无德无道呢？"

19•3 子夏之门人问交于子张。子张曰："子夏云何？"对曰："子夏曰：'可者与之,其不可者拒之。'"子张曰："异乎吾所闻：君子尊贤而容众,嘉善而矜不能。我之大贤与,于人何所不容？我之不贤与,人将拒我,如之何其拒人也？"

【常译】
子夏的学生向子张询问怎样结交朋友。子张说："子夏是怎么说的？"答道："子夏说：'可交的才交,不可以交的就要拒绝他。'"子张说："我所听到的和这不一样：君子既要尊重贤人,又要能容纳众人；既要能够赞美善人,又要同情能力不够的人。如果我是大贤,那我对别人有什么是不能容纳的呢？我如果不贤良,那将会是人家拒绝我,又何谈拒绝人家呢？"

19•4 子夏曰；"虽小道[1],必有可观者焉,致远恐泥[2],是以君子不为也。"

【注释】
[1]小道：指农工商医卜等技能。[2]泥：粘而不脱,拓展为沉溺等义。

【新译】
子夏说："即便是一些小的技艺,也一定有可取的地方,但时间久了恐怕会沉溺其中,所以君子不去做这些。"

19•5 子夏曰："日知其所亡,月无忘其所能,可谓好学也已矣。"

【常译】
子夏说:"每天都能学到一些过去所不知道的东西,每月都能牢记已经学会的东西,这样就可以称做好学了。"

19·6 子夏曰:"博学而笃志[1],切问[2]而近思,仁在其中矣。"

【注释】
[1]笃志:志,意为"识",此为强记之义。[2]切:又迫也,急也。《礼·礼器疏》祭祀之事,必以积渐敬慎,不敢逼切也。

【新译】
子夏说:"博览群书广泛学习而且要记得牢固,就与切身有关的、急待解决的问题提出疑问,多思考与自身相近的问题,仁就在其中了。"

19·7 子夏曰:"百工居肆[1]以成其事,君子学以致其道。"

【注释】
[1]百工居肆:百工,各行各业的工匠。肆,古代社会制作物品的作坊。

【常译】
子夏说:"各行各业的工匠都要在特定的作坊里才能做出自己的产品,君子都要通过学习才能掌握道。"

19·8 子夏说:"小人之过也必文。"

【常译】

子夏说:"小人犯了过错是一定要掩饰的。"

19•9 子夏曰:"君子有三变:望之俨然,即之也温,听其言也厉。"

【常译】

子夏说:"君子有三变:远看他的样子庄严端肃,接近时发现他温和谦恭,听他说话则又觉得他语言严厉不苟。"

19•10 子夏曰:"君子信而后劳其民;未信,则以为厉己也;信而后谏,未信,则以为谤己也。"

【新译】

子夏说:"君子取得信任然后才去役使百姓,如果得不到百姓的信任,百姓就会以为是君子在虐待他们。要先取得他的信任,然后才去规劝他,如果得不到他的信任,他(君主)就会以为你是在诽谤他。"

19•11 子夏曰:"大德[1]不逾闲[2],小德出入可也。"

【注释】

[1]大德、小德:指大节小节。[2]闲:木栏,如《说文》:"闲,阑也。"拓展其义为界限。闲又有限制、约束义,如《书•毕命》:"虽收放心,闲之维艰";《左传•昭公六年》:"闲之以义。"

【新译】

子夏说:"君子在大节上不能越过约束(界限),在小节上视情况有些出入是可以的。"

19·12 子游曰："子夏之门人小子，当洒扫应对进退，则可矣，抑[1]末也。本之则无，如之何？"子夏闻之，曰："噫，言游过矣！君子之道，孰先传焉？孰后倦[2]焉？譬诸草木，区[3]以别矣。君子之道，焉可诬[4]也？有始有卒者，其惟圣人乎？"

【注释】

[1]抑：但是、不过。表转折。[2]倦：本义疲倦，拓展义为厌倦、懈怠。此或为通假之字，或为错字。[3]区：区盖，存疑。《荀子·大略》："言之信者，在乎区盖之间。"杨倞注："区，藏物外；盖，所以覆物者。凡之可信者，如物在器皿之间，言有分限，不流溢也"；《说文》："区，藏匿也。"是说能装东西的器具；《说文》："瓯，小盆也。"可见"区"与"瓯"有密切联系。则区为器具，这个器具应该是有分区，可以装不同东西而不混的，也就是有格子的器具，如《说文》："区，踦区，藏匿也"；《左传·昭公七年》："吾文君文王作仆区之法。"可见区的目的和用途是藏东西，而文君文王则创造了一种仆区之法。段玉裁说，因为"区之义内藏多品，故引申为区域为区别"。后世的具体的例证如贾思勰《齐民要术序》："具为区处。"也就是说：都分别作了处置。由此可见，区的本义是具备如格子等形态的可以容纳不同物品的器物。拓展义则为区别、区分。[4]诬：欺骗、无中生有、捏造（歪曲）事实害人。如《易·系辞》："诬善之人，其辞游。"

【新译】

子游说："子夏的学生，在打扫和迎送客人的事情方面，还是做得不错的，但这些不过是末节小事，根本的东西却没有学到，这怎么行呢？"子夏听了，说："唉，子游错了（子游这话说得过分了）。君子之道，究竟先传授哪一条，后传授哪一条，这就好像草木一样，都是要进行分类和区别的。君子之道又怎么可以随意歪曲、欺骗学生呢？要说到能按次序有始有终地教授学生们，恐怕只有圣人吧（我不能，子游也不能）！"

19·13 子夏曰："仕而优[1]则学，学而优则仕。"

【注释】

[1]优：《说文》："优，饶也。一曰倡也。"拓展义可为有余力；又一义安闲、悠闲、安逸，如《诗·大雅·卷阿》："伴奂尔游矣，优游尔休矣。"

【新译】

子夏说："做官却还富有余力的人（做官却还有闲暇），就要去学习。学习而富有余力的人（学习而有闲暇的人），就可以去做官。"

19·14 子游曰："丧致[1]乎哀而止。"

【注释】

[1]致：通"至"：极、尽，如《管子·君臣下》："致赏则匮"；《荀子·君道》："致忠信。"致一义为送到、达到。如《说文》："致，送诣也"；《易·象下传》："君子以致命遂志"；《诗·卫风·竹竿》："远莫致之。"

【新译】

子游说："丧事能做到尽哀就算是圆满了。"（此指己亲之丧）

【再译】

子游说："参加丧礼能做到奉致哀伤就可以了。"（此指参加他人的丧礼）

19·15 子游曰："吾友张也为难能也，然而未仁。"

【常译】

子游说："我的朋友子张可以说是很难得的人了，然而他还没有做到仁。"

19·16 曾子曰："堂堂[1]乎张也，难与并为仁矣。"

【注释】

[1]堂：《说文》："堂，殿也。"段注："古曰堂，汉以后曰殿。古上下皆称堂，汉上下皆称殿。至唐以后，人臣无有称殿者矣"；《书·顾命》："立于西堂"；《礼记·檀弓》："吾见封之若堂者矣。"注："堂形四方而高。"堂堂应是以堂的貌而喻人的貌，而所喻人的貌不仅指容貌，更指神情语气态度等。

【常译】

曾子说："子张一副堂堂的样子（或谓太高，难于接近），是难于和他一起做到仁的。"

19·17 曾子曰："吾闻诸夫子，人未有自致者也，必也亲丧乎。"

【新译】

曾子说："我听老师说过，人不可能自动地完全地、毫无保留地奉致（展现）感情，（如果有，）一定是在父母死亡的时候。"

19·18 曾子曰："吾闻诸夫子，孟庄子[1]之孝也，其他可能也；其不改父之臣与父之政，是难能也。"

【注释】

[1]孟庄子：鲁国大夫孟孙速。

【常译】

曾子说："我听老师评价过，孟庄子的孝，其他方面别人也是可以做到，但（这一方面）他能不更换父亲的旧臣及其政治措施，这是别人难以做到的。"

19·19 孟氏使阳肤[1]为士师，问于曾子。曾子曰："上失其道，民散久矣。如得其情，则哀矜[2]而勿喜。"

【注释】

[1]阳肤：曾子的学生。[2]矜：怜悯。

【新译】

孟氏任命阳肤做典狱官，阳肤向曾子请教。曾子说："在上位的人失去正道导致百姓离心离德已经很久了。你如果能审断出罪责的实情（与典狱相关），就应当为他们哀伤，去怜悯他们而不是为自己能明察讼狱而自鸣得意。"

19·20 子贡曰："纣[1]之不善，不如是之甚也。是以君子恶居下流[2]，天下之恶皆归焉。"

【注释】

[1]纣：商代最后一个君主，名辛，纣是他的谥号，历来被史书记载为一个暴君。[2]下流：地形低洼各处来水汇集的地方，此喻失败、地位低下、仕图不顺等境况。

【常译】

子贡说："纣王的不善，并不像传说中的那样厉害（主要是因为他最终失败了）。所以君子憎恨处在下流的境地，这会使得天下的一切坏名声都归到他的身上。"

19·21 子贡曰："君子之过也，如日月之食焉。过也，人皆见之；更也，人皆仰之。"

【常译】
子贡说："君子的过错就好比日月蚀。他犯过错时，人们都能看得见；而他改正过错后，人们都会（怀着敬意）仰望着他。"

19·22 卫公孙朝[1]问于子贡曰："仲尼[2]焉学？"子贡曰："文武之道，未坠于地，在人。贤者识其大者，不贤者识其小者，莫不有文武之道焉。夫子焉不学？而亦何常师之有？"

【注释】
[1]卫公孙朝：卫国的大夫公孙朝。[2]仲尼：孔子的字。
【新译】
卫国大夫公孙朝问子贡说："仲尼的学问是从哪里学来的？"子贡说："周文王和周武王的道，并没有失传，还留在人们中间。贤能的人可以了解它的根本，不够贤能的人也能了解它的枝节，没有什么地方不具有文王和武王的道。我们老师何处不学，又何必要有固定的老师传授呢？"

【再译】
卫国大夫公孙朝问子贡说："仲尼的学问是从哪里学来的？"子贡说："文和武的道，其实并没有失传，还留在人们中间。贤能的人可以了解它的根本，不够贤能的人也能了解它的枝节，没有什么地方不具有文和武的道。我们老师何处不学,又何必要有固定的老师传授呢?"

19·23 叔孙武叔[1]语大夫于朝曰:"子贡贤于仲尼。"子服景伯[2]以告子贡。子贡曰;"譬之宫墙[3],赐之墙也及肩,窥见室家之好。夫子之墙数仞[4],不得其门而入,不见宗庙之美,百官[5]之富。得其门者或寡矣。夫子之云,不亦宜乎!"

【注释】

[1]叔孙武叔:鲁国大夫,名州仇,三桓之一。[2]子服景伯:鲁国大夫。[3]宫:古代为房屋的通称。《释文》:"古者贵贱同称宫。秦汉以来,惟王者所居称宫焉";《尔雅·释宫》:"宫谓之室,室谓之宫";《诗·豳风·七月》:"上入执宫功。"又作动词用,义为围、屏障。如《礼记·丧服大记》:"君为庐宫之";《礼记·内则》:"父子皆异宫。"[4]仞:音rèn,周制八尺为一仞,汉制七尺为一仞。[5]官:这里指房舍。

【常译】

叔孙武叔在朝廷上对大夫们说:"子贡比仲尼更贤能。"子服景伯把这一番话告诉了子贡。子贡说:"拿围墙来作比喻,我的围墙只有齐肩高,所以外人一眼就能看到我家有什么好东西,可老师家的围墙却有好几仞高,如果找不到门进去,你就看不见里面的宗庙是多么庄严,宫室是多么富丽堂皇,房屋是多么绚丽多彩。而能够找到门进去的人并不多。所以叔孙武叔那么讲,不也是很自然的吗?"

19·24 叔孙武叔毁仲尼。子贡曰;"无以为也!仲尼不可毁也。他人之贤者,丘陵也,犹可逾也;仲尼,日月也,无得而逾焉。人虽欲自绝,其何伤于日月乎?多[1]见其不知量也。"

【注释】

[1]多：用作副词，只、仅仅、不过是。如《左传·襄公十四年》："吾今实过，悔之何及，多遗秦禽"；《左传·定公十五年》："存亡有命，事楚何为？多取费焉。"

【新译】

叔孙武叔诋毁仲尼。子贡说："不要再这样做了（这样做是无用的）！仲尼是诋毁不了的。别人的贤德好比是丘陵，还可以超越过去，仲尼的贤德好比太阳和月亮，是没有办法去超越的。虽然有人要自绝于日月，但能对日月有什么损害呢？只不过暴露他的不自量力而已。"

19·25 陈子禽谓子贡曰："子为恭也，仲尼岂贤于子乎？"子贡曰："君子一言以为知，一言以为不知，言不可不慎也。夫子之不可及也，犹天之不可阶而升也。夫子之得邦家者，所谓立之斯立，道之斯行，绥[1]之斯来，动之斯和。其生也荣，其死也哀，如之何其可及也？"

【注释】

[1]绥：安定、安抚人心以保持平静，如《诗·国风·周南·樛木》："南有樛木，葛藟累之。乐只君子，福履绥之"；《诗·大雅·民劳》："惠此中国，以绥四方。"

【新译】

陈子禽对子贡说："你是谦恭了，仲尼怎么会比你更贤良呢？"子贡说："君子的一句话就可以表现他的智识，一句话也可以表现他的不智，所以说话不可以不慎重。夫子的高不可及，就像天是不能够顺着台阶登上去一样。夫子如果得国而为诸侯或得到采邑而为卿大夫，那就会

325

像人们说的那样，所应当树立（成就）的，都会树立（成就）（教百姓立于礼，百姓就会立于礼）。夫子引导百姓，百姓就会不断前进，夫子要安抚百姓，百姓就会从遥远之地前来投奔；夫子要动员百姓，百姓就会齐心协力、和同共济。（夫子）活着是时代的荣耀，（夫子）死了是时代的悲哀。他像这样，我怎么能赶得上他呢？"

尧曰篇第二十

20·1 尧曰[1]:"咨[2]!尔舜!天之历数[3]在尔躬[4],允[5]执其中。四海困穷,天禄永终。"舜亦以命[6]禹。曰:"予小子履[7],敢用玄牡[8],敢昭告[9]于皇皇后帝[10]:有罪不敢赦。帝臣不蔽,简[11]在帝心。朕[12]躬有罪,无以万方[13];万方有罪,罪在朕躬。"周有大赉[14],善人是富。"虽有周亲[15],不如仁人。百姓有过,在予一人。"谨权量[16],审法度[17],修废官,四方之政行焉。兴灭国,继绝世,举逸民,天下之民归心焉。所重:民、食、丧、祭。宽则得众,信则民任焉[18]。敏则有功,公则说。

【注释】

[1]尧曰:下面引号内的话是尧在禅让帝位时给舜说的话。[2]咨:《说

文》："咨,谋事曰咨。"字亦作谘。《尔雅》："咨,谋也";《诗·皇皇者华》："周爱咨诹";《国语·周语》："咨于故实。"一义叹息、赞叹。如《吕氏春秋》："文王流涕而咨之";《汉书·韦贤传》："微微老夫,咨既迁绝。"[3]天之历数:上天的历法时数。古代为治理国家的根本,无论是农业、祭祀,还是理政、用兵,历法都是依循的根据,掌握历法,是天子权力的象征,如《尚书·尧典》所载舜初得位时："正月上日,受终于文祖。在璇玑玉衡,以齐七政。"可见古代政治事件中最重大的事件就是历法的传授,直至周朝时,诸侯每年的政事还要从周天子授新历开始,尤其是在农业为主的时代,历法的重要性不言而喻。历:历法。《易·革》："君子以治历明时。"数:数是古代一个内涵极为丰富的哲学命题,有时数、命数、运数等义。数又有计量、计算、衡量义,如《说文》："数,计也";《周礼·廪人》："以岁之上下数邦用";《礼记·儒行》："递数之不能终其物";《老子》："善数不用筹策。"此两义在这句中都讲得通。观诸注家注天之历数为天命,实非确论。[4]尔:你,躬:自身、自己。见前注。[5]允:真诚、诚信。如《说文》："允,信也";《尔雅》："允,信也;允,诚也";《书·尧典》："允恭克让";《诗·商颂·长发》："允也天子。"一义为用、使用,如《书·尧典》："允厘百工。"[6]命:授命。[7]履:商汤的名字。[8]敢:谦辞,如《左传·僖公三十三年》："寡君闻吾子将步师出于敝昭,日明也";《诗·大雅·云汉》："倬彼云汉,昭回于天";《楚辞·大招》："青春受谢,白日昭只。"此用光明的拓展义,谓像太阳光明无隐那样告白天帝。[10]后:《说文》："后,继君体也。"古代的后即是帝王、君主义。如《书·舜典》："班瑞于群后";《诗·周颂·时迈》："允王维后";《礼记·内则》："后王命冢宰";《左传·文公二年》："皇皇后帝。"后也指诸侯王,指列国诸侯,如《书·舜典》："肆觐东后。"此处的后帝指的是天帝。[11]简:记载文字的竹简,如《诗·小雅·出车》："畏此简书";《礼记·王制》："执简记。"

注:"策书也";《考工记·弓人》:"小简而长。"此是用简的喻义,义谓简记,以简记之,呈于帝庙,以入帝心。有注家注为阅。[12]朕:古义为我。如《说文》《尔雅》:"朕,我也";《书·尧典》:"汝能庸命巽朕位";《诗·大雅·韩奕》:"无废朕命。"从秦始皇起,专用作帝王自称。[13]无以:本义不要用于,此为不用降罪于。方:本义方向、方位,拓展义为万方之国、万方之民。一义为品类、类别。如《楚辞》:"室家遂宗,食多方些。"[14]赉:音lài,惕予、赏赐义。如《说文》:"赉,赐也";《商君·汤誓》:"予其大赉汝";《诗·赉序》:"赉,大封于庙也。赉,予也。"[15]周:亲密、亲切、熟悉而情深。如《韩非子·说难》:"周泽未渥也,而语极知。"周又有巩固、紧密、周全义,如《左传·哀公十二年》:"盟,所以周信也";《周礼·考工记·函人》:"橐之而约则周也";《左传·襄公二十六年》:"具车徒以受地必周。"注:"密也。"以上诸义在此都讲得通,另有一义即周即周朝自指。有注家注周亲为至亲,不知所从何来。[16]谨:谨慎,《说文》:"谨,慎也";《诗·大雅·民劳》:"以谨无良。"权量:权,秤锤。指量轻重的标准。量,斗斛。指量容积的标准。此处的权量都是喻义的运用,以称量而拓展其义为权衡轻重、审时度势等义。[17]审:详究、详考、详察等义,较现代的词语如认真审察,如《荀子·非相》:"审,谓详观其道也";《吕氏春秋·察传》:"闻而审,则为福矣。"法度:本义指量长度的标准。此用其喻义,以尺度而喻指法律规章政令等。[18]信则民任焉:此句疑是衍文。《汉石经》无此句,《天文本校勘记》载:"皇本、唐本、津藩本、正平本均无此句。"

【新译】

尧说:"好呀!舜!上天的历数已经授予你了(你已知道历法的计算方法,并拥有颁布历法推行政令的权力了)。诚实地保持那不可变易的中道吧!如果你治理天下,却让百姓都陷于困苦和贫穷,那上天赐给你的禄位也就会永远终止。"舜也这样告诫过禹。(商汤则)说:"我小子履谨用黑色的公牛来祭祀,明白无隐地向伟大的天帝祷告:有罪的人我不敢私自赦免,天帝的臣仆我也不敢遮蔽不用,这一切都刻之于简,以呈于帝心,由天帝的心来分辨、选择。若罪责在我则降罪于我,不要牵连天下的万类,若天下万类有罪,则都归我一个人承担。"周朝大封诸侯,使善人都富贵起来。(周武王)说:"(诸侯中)虽然(多)有周朝的亲人(即便是有感情密切而关系牢固的亲人),但(也)不如拥有仁德之人。百姓如果犯有过错,那都应算在我一人身上(君治不善,故民有过)。"认真检查度量衡器,周密地制定法度标准(谨慎地权衡政令利敝,认真审察法令规章是否适宜),修复忆经被荒废的职事,这样政令就会在全国通行了。恢复被灭亡了的国家,接续已经断绝了的家族,提拔被遗落的人才,天下百姓就会真心归服了。所应重视的四件事:人民、粮食、丧礼、祭祀。宽厚爱人就能得到众人的拥护,勤敏就能取得成就,公平就会使百姓喜悦。

20·2 子张问孔子曰:"何如斯可以从政矣?"子曰:"尊五美,屏四恶,斯可以从政矣。"子张曰:"何谓五美?"子曰:"君子惠而不费,劳而不怨,欲而不贪,泰而不骄,威而不猛。"子张曰:"何谓惠而不费?"子曰:"因民之所利而利之,斯不亦惠而不费乎?择可劳而劳之,又谁怨?欲仁而得仁,又焉贪?君子无众寡,无大小,无敢慢,斯不亦泰而不骄乎?君子正其衣冠,尊其瞻视,俨然人望而畏之,斯不亦威而不猛乎?"子张曰:"何谓四恶?"子曰:"不教而杀谓之虐;不戒视成谓之暴;慢令致期谓之贼;犹之与人也,出纳之吝谓之有司。"

【新译】

子张问孔子说:"怎样才能够做官从政呢?"孔子说:"尊崇五种美德,排除四种恶政,这样就能够做官从政了。"子张问:"五种美德是什么?"孔子说:"君子施人恩惠而自己却无所耗费;使百姓劳作而心无怨恨;有欲望却不贪;庄重安然而不傲慢骄横;威严肃穆而不猛恶可怕。"子张说:"怎样才叫施人以恩惠而自己却无所耗费呢?"孔子说:"用那些老百姓喜欢做却又对他们有利的事情来让老百姓得到利益,这不就是对百姓有利而自己却没有耗费吗?选择那些可以为我所用的人去劳作。这又有谁会怨恨呢?自己要追求仁德便得到了仁,又还有什么可贪的呢?君子对人,无论多少,无论大小,都不敢怠慢他们,这不就是庄重安然而不傲慢骄横吗?君子使衣冠正,目不斜视,矜持自重,使人见了就生敬畏之心,这不就是威严肃穆而不凶猛可怕吗?"子张问:"什么叫四种恶呢?"孔子说:"不经过教化便加以杀戮叫作虐;不加告诫便要求成功叫作暴;不加监督而突然限期叫作贼,同样是给人财物,却出手吝啬,叫作小家子气(有司乃卑微官职,此以之喻小家子气)。"

20·3 孔子曰:"不知命,无以为君子也;不知礼,无以立也;不知信,无以知人也。"

【常译】

孔子说:"不懂得天命(命数),就不能做真正的君子;不知道礼仪,就不能真正地立身处世;不善于分辨别人的话语,就不能真正了解他。"